Eine Arbeitsgemeinschaft der Verlage

Böhlau Verlag · Köln · Weimar · Wien
Verlag Barbara Budrich · Opladen · Farmington Hills
facultas.wuv · Wien
Wilhelm Fink · München
A. Francke Verlag · Tübingen und Basel
Haupt Verlag · Bern · Stuttgart · Wien
Julius Klinkhardt Verlagsbuchhandlung · Bad Heilbrunn
Lucius & Lucius Verlagsgesellschaft · Stuttgart
Mohr Siebeck · Tübingen
Orell Füssli Verlag · Zürich
Ernst Reinhardt Verlag · München · Basel
Ferdinand Schöningh · Paderborn · München · Wien · Zürich
Eugen Ulmer Verlag · Stuttgart
UVK Verlagsgesellschaft · Konstanz
Vandenhoeck & Ruprecht · Göttingen
vdf Hochschulverlag AG an der ETH Zürich

BERTRAM SCHEUFELE | INES ENGELMANN

Empirische Kommunikations-forschung

UTB basics

UVK Verlagsgesellschaft

Die Autoren
Bertram Scheufele ist Professor, Ines Engelmann ist wissenschaftliche Mitarbeiterin am Institut für Kommunikationswissenschaft der Universität Jena.

Die Aufgaben zu diesem Lehrbuch können am PC auf www.utb-mehr-wissen.de (Fachbereich: Medien und Kommunikation) oder auf dem Handy unter http://dev.juni.com/utb/#_home interaktiv bearbeitet werden.

Bibliografische Information der Deutschen Nationalbibliothek
Die Deutsche Nationalbibliothek verzeichnet diese Publikation in der Deutschen Nationalbibliografie; detaillierte bibliografische Daten sind im Internet über http://dnb.d-nb.de abrufbar.

ISBN 978-3-8252-3211-5

© UVK Verlagsgesellschaft mbH, Konstanz 2009

Einbandgestaltung und Grundlayout: Atelier Reichert, Stuttgart
Satz: PTP-Berlin Protago-TEX-Production GmbH
Korrektorat: Christiane Kauer, Bad Vilbel
Druck: Ebner & Spiegel, Ulm

UVK Verlagsgesellschaft mbH
Schützenstr. 24 · D–78462 Konstanz
Tel.: 07531-9053-0 · Fax: 07531-9053-98
www.uvk.de

Inhalt

Vorwort

Empirische Forschung scheint für Studienanfänger zunächst einmal weit weniger interessant als Seminare zu Unterhaltung, Werbung, Public Relations, Computerspielen oder Journalismus. Das eine geht aber nicht ohne das andere. Beispielsweise kann man zwar über die Auswirkungen von Gewaltdarstellungen im Fernsehen oder in Computerspielen auf das Aggressionspotenzial der Menschen wunderbar mit Freunden diskutieren. Meist sind die Diskussionsbeiträge aber sehr subjektiv. Eine Aussage wie „Ich denke schon, dass die Typen, die dauernd Ego-Shooter spielen, irgendwie gewalttätig werden" ist eine persönliche Einschätzung – aber nicht durch empirische Daten gestützt. Was aber sind empirische Daten, mit welchen Verfahren bzw. Methoden können wir sie erheben, auf welcher Grundlage können wir diese Methoden anwenden und wie lassen sich diese Daten auswerten und interpretieren? Solche und weitere Fragen will dieses Lehrbuch klären.

Es wendet sich an Studierende der Kommunikationswissenschaft, die an anderen universitären Standorten auch Medien- oder Publizistikwissenschaft heißt. Im Zuge der deutschlandweiten Einführung von Bachelor- und Masterstudiengängen muss sich auch die universitäre Lehre auf die neuen Studiengänge einstellen. Dieses Lehrbuch richtet sich vorrangig an Bachelorstudierende ohne Vorkenntnisse und will einen ersten Gesamtüberblick über die empirische Kommunikationsforschung bieten. Wir wollen aber auch die Studierenden in Masterstudiengängen ansprechen. Sie dürften zwar manches bereits kennen, anderes aber noch nicht. Und die vielen Anwendungsbeispiele werden auch für Masterstudierende hilfreich sein. Methodenprofis werden manches verkürzt finden. Das liegt in der Natur der Sache. Ein Einführungsbuch, das einen grundlegenden Überblick bieten soll und sich auch an Studierende ohne Vorkenntnisse richtet, kann in vielen Bereichen nicht in die Tiefe gehen und muss z. B. bei den wissenschaftstheoretischen Grundlagen manches vereinfachen – gerade auch, um verständlich zu bleiben. Umgekehrt haben wir uns bemüht, solche Sachverhalte keineswegs oberflächlich oder gar verfälschend darzustellen. Das betrifft beispielsweise die Unterscheidung zwischen quantitativem und qualitativem Vorgehen. Zudem sind

Zielsetzung und Adressaten

wir überzeugt, dass auch Studierende etwas mit Phänomenen wie dem Basissatzproblem anfangen können – solange es nur verständlich erklärt wird. Aber wie schreibt Ulrich Saxer (2007: 11): „Das Leichte ist das Schwere". Wir hoffen, mit diesem Lehrbuch eine *Symbiose aus Verständlichkeit und wissenschaftlichem Anspruch* realisiert zu haben. Aufgrund seiner breiten Ausrichtung kann unser Lehrbuch bei der Befragung, Inhaltsanalyse und Beobachtung nicht derart in die Tiefe gehen, wie es vielleicht andere Einführungsbücher leisten, die jedoch ihrerseits viele Abstriche bei wissenschaftstheoretischen Grundlagen machen, sich auf experimentelle Designs konzentrieren und statistische Auswertungsverfahren komplett ausklammern.

Pluralismus   Empirische Kommunikationsforschung ist ohne Anwendungsbeispiele nur eine Art „Trockenübung". Wir haben daher viele konkrete Beispiele aus möglichst unterschiedlichen Forschungsfeldern der Kommunikationswissenschaft (z. B. Rezeptions-, Journalismus-, Wahlforschung) zusammengetragen und dabei bewusst Studien möglichst vieler Forscher/-innen von unterschiedlichen universitären Standorten berücksichtigt. Natürlich konnten wir aufgrund des begrenzten Umfangs eines Lehrbuchs viele ebenfalls gelungene empirische Studien nicht aufnehmen. Die betreffenden Kolleginnen und Kollegen mögen uns das verzeihen und können sich unserer Wertschätzung sicher sein.

Wir haben uns bemüht, auch jene qualitativen Verfahren, die sich dem Postulat der Intersubjektivität nicht verschließen, angemessen darzustellen. Zudem wollen wir den (scheinbaren) Gegensatz zwischen dem quantitativen und dem qualitativen Paradigma auch für Studierende nachvollziehbar erklären und dabei etwas versöhnlichere Töne als in manchen anderen Lehrbüchern sowohl quantitativer als auch qualitativer Provenienz anschlagen. Unbestritten sind wir aber in wissenschaftstheoretischer Hinsicht dem Kritischen Rationalismus und in methodologischer Hinsicht dem quantitativen Paradigma verpflichtet, worauf damit der Schwerpunkt des Lehrbuchs liegt.

Aufbau   Das Lehrbuch ist in fünf Bereiche gegliedert. Am Anfang jedes Kapitels gibt es einen kurzen Überblick zu jedem Kapitel. *Kapitel 1* führt in die wissenschaftstheoretischen und methodologischen Grundlagen empirischer Kommunikationsforschung ein. *Kapitel 2* setzt sich mit den Prinzipen und Verfahren zur Ziehung bzw. Bildung von Stichproben auseinander. Im Zentrum von *Kapitel 3* stehen die Kausallogik und die verschiedenen Varianten experimenteller und nicht experimenteller Untersuchungsanlagen. Dabei kommen z. B. auch Zeitreihen- oder Kohortendesigns sowie Sekundäranalysen zur Sprache. *Kapitel 4* behandelt die zentralen Verfahren zur Erhebung empirischer Daten – nämlich die Methoden der Befragung, Inhaltsanalyse und Beobachtung. Der Aufbau des Kapitels folgt einer komparativen Logik. Alle drei Methoden werden nach einem einheitlichen Raster vorgestellt, das folgende Bereiche abhandelt: Grundlagen und Varianten der jeweiligen Methode, Untersuchungsinstrumente und methodenspezifische Probleme. *Kapitel 5* behandelt schließlich die wichtigsten Verfahren, um empirische Daten statistisch auszuwerten. Dazu gehören neben uni- und bivariaten Auswertungen vor allem die Regressions- und Varianzanalyse als zwei multivariate Verfahren sowie die Faktoren- und Clusteranalyse als zwei Verfahren der Datenexploration. Mit seinem Aufbau erhebt das vorliegende Lehrbuch den Anspruch, den gesamten Forschungsprozess abzudecken und auch Designs, Methoden und Auswertungsverfahren zu erläutern, die in anderen Lehrbüchern fehlen oder nur am Rande vorkommen. Wir haben uns im gesamten Buch um zahlreiche Querverweise bemüht, um zu verdeutlichen, dass einzelne Entscheidungen nicht unabhängig voneinander sind. So müssen wir z. B. bei der Planung einer Befragung schon berücksichtigen, dass wir später bei der Datenauswertung eine Faktorenanalyse durchführen wollen.

In Bezug auf die empirische Kommunikationsforschung vertreten wir vor allem drei Grundsätze: **Grundsätze**

- Empirische Kommunikationsforschung, Methoden der Datenerhebung und statistische Auswertungsverfahren sind *kein Selbstzweck*. So wird eine empirische Studie nicht etwa dadurch besser, dass sie komplexe statistische Auswertungsverfahren einsetzt. Vielmehr muss das methodisch-statistische Vorgehen und Instrumentarium für den Untersuchungsgegenstand und vor dem Hintergrund der Forschungsfragen angemessen sein. Darüber hinaus sind wir überzeugt, dass vor allem die Anwendung von Methoden oder statistischen Verfahren in einer konkreten Untersuchung zu methodischem Fortschritt beiträgt. Denn oftmals stoßen wir erst dann auf methodisch-statistische Probleme und müssen entsprechende Lösungen dafür finden.
- Sowohl was die wissenschaftstheoretischen Grundlagen als auch was die konkreten Methoden, statistischen Verfahren und Untersuchungsdesigns betrifft, *hilft Dogmatismus wenig weiter*. So ist quantitative Forschung nicht grundsätzlich besser als qualitative Forschung – auch wenn wir zweifelsohne stärker zur quantitativen Forschung tendieren. Und ein experimentelles Design muss einer nicht experimentellen Untersuchungsanlage kausalanalytisch nicht zwingend überlegen sein. Wofür man sich entscheidet, hängt vor allem auch von der Fragestellung ab.
- Die *intersubjektive Nachvollziehbarkeit*, auf die wir später näher eingehen, ist das Kernkriterium für die empirische Kommunikationsforschung.

Nur was für alle nachvollziehbar dokumentiert ist und dabei gut begründet wird, kann auch wissenschaftlich überzeugen.

Wenn wir aus Gründen der Lesbarkeit auf *geschlechtsneutrale Formulierungen* verzichtet haben, sind dennoch grundsätzlich beide Geschlechter angesprochen.

Unser Dank gilt zunächst Rüdiger Steiner und Christiane Kauer für
die hervorragende Lektoratsarbeit. Zu Dank verpflichtet sind wir zudem
Maria Mahler, die uns bei Recherchen und beim Sachregister geholfen
hat und das gesamte Manuskript kritisch aus der Sicht der Zielgruppe –
der Studierenden – gelesen hat. Mandy Fickler-Tübel hat alles nochmals
Korrektur gelesen. Für den einen oder anderen inhaltlichen oder ortho-
grafischen Fehler, der sich dennoch eingeschlichen hat, sind allein die
Autoren verantwortlich. Entsprechende Hinweise sowie Verbesserungsvorschläge sind uns jederzeit willkommen.

Jena, im Februar 2009   Bertram Scheufele/Ines Engelmann

Grundlagen und Grundbegriffe | 1

Das Kapitel führt in die wissenschaftstheoretischen und methodologischen Grundlagen empirischer Kommunikationsforschung ein. Im Einzelnen geht es um die Grundprinzipien des Kritischen Rationalismus, um den Ablauf empirischer Forschung, um die Frage, welche Begriffe und Aussagen in der empirischen Kommunikationswissenschaft zulässig sind sowie um den Vorgang des Messens bzw. Quantifizierens.

Einführung | 1.1

Beispiel

Kommunikationswissenschaftliche Wahlforschung
Hans Mathias Kepplinger, Hans-Bernd Brosius und Joachim Stefan Dahlem (1994) untersuchten den Einfluss der Fernsehberichterstattung auf die Urteile der Bürger über die Kanzlerkandidaten und Parteien bei der Bundestagswahl 1990. Dazu haben die Autoren im ersten Schritt ein theoretisches Modell entwickelt, das die Zusammenhänge zwischen Fernsehberichterstattung und Wählerurteilen beschreibt. Im zweiten Schritt

haben die Autoren die Fernsehberichterstattung vor der Bundestagswahl 1990 mit einer Inhaltsanalyse → vgl. Kap. 4.3 untersucht und die Urteile der Bürger mit Hilfe einer Befragung → vgl. Kap. 4.2 ermittelt. Damit ließ sich das theoretische Modell empirisch – also konkret bei der Bundestagswahl 1990 – überprüfen. Streng genommen werden aber nicht das Modell oder die Theorie insgesamt geprüft, sondern immer nur die daraus abgeleiteten einzelnen Hypothesen.

Forschungsprozess

Das Beispiel illustriert stark vereinfacht den Ablauf empirischer Forschung → vgl. ausführlich Kap. 1.3. Zunächst stehen wir vor einer Forschungsfrage, die wir beantworten wollen. Dafür greifen wir auf bestehende Theorien zurück oder entwickeln eine eigene Theorie bzw. ein eigenes Modell. Daraus leiten wir Hypothesen ab, die wir an der Realität, also empirisch, überprüfen. Dazu erheben wir mit entsprechenden Methoden empirische Daten, die wir anschließend auswerten. Wir können dann z. B. den Tenor der positiven Fernsehberichte über Helmut Kohl ermitteln. Wenn unsere Hypothese lautete „Die öffentlich-rechtlichen Fernsehsender stellten Kohl positiver dar als die privaten Sender", aber unsere empirischen Ergebnisse das Gegenteil zeigen, dann ist die Hypothese empirisch widerlegt oder falsifiziert. Wenn die empirischen Befunde für unsere Hypothese sprechen, ist sie vorläufig bestätigt. Sie muss dann z. B. bei anderen Bundestagswahlen erneut geprüft werden. Erst wenn sie sich immer wieder bestätigt, gilt sie als bewährt.

Förderung und Publikation empirischer Studien

An die empirische Kommunikationsforschung werden zahlreiche *Qualitätsanforderungen* gestellt. Diese sind auch Grundlage dafür, dass empirische Untersuchungen publiziert und gefördert werden. So werden in den meisten wissenschaftlichen Zeitschriften nur Aufsätze veröffentlicht, die zuvor ein Begutachtungsverfahren durchlaufen haben, bei dem weder die begutachtenden Kollegen wissen, wer den Aufsatz geschrieben hat, noch die Autoren die Gutachter kennen. In der Regel beurteilen mindestens drei Gutachter unabhängig voneinander den Aufsatz und machen Verbesserungsvorschläge, bevor er veröffentlicht wird, oder lehnen ihn wegen mangelnder (wissenschaftlicher) Qualität ab.

Ähnliches gilt für die Förderung von Forschungsprojekten. So bewilligt z. B. die Deutsche Forschungsgemeinschaft (DFG) als wohl renommiertester *Drittmittelgeber* in Deutschland erst dann die finanzielle Förderung eines Projekts, wenn zuvor Gutachten über den Projektantrag eingeholt wurden und diese positiv ausfallen. Dabei stehen nicht nur die Projektvorhaben der Forscher eines Faches, sondern auch die Anträge verschiedener Fächer in Konkurrenz zueinander. Daher spricht man von kompetitiv eingeworbenen Drittmitteln. Drittmittel sind außeruniversitäre Finanzierungen von Forschungsprojekten durch die DFG, die EU, durch Bundesministerien, Verbände, Stiftungen usw.

Besonders die größeren Drittmittelprojekte, die zwei bis drei Jahre bis zu ihrem Abschluss dauern, gehören zur *Grundlagenforschung*. Nach Helmut Kromrey (2002: 19) legt die Grundlagenforschung „ihr Gewicht auf die Produktion und Vermehrung von möglichst allgemeingültigem Wissen". Dagegen soll die *anwendungsorientierte Forschung* „Ergebnisse liefern, die beim aktuellen Entscheidungsprozess verwertet werden können". Wenn wir z. B. nach der grundsätzlichen Rolle der Medienberichterstattung für das Börsengeschehen oder das Wahlverhalten fragen, führen wir ein Grundlagenprojekt durch. Hier sind primär die Fachkollegen die Zielgruppe der empirischen Erkenntnisse. Wenn wir dagegen fragen, wie eine neue Fernsehsendung bei den Zuschauern ankommt, dann sind die Redaktion bzw. die Verantwortlichen im Sender die Adressaten unserer Ergebnisse. Neben der Grundlagen- und der angewandten Forschung ist auch von Ad-hoc-Forschung die Rede. Hier haben Forscher z. B. aufgrund eines Ereignisses eine spontane Idee, die sie etwa mit einem einfachen Experiment → vgl. Kap. 3.3 untersuchen.

Empirische Studien haben oft *implizite Annahmen*, die den Forschern selbst nicht bewusst sein müssen. Wenn wir z. B. die Vorstellungen von Befragten über Kriminalität mit der Kriminalitätsberichterstattung aller Medien vergleichen, so unterstellen wir implizit, dass alle Befragten die gleichen Medienangebote gleich häufig nutzen und diese bei allen gleichförmig wirken – was jeweils unrealistisch ist.

Darüber hinaus lassen die theoretischen Annahmen empirischer Studien oft ein bestimmtes *Menschenbild* erkennen – etwa die Vorstellung eines rational handelnden Menschen bei Rational-Choice-Ansätzen (vgl. Balog 2001). Das betrifft aber auch methodische Vorgehensweisen. Wenn wir z. B. während einer Fernsehsendung die Rezipienten bitten, den Moderator lediglich mit Hilfe eines Dreh- oder Schiebereglers zu beurteilen, dann werden die komplexen Prozesse menschlicher Urteilsbildung auf eine Handbewegung reduziert. Dahinter mag der Wunsch nach einfacher Datenerhebung stecken. Aber das birgt auch die Gefahr der Vereinfachung. In Kombination mit anderen Verfahren, um menschliche Urteilsfindung zu erfassen, kann eine solche Vorgehensweise aber einen gewissen Charme haben.

Seitenrandbegriffe:
Grundlagenforschung und angewandte Forschung

implizite Annahmen und Menschenbilder

1.2 | Wissenschaftstheoretische Grundlagen

Empirische Wissenschaft im Allgemeinen und empirische Kommunikationsforschung im Speziellen beruhen auf wissenschaftstheoretischen
Grundlagen. Dazu gehören drei Bereiche: Erkenntnistheorie, Wissenschaftstheorie und Methodologie.

1.2.1 | Erkenntnistheorie

Erkenntnistheorie (Epistemologie) ist eine Disziplin der Philosophie, die
grundlegend danach fragt, wie wir etwas wissen können und welches
Wissen bzw. welche Erkenntnisse als gültig, verlässlich oder wahr gelten
können. Es gibt zahlreiche erkenntnistheoretische Standpunkte. Für die
Sozialwissenschaften lassen sich vereinfachend zwei Positionen kontrastieren. Für die Kommunikationswissenschaft hat die erste z. B. Hans Mathias Kepplinger (1993) formuliert, die zweite Position vertritt z. B. Siegfried J. Schmidt (1998):

erkenntnis-
theoretischer
Realismus

- Der *erkenntnistheoretische Realismus* ist überzeugt, dass es eine objektive
  Realität gibt, die sich auch erkennen lässt. Und zwar, indem man Hypothesen prüft und diese verbessert, wenn sie falsifiziert wurden, sie
  erneut prüft usw. Mit diesem – hier idealtypisch dargestellten – *falsifikatorischen Vorgehen (Versuch und Irrtum)* wird man nie die „absolute
  Wahrheit" finden, sich der Beschaffenheit der Realität aber annähern.
  Das ist deswegen möglich, weil das erkennende Subjekt (Forscher) und
  das zu erkennende Objekt (Realität) voneinander getrennt sind.

erkenntnis-
theoretischer
Konstruktivismus

- Der *erkenntnistheoretische Konstruktivismus* ist überzeugt, dass die Realität so, wie sie tatsächlich ist, gar nicht erfasst werden kann. Was wir
  für objektive Realität halten, ist unsere subjektive Vorstellung oder individuelle *Konstruktion* davon. Daher kann man auch nicht behaupten,
  das zu erkennende Objekt lasse sich unabhängig vom erkennenden
  Subjekt denken. Im Grunde kann es so viele Konstruktionen wie erkennende Subjekte geben. Unsere Theorien von der Realität können also mit deren Beschaffenheit nicht falsifikatorisch verglichen werden,
  sondern nur damit *vereinbar* oder dafür *nützlich* bzw. *brauchbar* sein.

Wir haben die beiden Positionen hier in der jeweils radikaleren Version
beschrieben. Tatsächlich vertreten die meisten Forscher eine gemäßigte
Position. So behaupten die Anhänger eines gemäßigten erkenntnistheo-
retischen Realismus keineswegs, dass Wissenschaft voraussetzungsfrei
sei. Umgekehrt behaupten die Anhänger eines gemäßigten erkenntnis-
theoretischen Konstruktivismus keineswegs, dass alle Realitätskonstruk-

tionen wissenschaftlich haltbar seien. Denn spätestens z. B. bei faschistischen Realitätskonstruktionen würde auch ein radikaler Konstruktivismus an seine Grenzen stoßen.

Wissenschaftstheorie | 1.2.2

Wissenschaftstheorie kann man als jenen Teil der Erkenntnistheorie begreifen, der sich auf die Wissenschaft allgemein bzw. auf konkrete *Objektwissenschaften* (z. B. Kommunikationswissenschaft, Soziologie) bezieht. Damit ist Wissenschaftstheorie eine Metawissenschaft, die auch wissenschaftsbezogene Normen formuliert. (vgl. Marcinkowski 2006) Konkret geht es um die Frage, welches Vorgehen und welche Erkenntnisse unter welchen Voraussetzungen als wissenschaftlich anerkannt werden können und welche Aufgabe die Wissenschaft haben soll. Die eine Wissenschaft gibt es jedoch nicht, sondern vielmehr verschiedene wissenschaftstheoretische Sichtweisen. Dieses Lehrbuch vertritt im Kern die Position des Kritischen Rationalismus. Wir werden daher auf andere wissenschaftstheoretische Auffassungen nur knapp eingehen. Mit Kromrey (2002: 61) kann man folgende wissenschaftstheoretischen Hauptströmungen ausmachen:

- analytisch-nomologische Positionen (z. B. Kritischer Rationalismus),
- hermeneutisch-dialektische Positionen (z. B. Kritische Theorie, hermeneutischer Ansatz),
- dialektisch-materialistische Positionen (z. B. marxistisch-leninistische Wissenschaft)
- qualitative Positionen (z. B. Phänomenologie, Ethnomethodologie).

Definition

Wissenschaftstheorie ist eine Metawissenschaft und legt fest, welches Vorgehen und welche Erkenntnisse unter welchen Voraussetzungen als wissenschaftlich anerkannt werden können und welche Aufgabe Wissenschaft haben soll.

Wissenschaftstheoretische Position des Kritischen Rationalismus

Der *Kritische Rationalismus* gehört zur Strömung analytisch-nomologischer Wissenschaftstheorien und geht vor allem auf die Arbeiten von Karl Popper zurück. Den Ansatz hat besonders Hans Albert für die Sozialwissenschaften konkretisiert. Im Gegensatz etwa zur Kritischen Theorie, zu deren Hauptvertretern Theodor W. Adorno und Max Horkheimer gehören (vgl. Behrens 2002), meint das Adjektiv „kritisch" kein kritisches Urteil über gesellschaftliche Zustände. Vielmehr verweist es auf das falsifikatorische Prinzip empirischer Forschung und eine kritische Auseinandersetzung mit methodischen Vorgehensweisen:

- *Falsifikationsprinzip*: Wir haben bereits die Falsifikation als Grundprinzip empirischer Forschung kennengelernt. Aus Theorien werden Hypothesen abgeleitet, die empirisch überprüft, also mit der Realität konfrontiert werden. Wir prüfen damit *kritisch*, ob sich unsere theoretischen Überlegungen empirisch bestätigen oder ob sie empirisch widerlegt, d. h. falsifiziert werden.
- *Intersubjektivität*: Eine solche Überprüfung an der Realität wird im Rahmen einer empirischen Studie vorgenommen, bei der wir bestimmte Methoden einsetzen, um Daten über die Realität zu gewinnen. Wenn wir die so erhobenen Daten ausgewertet und interpretiert haben, werden wir sie veröffentlichen. Dabei stellen wir auch unser methodisches Vorgehen vor, damit andere Forscher es intersubjektiv nachvollziehen und *kritisch prüfen* können.

Beispiel

Intersubjektivität auf einer wissenschaftlichen Tagung

Bei einer wissenschaftlichen Tagung, auf der wir unsere Studie in einem Vortrag vorstellen, kann sich in der anschließenden Diskussion zwischen (lat.: inter) den Forschern (Subjekten) herausstellen, dass wir nur deswegen in unserer Befragung vor einer Landtagswahl eine kritische Mehrheit gegen den amtierenden Ministerpräsidenten gefunden haben, weil wir unsere Frage suggestiv formuliert haben: „Sie sind doch sicher nicht glücklich mit ... als Ministerpräsident?".

Erfahrungs-wissenschaft

Als *empirische Wissenschaft* oder *Erfahrungswissenschaft* wird jene Wissenschaft bezeichnet, die sich auf tatsächliche Erfahrungen (Empirie) stützt und dabei *systematisch* und *analytisch* vorgeht. Damit geht es nicht um das, was man als persönliche Erfahrungen bezeichnet. Empirisch forschende Wissenschaftler bedienen sich vielmehr bestimmter Verfahren, Methoden oder Techniken (z. B. Befragung), um etwas über die Realität zu erfahren – etwa über den Zusammenhang zwischen Fernsehberichterstattung und Wählerurteilen. Sicher ist auch die subjektive Einschätzung eines einzelnen Wählers über die Fernsehberichterstattung eine Aussage über die erfahrbare Realität. Allerdings handelt es sich dabei um eine Aussage, die sehr wahrscheinlich nicht *empirisch geprüft* wurde und sogar auf einer stark verzerrten Wahrnehmung beruhen kann.

Wie wir bei einer *empirischen Prüfung* vorgehen, haben wir schon an-hand des Beispiels am Beginn des Kapitels kennengelernt: Aus einer *Theorie* als einem „System aus thematisch und logisch miteinander verknüpften [...] Hypothesen [...], die Beziehungen und Wirkungen [für einen Gegenstandsbereich] beschreiben" (Scheufele 2006: 286) leiten wir zunächst einzelne *Hypothesen* über die Realität ab. Dieses Vorgehen wird als *Deduktion* (lat.: deducere = herabführen, ableiten) bezeichnet. Damit eng ver-bunden ist das Prinzip der *Falsifikation*, das wir ebenfalls bereits kennen-gelernt haben. Aussagen einer empirischen Wissenschaft müssen prinzi-piell an der Erfahrung scheitern können, also empirisch widerlegt bzw. falsifiziert werden können. Dazu müssen sie natürlich auch etwas über die erfahrbare bzw. empirische Realität aussagen. Diese Bedingungen er-füllen *Hypothesen*. Auf weitere Voraussetzungen kommen wir später zu sprechen → vgl. Kap. 1.4.

Definition

Als *empirisch* wird jene Wissenschaft bezeichnet, die sich auf tatsäch-liche Erfahrungen stützt (Erfahrungswissenschaft) und dabei systema-tisch und analytisch bzw. prüfend vorgeht.

Beispiel

Theorie und Hypothese am Beispiel der Kultivierungsforschung
Nach dem von George Gerbner entwickelten Kultivierungsansatz prägt insbesondere das Fernsehen mittel- bis langfristig die Vorstellungen der Rezipienten von der Welt, aber auch deren Einstellungen – wobei die im Fernsehen präsentierte Realität (z. B. Häufigkeit von Morden) stark von der tatsächlichen Realität (tatsächliche Mordrate) abweicht. (vgl. z. B. Gerbner et al. 1994). Aus dieser Theorie lässt sich folgende Hypothese ab-leiten: „Die Menschen, die viel fernsehen (Vielseher), überschätzen häu-figer die tatsächliche Mordrate als die Wenigseher". Die Hypothese lässt sich empirisch überprüfen, indem wir z. B. 1.000 zufällig ausgewählte Fernsehzuschauer zu ihrer Mediennutzung befragen und sie die Mord-rate in Deutschland einschätzen lassen. Anhand ihrer Mediennutzung teilen wir die Zuschauer in Viel- und Wenigseher ein und vergleichen de-ren jeweilige Einschätzungen. Überschätzen die Wenigseher die tatsäch-liche Mordrate häufiger als die Vielseher, dann ist unsere Hypothese em-pirisch falsifiziert. Im umgekehrten Fall hat sie sich vorläufig – nämlich bei dieser singulären Studie – bestätigt.

Beschreiben und
Erklären

Das Ziel einer empirischen Wissenschaft, die dem Standpunkt des *Kritischen Rationalismus* folgt, besteht darin, (kausale) Zusammenhänge zu *beschreiben* und zu *erklären*. Wie erwähnt, geht es der *Kritischen Theorie* hingegen darum, gesellschaftliche Phänomene und Zusammenhänge vor allem auch *kritisch zu bewerten*.

Beispiel

Beschreiben und Erklären in der kommunikationswissenschaftlichen Wahlforschung

Kepplinger et al. (1994) haben unter anderem Themen und Tendenzen in der Fernsehberichterstattung über die Kandidaten und Parteien bei der Bundestagswahl 1990 beschrieben. Zudem haben sie die Vorstellungen und Einstellungen der von ihnen befragten Wähler zu den Kandidaten und Parteien beschrieben. Darüber hinaus haben sich die Autoren aber auch dafür interessiert, inwiefern sich die Urteile der Befragten durch deren Rezeption der Fernsehberichterstattung erklären lassen.

deduktiv-
nomologisches
Erklärungsschema

Wie aber erfolgt eine wissenschaftliche Erklärung? Im Rahmen des Kritischen Rationalismus wird von *deduktiv-nomologischen Erklärungen* gesprochen. Da dieses Erklärungsschema auf Carl Gustav Hempel und Paul Oppenheim (1948) zurückgeht, ist oft auch vom *Hempel-Oppenheim-Schema* – kurz: HO-Schema – die Rede. *Nomologisch* leitet sich aus „nomos" (griech.: Gesetz) und „logos" (griech.: Lehre) ab und *Deduktion* meint „logische Ableitung".

   Am einfachsten lässt sich das HO-Schema an einem Beispiel erklären → vgl. Abb. 1.1. Im Kern besteht das Erklärungsschema aus zwei Teilen: (vgl. im Folgenden Prim/Tillmann 1989: 100ff.)

• Das *Explanandum* ist der zu erklärende Sachverhalt, den wir logisch aus dem Explanans ableiten (Deduktion).
• Das *Explanans* ist jenes Element, mit dem wir das Explanandum erklären wollen. Es besteht wiederum aus zwei Teilen: einem Gesetz und einer Randbedingung.

Unter einem Gesetz verstehen wir hier zunächst eine bewährte, d. h. empirisch mehrfach bestätigte Hypothese über einen Ursache-Wirkungs-Zusammenhang (Wenn-Dann-Hypothese). Unter einer Randbedingung können wir dann das Vorhandensein der betreffenden Ursache verstehen („Wenn"). Stellen wir fest, dass bei dem zu erklärenden Fall jene Ursache

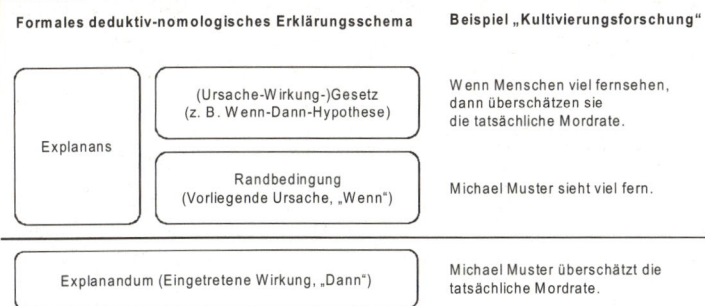

Formales deduktiv-nomologisches Erklärungsschema   Beispiel „Kultivierungsforschung" | **Abb. 1.1**

Deduktiv-nomologisches Erklärungsschema mit einem Beispiel aus der Kultivierungsforschung

gegeben ist (Randbedingung, „Wenn"), die in der Hypothese (Gesetz) enthalten ist, so können wir daraus ableiten, d. h. damit erklären, warum im vorliegenden Fall die betreffende Wirkung (Explanandum, „Dann") eingetreten ist.

Deduktiv-nomologisches Erklärungsschema bei der Kultivierungsforschung

Wir wollen erklären, warum Michael Muster die Mordrate in Deutschland überschätzt. Unsere Hypothese aus der Kultivierungsforschung lautete: „Vielseher überschätzen häufiger die tatsächliche Mordrate als Wenigseher." Diese Hypothese postuliert einen Unterschied und heißt daher auch Unterschiedshypothese. Sie lässt sich in eine Wenn-Dann-Hypothese überführen: „Wenn Menschen viel fernsehen, überschätzen sie die tatsächliche Mordrate." Wenn Michael Muster viel fernsieht, ist die Randbedingung aus der Hypothese erfüllt. Mit Hypothese und Randbedingung als Explanans können wir nun erklären, weshalb Michael Muster die Mordrate in Deutschland überschätzt (Explanandum). Natürlich betrachten empirische Untersuchungen nicht nur eine einzelne Person, sondern wählen aus der Bevölkerung nach wissenschaftlichen Kriterien eine Gruppe z. B. von 1.000 Menschen aus. Diese Stichprobe wird dann befragt.

Formal wird eine Prognose analog zu einer Erklärung gestellt. *Prognosen* unterscheiden sich aber von Erklärungen dadurch, dass erstens das Explanandum kein bereits eingetretenes, sondern ein zu prognostizierendes Phänomen darstellt. Zweitens sind die Randbedingungen bei der Prognose gegeben und werden nicht wie bei der Erklärung passend zum gegebenen Explanandum gesucht.

Empirische Wissenschaften wollen (kausale) Zusammenhänge beschreiben und erklären. Bei der *deduktiv-nomologischen Erklärung* wird ein zu erklärender Sachverhalt (Explanandum) durch ein Explanans aus Gesetz (bewährter *Hypothese*) und Randbedingungen erklärt.

Erkenntnisfortschritt und Paradigmenwechsel

Dem *Kritischen Rationalismus* zufolge werden wir niemals vollständig erfassen, wie die Realität oder ein Ausschnitt davon beschaffen ist. Wir können uns dem nur durch wiederholte empirische Prüfung, also durch „Versuch und Irrtum" annähern. Dieses Grundprinzip der *Falsifikation* greifen wir hier nochmals auf: Ausgangspunkt ist eine *empirische Theorie*, also ein Gebäude oder System aus thematisch und logisch miteinander verknüpften Hypothesen, die Beziehungen und Wirkungen für einen Gegenstandsbereich – etwa für die Rolle der Massenmedien bei Wahlen – beschreiben. Daraus werden Hypothesen abgeleitet, die prinzipiell an der Erfahrung scheitern können. Diese Hypothesen werden in konkreten empirischen Untersuchungen überprüft. Wissenschaftliche Erkenntnisse entwickeln sich nach dieser Sichtweise weiter, indem wir eine empirisch falsifizierte Hypothese nicht einfach als unsinnig verwerfen, sondern sie modifizieren und dann erneut prüfen. Indem wir dieses Prinzip des „Versuchs und Irrtums" immer wieder anwenden, werden wir uns der objektiven Realität annähern, also immer weitere Erkenntnisse gewinnen. Auf diesem Weg wird auch die betreffende Theorie reifen. Das ist dem menschlichen Leben nicht unähnlich: Wir reifen, indem wir scheitern – auch wenn manches ungerecht ist oder wir Fehler gemacht haben. „Alles Leben ist Problemlösen", sagt Popper (1996).

Eine *Hypothese*, die durch die Ergebnisse einer Untersuchung, d. h. empirisch widerlegt wurde, heißt *falsifiziert*. Wenn die empirischen Befunde für die Hypothese sprechen, gilt sie als *vorläufig bestätigt*. Erst wenn sie wiederholt bestätigt wurde, bezeichnen wir die Hypothese als *bewährt*.

Erkenntnisfortschritt am Beispiel der Kultivierungsforschung

Entgegen der Kultivierungshypothese finden wir in unserer Befragung keinen Unterschied zwischen Viel- und Wenigsehern in ihrer Angst, selbst Opfer eines Verbrechens zu werden. Da ältere Menschen aber oft mehr Angst haben als Jüngere, könnte das den Medieneinfluss überlagert haben. Das würde den fehlenden empirischen Beleg für unsere Hypothese erklären. Wir werden sie daher im Hinblick auf den vermuteten Altersunterschied anpassen. Diese modifizierte Hypothese wird dann in einer weiteren Befragung geprüft.

Die falsifikatorische Annäherung an die „Wahrheit" ist eine Idealvorstellung und wurde als unrealistisch kritisiert. Da jedoch auch die Vorstellungen der Kritiker (z. B. Paul Feyerabend oder Imre Lakatos) nicht ohne Widerspruch blieben (vgl. Schnell et al. 1999: 111ff.), stellen wir hier nur die prominenteste Vorstellung des *Paradigmenwechsels* von *Thomas S. Kuhn* vor: Danach kann auf eine Phase „normaler Wissenschaft" eine „wissenschaftliche Revolution" folgen. Das ist der Fall, wenn ein theoretisches Paradigma (z. B. ptolemäisches Weltbild) durch ein damit inkommensurables, also nicht vereinbares Paradigma (z. B. kopernikanisches Weltbild) abgelöst wird. Mitunter wird Paradigma mit Theorie gleichgesetzt. So ist z. B. vom *systemtheoretischen Paradigma* in der *Journalismusforschung* die Rede (vgl. Löffelholz 2000). Ein Paradigma ist am ehesten als Forschungstradition, Lehrmeinung oder wissenschaftliche Schule zu verstehen. Eine Zeit lang definiert das Paradigma, welche theoretischen, aber auch methodischen Zugänge für ein Forschungsfeld anerkannt werden. Wenn jedoch die Probleme zunehmen, die das Paradigma nicht lösen kann (Anomalien), kommt es zum Paradigmenwechsel. Das neue Paradigma gibt es aber meist schon länger. Es verdrängt letztlich nur das alte Paradigma in dessen Vormachtstellung. Auch das ist jedoch eher eine Idealvorstellung. Denn teilweise haben wir es auch schlicht mit Forschungsmoden zu tun.

Werturteilsproblematik

Im Gegensatz zur Kritischen Theorie will der *Kritische Rationalismus* keine Kritik an gesellschaftlichen Zuständen üben. Warum äußern sich dann Wissenschaftler z. B. in den Massenmedien kritisch oder hoffnungsvoll zu genmanipulierten Lebensmitteln? Solche Werturteile sind zulässig, weil sie in einem bestimmten Kontext geäußert werden – nämlich im Verwertungszusammenhang wissenschaftlicher Forschung. Das führt uns zu einer wichtigen Unterscheidung. Sie geht auf Hans Reichenbach (1938) zurück und ist zentral für die Frage der *Werturteilsfreiheit*. (vgl. im Folgenden auch Albert 1991: 74ff.)

Auch der erkenntnistheoretische Realismus behauptet keineswegs, dass Wissenschaft voraussetzungsfrei sei. Alle Forscher haben bestimmte Ansichten – auch über das, was sie erforschen. Entscheidend ist aber, in welchem Kontext welche Werturteile wissenschaftlich zulässig sind.

Entdeckungs- und Verwertungs- zusammenhang

Der *Entdeckungszusammenhang* ist jener Kontext, der den Anlass für ein Forschungsprojekt gibt. Das kann das Interesse des Forschers sein, aber auch der Auftrag eines Fernsehsenders. So will z. B. ein Fernsehsender wissen, weshalb er mit seinem Programm die werberelevante Zielgruppe nicht erreicht. Oder ein Forscher will wissen, ob die Medienberichterstattung über Kriminalität zu verzerrten Vorstellungen über das Problem bei den Bürgern führt. Die Sorge über die Werbeeinnahmen ist aus Sendersicht ein berechtigtes Interesse. Und das zunächst nur impressionistische Forscherurteil, dass das mediale Bild von Kriminalität oft nicht sachlich angemessen sei, ist hier durchaus zulässig.

Im *Verwertungszusammenhang* geht es um die Verwertung der Forschungsergebnisse. So kann die Befragung unter den Fernsehzuschauern als Begründung für Personalveränderungen im Sender genutzt werden. Oder die Befunde der Studie, wie die Mediendarstellung von Kriminalität auf die Vorstellungen der Rezipienten wirkt, können genutzt werden, um Kritik an Journalisten zu üben. Das ist ein in diesem Kontext zulässiges Werturteil.

Begründungs- zusammenhang

Der *Begründungszusammenhang* umfasst alle Schritte, mit denen ein Forschungsproblem untersucht wird. Auch hier sind Werturteile unter bestimmten Voraussetzung zulässig: (vgl. im Folgenden Kromrey 2002: 77ff.)

- *Wissenschaftstheoretische Normen* sind Werturteile etwa darüber, welche Methoden wissenschaftlich anerkannt sind. Sie bilden die nicht hinterfragte Grundlage konkreter Forschung. Zwar kann man über die Angemessenheit dieser Normen streiten. Das ist dann aber ein wissenschaftstheoretischer Diskurs, der nicht zum Begründungszusammenhang konkreter Forschung gehört. Im Begründungskontext erlauben wissenschaftstheoretische Normen, das methodische Vorgehen anderer Forscher zu kritisieren.
- Als *Untersuchungsgegenstand* sind Werturteile im Begründungszusammenhang ebenfalls zulässig. So hat die Kommunikationswissenschaft früher vor allem Propagandaforschung betrieben (vgl. Hovland et al. 1953). Ob der Forscher die jeweilige Propaganda gut findet, darf aber für sein methodisches Vorgehen keine Rolle spielen.

- Unzulässig sind daher Werturteile als *Inhalt wissenschaftlicher Aussagen*. Aus normativer Warte kann man Werturteilen (z. B. „Oskar Lafontaine ist ein populistischer Politiker") zustimmen oder sie ablehnen. Nach den Standards des Kritischen Rationalismus sind sie aber keine wissenschaftliche Aussage → vgl. Kap. 1.4.2, da sie nicht intersubjektiv nachprüfbar sind. Sie sagen auch nichts über den Untersuchungsgegenstand aus. So sind Vorurteile keine wissenschaftlich anerkannte Aussage über die Realität, sagen aber viel über den aus, der sie äußert.

Beispiel

Werturteile der Forscher bei Journalistenumfragen

Abgesehen von wissenschaftstheoretischen Normen sind Werturteile, die das methodische Vorgehen beeinflussen, nicht zulässig. Wollen wir herausfinden, wie viele Journalisten sich als neutrale Informationsvermittler und wie viele sich als politisch-gesellschaftliche Kritiker sehen, dann führen wir eine Journalistenbefragung durch (vgl. z. B. Weischenberg et al. 2006). Auch wenn wir uns als Forscher aus einer demokratietheoretischen Warte den neutralen Informationsvermittler wünschen, dürfen wir dazu nicht mehr Fragen stellen als zur journalistischen Rolle des Kritikers. Denn sonst würden wir zwingend jene Ergebnisse erhalten, die unser Werturteil „Journalisten sollen Informationsvermittler sein" bestätigen. Statistisch gesprochen würden wir so die Nullhypothese gar nicht zulassen → vgl. dazu Kap. 2.1.3. Welches Rollenbild die meisten Journalisten haben, ist eine empirisch offene Frage, die wir mit unserer Journalistenumfrage klären. Die Frage, ob uns als Forschern die Ergebnisse gefallen, hat im Begründungszusammenhang nichts verloren.

Methodologie | 1.2.3

Eng verbunden mit dem wissenschaftstheoretischen Standpunkt ist meist die Position im Hinblick auf die *Methodologie*, also die *Methodenlehre einer Objektwissenschaft* (z. B. Kommunikationswissenschaft). Die Methodologie hält Regeln dafür bereit, welche Methoden wissenschaftlich anerkannt sind und wie und warum welche Methoden eingesetzt werden.

Definition

Methodologie(Methodenlehre) ist ein Teil der Wissenschaftstheorie. Sie hält Regeln dafür bereit, welche Methoden wissenschaftlich anerkannt sind und wie und warum welche Methoden eingesetzt werden.

quantitatives und qualitatives Paradigma

In methodologischer Hinsicht kann es z. B. um die Entscheidung gehen zwischen einer Befragung unter vielen Menschen mit einem komplett strukturierten Fragebogen oder einer Befragung weniger Menschen, bei der die Forscher nur einen groben Interviewleitfaden zur Hand haben. Das scheint zunächst eine ganz forschungspraktische Frage zu sein. Tatsächlich verweist sie aber auf den Gegensatz zwischen zwei methodologischen Standpunkten: dem *quantitativen* und dem *qualitativen Paradigma*. Bei der Diskussion über beide Paradigmen kann man mindestens *drei Positionen* beziehen:

- Die erste Position (z. B. Früh 1998) bestreitet einen Gegensatz und hält bereits die Begriffe *quantitativ* und *qualitativ* sowie *Paradigma* für wenig brauchbar. Denn auch das, was man quantitatives Vorgehen nennt, beinhalte qualitative Schritte. Da sich diese Terminologie jedoch etabliert hat, können wir sie nicht einfach ignorieren. Die Kritik daran ist aber insofern berechtigt, als *qualitativ* oft nur einen Sammelbegriff für sehr unterschiedliche, teilweise sehr subjektive Methoden darstellt.
- Die zweite Position (z. B. Lamnek 1995a) postuliert einen grundsätzlichen Gegensatz. Quantitative und qualitative Forschung seien – ganz im Sinne des Paradigmenbegriffs von Kuhn – inkommensurabel, weil sie bereits auf der Ebene der Erkenntnis- und Wissenschaftstheorie von ganz unterschiedlichen Prämissen ausgehen. Das ist ebenfalls nicht ganz von der Hand zu weisen.
- Die dritte Position (z. B. Scheufele 2009) ist zwar der Meinung, dass die Fronten zwischen beiden Paradigmen in erkenntnis- und wissenschaftstheoretischer Hinsicht oft verhärtet seien. Im Gegensatz zur zweiten Position glaubt sie aber daran, dass Diskussionen zwischen beiden Lagern auf der Ebene forschungspraktischer Fragen qualitativer und quantitativer Verfahren fruchtbar sein können.

Welche der drei Positionen man favorisiert, hängt nicht nur vom wissenschaftstheoretischen Standort ab, sondern auch davon, welche Verfahrensweise man (noch) als *qualitativ* anerkennt. Dazu ist zunächst zu klären, was beide Methodologien unterscheidet. Das können wir im Rahmen dieses Lehrbuchs nur holzschnittartig tun. Wir verweisen daher auf die weiterführende Literatur.

Mancher Anhänger qualitativer Methodologie wirft der quantitativen Methodologie z. B. „Meßfetischismus" (Lamnek 1995a: 12) vor. Solcher Dogmatismus verkürzt quantitative Forschung. Ebenso wenig hilfreich ist der umgekehrte Vorwurf, qualitative Forschung sei völlig subjektiv. Wir wollen stattdessen die zentralen Prinzipien beider Methodologien *angemessen* gegenüberstellen.

Ein erster Unterschied zwischen quantitativer und qualitativer Methodologie besteht in der grundlegenden *Zielsetzung*:

Erklären versus Verstehen

Ausgehend vom Kritischen Rationalismus zielt *quantitative Forschung* auf die *Beschreibung und Erklärung* von Zusammenhängen (z. B. zwischen Fernsehnutzung und Rezipientenvorstellungen). Sie folgt dabei dem deduktiv-nomologischen Erklärungsschema und überprüft im Sinne des Falsifikationsprinzips empirische Hypothesen.

Qualitative Forschung basiert meist auf ganz anderen (wissenschafts-) theoretischen Positionen (z. B. symbolischer Interaktionismus, Phänomenologie, Konstruktivismus). Ausgangspunkt ist die Tatsache, dass soziale Realität erst in zwischenmenschlichen Deutungs- und Interpretationsprozessen entsteht. Es genügt nicht, objektive Daten über bestimmte Sachverhalte zu erheben. Vielmehr muss auch deren subjektive Deutung durch die Beteiligten möglichst vollständig erfasst werden, „um die erhobenen Daten überhaupt ihrem eigenen Sinn entsprechend verstehen zu können. Mit anderen Worten: Untersuchungsgegenstand ist nicht die ‚objektive Realität', sondern die ‚subjektive Wirklichkeit' der Handelnden" (Kromrey 2002: 31). Statt Beschreiben und Erklären mittels Hypothesenprüfung wie bei der quantitativen Forschung steht bei der qualitativen Forschung also die interpretative *Rekonstruktion* bzw. das *Verstehen* subjektiver Sinndeutungen in ihrem jeweiligen Kontext im Vordergrund.

Damit verbunden ist eine jeweils andere Herangehensweise an die empirische Realität:

Standardisierung versus Offenheit bzw. Flexibilität

- *Quantitative Forschung* leitet aus Theorien empirisch überprüfbare Hypothesen ab. Die Hypothesen werden im Rahmen von Untersuchungen überprüft, die in der Regel *standardisierte Untersuchungsinstrumente* (z. B. einen ausformulierten Fragebogen) anwenden. Untersucht wird eine *Vielzahl von Fällen* (z. B. Befragte), aber nur im Hinblick auf eine *begrenzte Anzahl von Merkmalen*. In einer Fernsehnutzungsstudie werden z. B. hinreichend viele Fernsehzuschauer befragt. Dabei interessieren jedoch nicht alle Merkmale der Befragten, sondern beispielsweise nur die Gründe der Fernsehnutzung der Befragten, d. h. ihre Nutzungsmotive.

- *Qualitative Forschung* folgt dem *Prinzip der Offenheit*. Hypothesen sind nicht der Ausgangspunkt, sondern eher das Ergebnis der Forschung.

Forscher sollen sich möglichst unvoreingenommen dem Untersuchungsgegenstand nähern. Zwar gibt es gewisse Vermutungen. Sie sind aber nur forschungsleitend und sensibilisieren für den Objektbereich. Insofern geht qualitative Forschung explorierend vor. Dabei dominieren *nicht standardisierte Verfahren und Instrumente*. Bei einer Befragung wird z. B. nur ein Leitfaden mit grober Formulierung jener Themen, die im Interview zur Sprache kommen sollen, eingesetzt. Die Reihenfolge der Themen ist dabei nicht vorgeschrieben. Damit bleibt der Forscher flexibel und offen genug auch für Themen, die der Befragte selbst anspricht. Folglich kann eine *Vielzahl von Merkmalen* erfasst werden, allerdings nur für eine *begrenzte Anzahl von Fällen*, d. h. Befragten.

Repräsentativität versus Typizität

Ein weiterer Unterschied zwischen den Methodologien betrifft die Auswahl und den Stellenwert der untersuchten Fälle (z. B. Befragte):

- *Quantitative Forschung* prüft Hypothesen an einer *Stichprobe* (engl.: sample), die aus einer *Grundgesamtheit* gezogen wird. Die Kriterien für die Samplebildung werden einmal festgelegt und dann nicht mehr verändert. Beispielsweise befragen wir nicht die Gesamtbevölkerung, sondern eine Auswahl an Personen. Die Ergebnisse, die wir für dieses Sample gewinnen, sollen etwas über die Grundgesamtheit aussagen. Das ist gewährleistet, wenn die Befragten zufällig aus der Bevölkerung ausgewählt wurden. Die Befunde der Stichprobe sind dann auf die Grundgesamtheit verallgemeinerbar, also *repräsentativ* dafür → vgl. Kap. 2.1.
- Der Repräsentativität stellt das *qualitative Paradigma* die *Typizität* gegenüber. Qualitative Forscher wollen unter anderem Klassifizierungen bzw. Typologien erstellen und Hypothesen am empirischen Material gewinnen. So interessiert etwa, welche Typen von Fernsehzuschauern es *überhaupt* gibt – und nicht, welcher Zuschauertyp wie häufig im Sample oder in der Grundgesamtheit vertreten ist. Auch qualitative Studien greifen auf Samples zurück. Wie erwähnt, umfassen sie aber wenige Fälle. Zudem können sich die Kriterien der Samplebildung verändern. So können im Zuge des Forschungsprozess z. B. weitere Personen befragt werden, um die Bildung einer *Typologie* voranzubringen. (vgl. Lamnek 1995a: 187ff.)

Quantität versus Qualität?

Die bisherigen Überlegungen zeigen, dass die Prinzipien beider Methodologien weit über das hinausgehen, was die Begriffe quantitativ und qualitativ nahelegen. Insofern ist der zuvor erwähnten Position (z. B. Früh 1998) zuzustimmen, die schon die Begriffe für unbrauchbar hält. Denn *qualitativ* könnte suggerieren, dass solche Forschung mehr in die Tiefe geht und hochwertigere Ergebnisse liefert als quantitative Forschung, die nur wenige Merkmale quantifiziert bzw. auszählt. Das ist natürlich Unsinn. Dennoch sind beide Begriffe nicht völlig unzutreffend. Denn quantitative Forschung geht zählend bzw. messend vor, qualitative Forschung dagegen nicht. Wir wollen das anhand einer Methode illustrieren, die wir später noch ausführlich vorstellen – nämlich anhand der *Inhaltsanalyse* → vgl. Kap. 4.3. Stark vereinfacht können wir an dieser Stelle zunächst sagen, dass mit Hilfe dieser Methode bestimmte Texte (z. B. Zeitungsartikel) auf bestimmte Merkmale (z. B. Themen) hin untersucht werden:

Eine *quantitative Inhaltsanalyse* könnte z. B. die Politikberichterstattung des „Spiegel" und des „Focus" untersuchen. Geprüft werden könnte die Hypothese, dass der „Spiegel" eher linksliberale Argumente bringe, der „Focus" eher konservative Argumente. Dafür werden in einem ausgewählten Monat für jeden Artikel in den beiden Magazinen alle Argumente und deren Urheber erfasst. Anschließend können wir auszählen, wie viele linksliberale und wie viele konservative Argumente in allen Artikeln des „Spiegel" und des „Focus" jeweils vorkommen.

Eine *qualitative Inhaltsanalyse* würde anders vorgehen. Hier würden wir für beide Wochenmagazine jeweils nur wenige Artikel zu möglichst unterschiedlichen politischen Themen auswählen. Mit Hilfe eines flexiblen und groben Leitfadens würden wir diverse Aspekte erfassen, die wir im Zuge der Auswertung dann generalisieren und zu Argumentationsmustern bzw. Typen von Argumenten verdichten würden. Damit können wir sagen, welche Typen von Argumenten bzw. welche Argumentationsmuster *überhaupt* – nicht aber wie häufig – im „Spiegel" und im „Focus" vorkommen.

Merksatz

Quantitative Forschung will beschreiben und erklären. Sie prüft empirische Hypothesen mit standardisierten Methoden und Auswertungsverfahren. Ziel sind quantifizierende Aussagen über möglichst viele Fälle für eine begrenzte Anzahl von Merkmalen. *Qualitative Forschung* will verstehen und geht explorierend bzw. theoriebildend vor. Dabei werden nicht standardisierte Verfahren eingesetzt. Ziel sind Aussagen über möglichst viele Merkmale für eine begrenzte Anzahl an Fällen.

Die so gewonnenen Argumentationstypen oder -muster lassen sich aber durchaus bei einer quantitativen Inhaltsanalyse auszählen. Damit schließen sich quantitative und qualitative Inhaltsanalyse gegenseitig nicht aus, sondern können sich ergänzen. Vergleichbares betrifft andere Methoden wie z. B. Befragung oder Beobachtung. Eine solche *integrative Sichtweise* ist in forschungspraktischer Hinsicht möglich – allerdings nur

integrative Sichtweise

dann, wenn auch die qualitative Forschung einige der Standards einhält, die aus der Sicht des Kritischen Rationalismus unabdingbar sind. Dazu gehört vor allem *intersubjektive Nachvollziehbarkeit*. Wenn z. B. hermeneutische Verfahren nicht offenlegen, wie sie zu ihren Erkenntnissen gekommen sind, so kann man die Ergebnisse aus der Perspektive des Kritischen Rationalismus nicht als wissenschaftlich anerkennen, weil sie nicht intersubjektiv, d. h. für alle Forscher nachvollziehbar sind. Das erklärt auch den gegen hermeneutische Vorgehensweisen schon einmal laut werdenden Vorwurf der Subjektivität. Andere qualitative Forscher (z. B. Strauss 1994; Steinke 2000) bemühen sich allerdings um Standards und nähern sich dabei auch teilweise jenen Qualitätskriterien an, die aus der quantitativen Forschung bekannt sind. Insofern wäre darüber nachzudenken, den Begriff *qualitativ* nur auf qualitative Forschung zu begrenzen, die dem Postulat der Intersubjektivität genügt. Denn die Dokumentation der eigenen qualitativen Vorgehensweise für andere Forscher schützt vor dem Vorwurf der Beliebigkeit.

1.3 | Ablauf und Grundbegriffe empirischer Forschung

Mit diesen wissenschaftstheoretischen Grundlagen können wir nun den Prozess empirischer Forschung, den wir bereits skizziert haben, ausführlicher darlegen → vgl. Abb. 1.2 und dabei auch zentrale Begriffe empirischer (Kommunikations-)Forschung erläutern. Am Beginn des *Forschungsprozesses*, an dem sich auch die Kapitelgliederung dieses Lehrbuchs orientiert, steht die *Forschungsfrage*, d. h. unser Erkenntnisinteresse. Einerseits können wir vor einem kommunikationswissenschaftlichen Phänomen stehen, das wir erklären wollen. Andererseits kann der Anlass unserer Forschung der Auftrag eines Ministeriums oder Fernsehsenders sein. Dieser erste Schritt bildet den *Entdeckungszusammenhang*.

Danach beginnt jene Phase des Forschungsprozesses, die wir als *Begründungszusammenhang* kennen. Zunächst muss die Forschungsfrage *theoretisch fundiert* werden:

- Dazu suchen wir nach *Theorien* oder entwickeln selbst ein theoretisches Modell für den Gegenstandsbereich. Überwiegend geht es darum, den Forschungsstand aufzuarbeiten, d. h. alle relevanten empirischen Studien zusammenzutragen. Dabei konkretisiert sich meist auch die Forschungsfrage, die zu Beginn des Forschungsprozesses nur grob klar war.
- Im Zuge der Theoriearbeit werden auch wichtige *Konstrukte*, also zentrale Begriffe definiert → vgl. Kap. 1.4. So müssen wir z. B. erst einmal

festlegen, was wir unter „Vorurteil" oder „Rezeptionsmodalität" verstehen.
- Aus der Theorie bzw. dem theoretischen Modell leiten wir schließlich unsere *Hypothesen* ab, die wir in der konkreten Untersuchung empirisch überprüfen wollen.

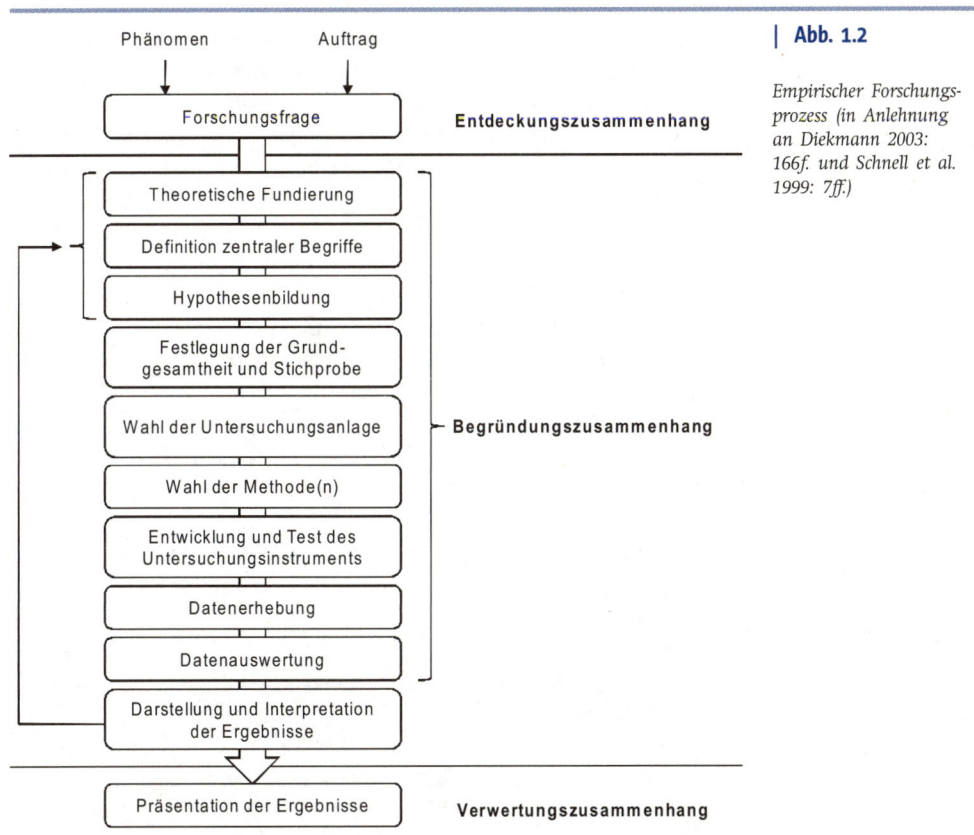

| Abb. 1.2

Empirischer Forschungsprozess (in Anlehnung an Diekmann 2003: 166f. und Schnell et al. 1999: 7ff.)

Bei der empirischen Untersuchung bzw. Studie bedarf es vielfältiger Entscheidungen, die oft eng verknüpft sind. Das methodische Vorgehen muss vor allem vor dem Hintergrund der theoretischen Überlegungen Sinn ergeben. Teilweise gibt es aber auch ganz pragmatische Entscheidungen. Wenn wir z. B. nachträglich nicht mehr an Fernsehmaterial herankommen, müssen wir – soweit Fragestellung und Theorie es zulassen – auf Printmedien ausweichen:

Grundgesamtheit:
Menge von Objekten
bzw. "Merkmals-
träger" oder
"Elemente", über
die Aussagen
getroffen werden sollen

- Die erste Festlegung betrifft die *Grundgesamtheit* und die *Stichprobe* → vgl. Kap. 2. Worüber wollen wir etwas aussagen? Bei einer Befragung kann das die gesamte Wohnbevölkerung in Deutschland ab 14 Jahre sein oder alle Fernsehzuschauer ab 3 Jahren. Bei einer Inhaltsanalyse können es alle Zeitungen in Deutschland sein oder alle Finanzportale im Internet. Aus der jeweiligen Grundgesamtheit ziehen wir eine Stichprobe (engl.: sample). Aus den Ergebnissen dafür schließen wir später auf die Grundgesamtheit. Die Samplebildung hängt teilweise auch vom methodischen Vorgehen ab. So bieten sich für Telefonumfragen teilweise andere Stichprobenverfahren an als für schriftliche Befragungen, bei denen wir Fragebögen per Post versenden.

- Die zweite Entscheidung betrifft die Wahl eines *Designs*, also einer angemessenen *Untersuchungsanlage* → vgl. Kap. 3. Wollen wir ein Experiment im Labor durchführen oder nicht experimentell untersuchen und dafür ins Feld gehen? Wollen wir eine Querschnittuntersuchung oder eine Längsschnittstudie durchführen, also z. B. Menschen nur zu einem Zeitpunkt oder zu vielen Zeitpunkten befragen?

- Die dritte Entscheidung betrifft die Wahl der *Methode*, also eines geeigneten Verfahrens der *Datenerhebung* → vgl. Kap. 4. Wenn wir z. B. die Nutzungsmotive der Fernsehzuschauer ermitteln wollen, werden wir eine Befragung durchführen. Interessiert uns das Fernsehprogramm selbst, ist eine Inhaltsanalyse angemessen. Und wenn wir wissen wollen, ob die Zuschauer beim Fernsehen nur bügeln oder kochen, dürfte eine Beobachtung die geeignete Methode sein. Teilweise werden auch mehrere Methoden eingesetzt (z. B. Inhaltsanalyse und Befragung).

- Schließlich müssen wir ein *Untersuchungsinstrument* entwickeln. Es hängt von der zuvor gewählten Methode ab: Wenn wir eine Befragung durchführen, brauchen wir einen Fragebogen. Hier fallen zahlreiche Entscheidungen an (z. B. Welche Typen von Fragen wollen wir einsetzen? Wie wollen wir den Fragebogen strukturieren?). Bei der Inhaltsanalyse wird das Untersuchungsinstrument als Codebuch bezeichnet, bei der Beobachtung heißt es Beobachtungssystem.

Bevor wir mit der *Datenerhebung* beginnen, müssen wir das Untersuchungsinstrument testen. Meist treten dabei noch einige Probleme auf, die vor der eigentlichen Untersuchung beseitigt werden. Bei einer Befragung meint Datenerhebung, dass wir die zuvor festgelegte Stichprobe, z. B. von Fernsehzuschauern, befragen. Die Datenerhebung kann z. B. bei einer Inhaltsanalyse, also einer Untersuchung der Berichterstattung, längere Zeit in Anspruch nehmen. Gerade bei größeren Forschungsprojekten sind dafür teilweise mehrere Monate vorgesehen, in denen geschulte

Mitarbeiter z. B. alle Artikel mehrerer Zeitungen aus mehreren Jahren mit Hilfe des Codebuchs untersuchen.

Anschließend erfolgt die *Datenauswertung*→ vgl. Kap. 5. Die empirisch erhobenen Daten werden meist mit Hilfe statistischer Verfahren ausgewertet. So können wir z. B. den Zusammenhang zwischen dem Alter und der Fernsehnutzung der Befragten berechnen, also die Korrelation zwischen beiden Merkmalen. *Statistische Auswertungsverfahren* dienen nicht nur dazu, die Daten zu beschreiben, sondern auch sie zu verdichten: So kann uns z. B. interessieren, zu welchen Argumentationsmustern sich die Aussagen in Zeitungsartikeln bündeln lassen. Für solche Fragen steht uns die *deskriptive Statistik* zur Verfügung. Allerdings wollen wir auch Hypothesen prüfen und Schlussfolgerungen von der Stichprobe auf die Grundgesamtheit ziehen. Dafür steht uns die *Inferenzstatistik* zur Verfügung. Die auf diese Weise ausgewerteten Daten werden dann verbalisiert, also beschrieben und interpretiert, sowie illustriert, also in Tabellen und Schaubildern dargestellt.

Anschließend verfassen wir einen Forschungsbericht, schreiben ein Buch oder einen Aufsatz für eine wissenschaftliche Fachzeitschrift oder halten einen Vortrag auf einer Fachtagung oder vor unseren Auftraggebern. Dieser Schritt der *Präsentation* markiert den Übergang vom Begründungs- zum *Verwertungszusammenhang*. In unserer Publikation bzw. in unserem Vortrag dokumentieren und begründen wir sämtliche Schritte aus dem Begründungszusammenhang, damit andere Forscher unsere theoretischen Überlegungen und unsere methodische Vorgehensweise intersubjektiv nachvollziehen können.

Definitionen

Unter *Design* verstehen wir die Gesamtanlage der empirischen Untersuchung. Als *Methode* (Befragung, Inhaltsanalyse, Beobachtung) wird das Verfahren der Datenerhebung bezeichnet. Das dabei eingesetzte *Untersuchungsinstrument* (Fragebogen, Codebuch, Beobachtungsschema) umfasst alle konkreten Regeln für die Datenerhebung. Mit Hilfe statistischer *Auswertungsverfahren* werden empirisch erhobene Daten beschrieben und verdichtet (*deskriptive Statistik*) sowie Hypothesen geprüft und Schlussfolgerungen von der Stichprobe auf die Grundgesamtheit gezogen (*Inferenzstatistik*).

1.4 | Wissenschaftliche Begriffe und Aussagen

Ausgehend vom Ablauf des Forschungsprozesses → vgl. Abb. 1.2 nehmen wir an, dass unser Forschungsproblem vorliegt und die Theoriearbeit weit gediehen ist, da wir den Forschungsstand aufgearbeitet und in groben Zügen unser theoretisches Modell formuliert haben. Möglicherweise haben wir auch zentrale Begriffe definiert und vorläufige Hypothesen aus unserer Theorie abgeleitet. Aber wie werden wissenschaftliche Begriffe überhaupt definiert? Welche Aussagen sind wissenschaftlich zulässig? Wie ist eine Hypothese zu formulieren? Wir gehen zunächst auf Begriffe ein und anschließend auf Aussagen, deren Teil die Begriffe sind.

1.4.1 | Wissenschaftliche Begriffe

dimensionale und
semantische Analyse

Nicht immer wird zwischen dem unterschieden, was Kromrey (2002: 111ff., 144ff.) dimensionale und semantische Analyse nennt. Den Unterschied halten wir allerdings ebenfalls für entscheidend.

Bei der *dimensionalen Analyse* geht es um die Frage, welche *Dimensionen*, also Aspekte unser empirischer Forschungsgegenstand umfasst. Wenn wir z. B. eine Mediennutzungsstudie durchführen, dann stellt sich zunächst die Frage, welche Aspekte oder Facetten das empirische Phänomen der Mediennutzung beinhaltet: Soll es nur um die Nutzung der klassischen Massenmedien (Printmedien, Fernsehen, Radio) gehen oder auch um Onlinemedien? Schnell et al. (1999: 122ff.) nennen die dimensionale Analyse Konzeptspezifikation.

Bei der *semantischen Analyse* richten wir den Blick nicht auf die empirischen Phänomene, die den Untersuchungsgegenstand ausmachen, sondern auf die Frage, welche Bedeutung den sprachlichen Zeichen, d. h. von uns verwendeten Wörtern, zugeschrieben werden soll. Bei einer Mediennutzungsstudie würden wir z. B. folgende Fragen stellen: Was meinen wir mit dem Wort „Onlinemedien"? Was verstehen wir unter „Nutzung"?

Während bei der dimensionalen Analyse also die Strukturierung des Gegenstandsbereichs im Vordergrund steht, interessiert sich die semantische Analyse für Begriffsbildung.

Begriffe

Unter *Begriffen* verstehen wir mit Kromrey (2002: 150) „sprachliche Zeichen (Wörter), die nach bestimmten Regeln (semantischen Regeln, Bedeutungszuweisungen) mit Phänomenen der Realität oder gedanklichen Vorstellungen verbunden sind" → vgl. Abb. 1.3. Da die empirische Wissenschaft etwas über die Realität aussagen will, können wir uns darauf beschränken, dass Begriffe ein *Wort* mit einem *empirischen Sachverhalt* verknüpfen. So bezeichnet das Wort „Fernsehzuschauer" eine Person, die

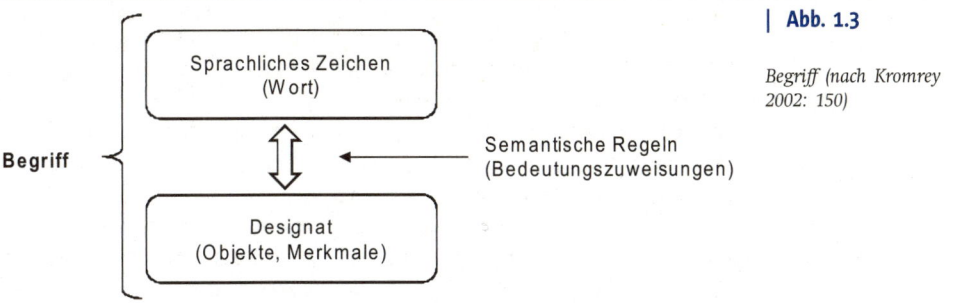

| **Abb. 1.3**

Begriff (nach Kromrey 2002: 150)

fernsieht. Das Objekt, das mit einem sprachlichen Zeichen versehen wird, heißt *Designat*.

Beispiel

Konkurrierende Begriffe für Framing

Manche Theorien versuchen, sich auch dadurch von anderen abzugrenzen, dass sie einfach ein anderes Wort für denselben Sachverhalt verwenden, der längst mit einem etablierten Begriff belegt ist. So hat z. B. der kommunikationswissenschaftliche Agenda-Setting-Ansatz auf den wissenschaftlichen Erfolg des Framing-Ansatzes reagiert, indem er das, was schon als „Framing" bekannt war, mit dem Wort „Second-Level-Agenda-Setting" etikettierte (vgl. Scheufele 2003).

Es ist notwendig, einem sprachlichen Zeichen ein Designat zuzuweisen, damit ein Begriff keine leere Worthülse bleibt. Diese Zuweisung kann extensional und intentional erfolgen:

Unter *Extension* versteht man den Begriffsumfang, also die Menge aller empirischen Objekte, die das Wort bezeichnet. So meinen wir z. B. mit Mediennutzer alle Personen, die das Fernsehen, das Radio, die Printmedien oder das Internet bzw. World Wide Web (WWW) nutzen. Da Objekte bestimmte Merkmale „tragen", heißen diese Objekte auch *Merkmalsträger* (z. B. Personen).

Unter *Intension* versteht man den Begriffsinhalt, also die Menge aller Merkmale, die die mit dem Begriff bezeichneten Objekte teilen. So müssen alle Tische bestimmte Merkmale aufweisen, damit sie mit diesem Wort designiert werden können. Welche und wie viele Merkmale das sind, wird mit Hilfe von *Definitionen* festgelegt, zu denen wir gleich kommen.

empirische Begriffe

Wie erwähnt, verwendet die empirische Wissenschaft im Sinne des Kritischen Rationalismus nur *empirische Begriffe*. Das sind Begriffe, deren Extension einen empirischen Bezug hat. Der empirische Bezug kann direkt oder indirekt vorhanden sein:

Beim *direkten empirischen Bezug* können wir die mit dem sprachlichen Zeichen, also Wort bezeichneten Designata (z. B. Frau) unmittelbar erfahren, d. h. direkt empirisch beobachten.

Beim *indirekten empirischen Bezug* müssen wir einen Umweg über Begriffe mit direktem empirischem Bezug gehen. Solche Begriffe, die einen Hinweis darauf geben, dass das betreffende Merkmal (z. B. Einstellung) im empirischen Fall vorhanden ist, nennen wir *Indikatoren* (z. B. Indikatoren für Einstellungen).

Definitionen

Bei einer empirischen Studie ist Begriffsbildung vor allem Definitionsarbeit (vgl. Opp 2002: 108ff.). Wir definieren jene Begriffe, mit denen wir wissenschaftlich arbeiten. Wichtig ist dabei, dass eine *Definition* „keinerlei empirischen Gehalt [hat]. Es handelt sich bei Definitionen um Vereinbarungen über den Gebrauch von Begriffen" (Diekmann 2003: 140). Oft ist auch von *operationaler Definition* die Rede. Dabei handelt es sich aber nicht um eine Definition, sondern um eine Verknüpfung von Begriffen mit empirischen Sachverhalten. Wir operationalisieren dann unsere Begriffe, legen also z. B. empirisch erfassbare *Indikatoren* fest.

Nominaldefinition

Grundsätzlich sind zwei Arten der Definition zu unterscheiden. Die erste ist die *Nominaldefinition*, die streng genommen eine tautologische Umformung darstellt. Nominaldefinitionen haben zwei Bestandteile: ein *Definiendum*, also ein Begriff, der definiert werden soll, und ein *Definiens*, also eine Aussage, die ihn definiert. Anders formuliert: Die Bedeutung eines Begriffs (Definiendum) wird mit Hilfe bereits etablierter Begriffe festgelegt. Jeder im Definiens verwendete Begriff müsste eigentlich seinerseits definiert werden. Damit wir nicht endlos definieren, setzten wir bestimmte Begriffe voraus. Nominaldefinitionen haben folgende Charakteristika:

• Nominaldefinitionen können weder richtig noch falsch sein, sondern nur *zweckmäßig* oder nicht.
• Nominaldefinitionen erkennt man an *Formulierungen* wie „Wir definieren X als ..." oder „Unter X verstehen wir ...".

- Nominaldefinitionen berücksichtigen nicht alle Merkmale der betreffenden Objekte, sondern nur jene, die *theoretisch relevant* sind. Damit sind sie im Hinblick auf die Intention selektiv, dabei jedoch theoretisch verwertbar.
- Nominaldefinitionen haben zugleich eine *Klassifikationsfunktion*. Sie legen über das Definiens fest, welche Objekte mit welchen Merkmalen zur Objektklasse gehören (Extension). Wenn wir unter einem „Onliner" eine Person verstehen, die wenigstens einmal pro Woche ins Internet geht, dann gehören alle Personen, die das seltener tun, nicht zur Objektklasse der „Onliner".
- Der Vorteil von Nominaldefinitionen besteht in ihrer *Präzision*. Der Nachteil ist, dass es für einen Begriff *sehr unterschiedliche Definitionen* geben kann, was die Vergleichbarkeit empirischer Studien erschwert – teilweise aber auch die Theoriebildung voranbringen kann.

Mit Abraham Kaplan (1964: 54ff.) kann man Begriffe nach ihrem theoretischen Gehalt und empirischen Bezug klassifizieren. Zwei Arten von Begriffen haben wir schon kennengelernt – nämlich Begriffe mit direktem und indirektem empirischen Bezug. Hinzu kommen Konstrukte und theoretische Begriffe. Da diese Unterscheidung jedoch nicht ganz überzeugt, sprechen wir nur von *theoretischen Konstrukten*. Das sind abstraktere Begriffe innerhalb einer Theorie, die einen theoretischen Gehalt haben, sich aber dennoch auf einen empirisch erfassbaren Sachverhalt beziehen. Ihn zu beobachten, erfordert allerdings den Einsatz meist mehrerer *Indikatoren*. Ein Beispiel für ein theoretisches Konstrukt ist das auch in der Kommunikationswissenschaft viel diskutierte Phänomen der Politikverdrossenheit (vgl. z. B. Wolling 1999).

Die zweite Art von Definitionen sind *Realdefinitionen*. Sie haben andere Charakteristika als Nominaldefinitionen:

Realdefinitionen

- Realdefinitionen versuchen das *Wesen*, den Kern bzw. die Beschaffenheit empirischer Phänomene zu erfassen.
- Realdefinitionen erkennt man an *Formulierungen* wie „X ist ..." oder „Das Wesentliche an X ist ...".
- Realdefinitionen berücksichtigen nicht jene Objektmerkmale, die für die Theorie relevant sind, sondern jene, die für das definierte Phänomen als *wesentliche Merkmale* erachtet werden.
- Der Nachteil von Realdefinitionen ist, dass sie *niemals vollständig* sein können. Denn in etlichen Jahren mögen sich weitere Merkmale als wesentlich herausstellen, die jetzt noch in der Realdefinition fehlen. Im Übrigen ist unklar, was eigentlich das Wesen oder den Kern ausmacht – und was nicht.

Merksatz

Definitionen bestehen aus einem *Definiendum* und einem *Definiens*. Sie legen die Verwendung von Begriffen fest. Wir ziehen die *Nominaldefinition* der *Realdefinition* vor.

Beispiel

Kommunikationswissenschaftliche Nominal- und Realdefinition von „Emotionen"

Werner Wirth und Holger Schramm (2007: 156) haben für die Rezeptionsforschung folgende Nominaldefinition von Emotionen vorgelegt: „Emotionen selbst werden als Syndrome verstanden, die sich aus affektiven, kognitiven, konativen und physiologischen Komponenten zusammensetzen". Dass es sich hier um eine Nominaldefinition handelt, erkennt man schon an der Formulierung „... werden als ... verstanden". Das Definiendum sind „Emotionen", der Rest ist das Definiens. Eine Realdefinition könnte wiederum lauten: „Das Wesen von Emotionen besteht darin, dass sie Syndrome darstellen, die sich aus affektiven, kognitiven, konativen und physiologischen Komponenten zusammensetzen".

Operationalisierung Begriffe mit indirektem empirischem Bezug müssen über *Indikatoren* erfasst werden. Das betrifft viele kommunikationswissenschaftliche Begriffe. Gerade für theoretische Konstrukte, die sich in mehrere Aspekte zerlegen lassen, brauchen wir oft mehrere Indikatoren, um überhaupt den empirischen Bezug herzustellen. Ansonsten können wir unsere Hypothesen gar nicht empirisch prüfen. Damit kommen wir zur *Operationalisierung* der zuvor definierten Begriffe. Während bei der Definition ein Begriff (Zeichen) mit bekannten Begriffen (Zeichen) verknüpft wird, geht es bei der Operationalisierung darum, einen Begriff über entsprechende Korrespondenzregeln mit empirischen Sachverhalten zu verknüpfen. Einfacher gesagt: Der Begriff wird in entsprechende Forschungsoperationen übersetzt. Nach Kromrey (2002: 184) sind dafür bis zu drei Schritte notwendig:

• Auswahl und Begründung von Indikatoren,
• Angabe und Begründung von Beobachtungsoperationen,
• Angabe und Begründung von Vorschriften zur Indexbildung.

Die Auswahl und Begründung von *Indikatoren* ist für Begriffe mit direktem empirischem Bezug nicht notwendig, aber für Begriffe mit indirektem empirischem Bezug. Indikatoren zeigen an (lat.: indicare), ob und in welchem Ausmaß der mit dem Begriff bezeichnete Sachverhalt empirisch tatsächlich vorliegt. Dafür sind *Beobachtungsoperationen* anzugeben und zu begründen. Hier geht es um Fragen wie z. B.: Wie wollen wir Menschen ganz konkret fragen, um ihre Mediennutzung zu erfassen? Bei *mehrdimensionalen* Begriffen, für die wir zahlreiche Indikatoren vorsehen, brauchen wir schließlich auch Vorschriften, wie wir die einzelnen Indikatoren in einem Gesamtresultat, also in einem *Index* zusammenfassen. All das illustrieren wir am Beispiel sozialer Erwünschtheit (vgl. im Folgenden auch Diekmann 2003: 382ff.).

Frage: Bitte kreuzen Sie jeweils an, ob die betreffende Aussage auf Sie zutrifft oder ob Sie nicht auf Sie zutrifft!

| Abb. 1.4

	Trifft zu	Trifft nicht zu
„Manchmal werfe ich Müll einfach in die Landschaft oder auf die Straße."	☐	☐
„Ich akzeptiere alle anderen Meinungen, auch wenn sie mit meiner eigenen nicht übereinstimmen."	☐	☐
„Meine Wut oder schlechte Laune lasse ich hin und wieder auch an unschuldigen oder schwächeren Leuten aus."	☐	☐

usw.

Operationalisierung von sozialer Erwünschtheit mit der SES-17 nach Stöber (1999) – Auszug

---

Beispiel

Operationalisierung von sozialer Erwünschtheit mit der SES-17 nach Stöber (1999)

Bei heiklen Themen in Befragungen stoßen wir oft auf das Phänomen, dass uns die Befragten Antworten geben, von denen sie glauben, sie seien sozial erwünscht – statt ehrlich zu antworten. Für das Konstrukt soziale Erwünschtheit hat Joachim Stöber (1999) eine „Soziale-Erwünschtheits-Skala-17" (SES-17) entwickelt. Einen Auszug zeigt → Abb. 1.4. Für jede von insgesamt 17 Aussagen sollen die Befragten ankreuzen, ob das betreffende Verhalten auf sie zutrifft oder nicht. Jede Aussage beschreibt ein Verhalten, das sich (fast) jeder schon einmal hat zuschulden kommen lassen. Wer also z. B. bei „Ich akzeptiere alle anderen Meinungen, auch wenn sie mit meiner eigenen nicht übereinstimmen" bei „trifft zu" ankreuzt, wird sehr wahrscheinlich sozial erwünscht antworten. Da denkbar ist, dass ein Befragter vielleicht wirklich immer alle anderen Meinungen gelten lässt, gibt es viele andere solcher Aussagen. Die insgesamt 17 Aussagen sind also 17 Einzelindikatoren für das Konstrukt „soziale Erwünschtheit". Die betreffende Frage im Fragebogen ist zugleich die Beobachtungsoperation. Pro Aussage, bei der „sozial erwünscht" angekreuzt wurde, können wir für den betreffenden Befragten den Wert 1 vergeben, ansonsten 0. Aus den Antworten für alle Aussagen kann man für jeden Befragten einen Gesamtwert bilden, der Werte zwischen 0 und 17 annehmen kann. Je höher der Gesamtwert, desto größer ist die soziale Erwünschtheit.

Merksatz

Operationalisierung ist die Verknüpfung eines Begriffs mit einem empirischen Sachverhalt über Korrespondenzregeln. Erst dadurch wird ersichtlich, ob und in welchem Ausmaß der Sachverhalt, den der Begriff bezeichnet, empirisch vorliegt.

1.4.2 | Wissenschaftliche Aussagen

Analog zu Begriffen sind nur bestimmte Arten von *Aussagen* wissenschaftlich zulässig. Wissenschaftlich akzeptiert werden Aussagen, die prinzipiell an der Realität scheitern können, d.h. empirisch falsifizierbar sind. Das bereits mehrfach erwähnte *Falsifikationsprinzip* fungiert damit als Abgrenzungskriterium, um Wissenschaft – im Sinne des Kritischen Rationalismus – von anderen Formen der Erkenntnis zu unterscheiden. Mit Andreas Diekmann (2003: 129ff.) kann man drei Grundtypen von Sätzen bzw. Aussagen unterscheiden, von denen wir einige schon kennengelernt haben:

* logische Sätze,
* präskriptive Sätze,
* empirische Sätze.

logische Sätze   Zu den *logischen Sätzen* gehören analytisch wahre Sätze sowie Kontradiktionen. Letztere sind Sätze, die sich gleichsam selbst widersprechen (z.B. „Ich bin hier und nicht hier"). Zu den analytisch wahren Sätzen gehören z.B. der Satz des Pythagoras, aber auch Tautologien, zu denen wiederum in formaler Hinsicht auch *Nominaldefinitionen* gehören. Denn Definitionen sind per definitionem wahr. An der in fast jedem Lehrbuch bemühten Tautologie „Wenn der Hahn kräht auf dem Mist, ändert sich das Wetter, oder es bleibt, wie es ist", die wir hier nicht vorenthalten, können wir einen wichtigen Begriff einführen: Die Bauernregel ist sicher wahr, hat aber keinen Informationsgehalt, da sie nichts über die Realität aussagt.

Welche Aussagen welchen Informationsgehalt haben, werden wir gleich erörtern.

Zu den *präskriptiven Sätzen* gehören vor allem *Werturteile* bzw. Soll-Sätze – etwa „Journalisten sollten besser recherchieren". Solche Aussagen haben im Begründungszusammenhang empirischer Forschung nichts verloren. Empirische Befunde können aber im Verwertungszusammenhang dazu dienen, präskriptive Sätze zu begründen, also z. B. Normen empirisch abzusichern.

präskriptive Sätze

Zu den *empirischen Sätzen* gehören vor allem singuläre und hypothetische Sätze. Singuläre bzw. deskriptive Sätze machen Aussagen über einzelne Sachverhalte – etwa die Aussage „Am 11. September 2001 steuerten Terroristen zwei entführte Flugzeuge in die Türme des World Trade Centers" oder die Aussage „In Deutschland betrug die tägliche TV-Sehdauer bei Menschen ab 14 Jahren im Durchschnitt rund 220 Minuten". Auch einfache Prognosen z. B. zur Entwicklung der Erwerbslosenzahlen haben den Charakter solcher singulärer bzw. deskriptiver Sätze.

empirische Sätze

Falsifizieren und Verifizieren

Wissenschaftlich besonders relevant sind die hypothetischen Sätze oder *Hypothesen*, weil sie empirisch falsifizierbar sind. Das trifft nämlich nicht auf alle Aussagen über die erfahrbare Realität zu. *Existenzbehauptungen*, die auch Es-gibt-Sätze heißen, sagen zwar etwas über die Realität aus, werden aber aus Sicht des Kritischen Rationalismus nicht als empirische Aussagen akzeptiert. Das lässt sich leicht an einem der Beispiele aus Poppers (1989: 52ff.) „Logik der Forschung" nachvollziehen: Die Aussage „Es gibt weiße Raben" ist eine Existenzbehauptung. Da wir nie wissen, ob es früher einmal einen weißen Raben gab, es heute irgendwo einen gibt oder künftig einen geben wird, lässt sich dieser Es-gibt-Satz niemals falsifizieren. Er lässt sich nur *verifizieren*, d. h. als endgültig wahr beweisen – und zwar, sobald wir irgendwann und an irgendeinem Ort nur einen einzigen weißen Raben zu Gesicht bekommen.

Existenzbehauptungen

Genau umgekehrt ist es bei empirischen *Hypothesen*. Sie lassen sich nur *falsifizieren*, niemals verifizieren. So kann man die hypothetische Aussage „Ältere Menschen sehen pro Tag länger fern als jüngere Menschen" empirisch prüfen. Sie kann aber nur falsifiziert werden und ist in einem solchen Fall *in dieser Form* endgültig falsch. Wie schon erwähnt, werden wir die Hypothese aber nicht völlig verwerfen, sondern modifizieren und erneut prüfen oder testen. Spricht das Ergebnis unserer Studie für die Hypothese, dann gilt sie als *vorläufig bestätigt*. Sprechen die Ergebnisse wiederholter Untersuchungen für die Hypothese, dann nennen wir sie *bewährt*. Endgültig verifizieren können wir eine Hypothese nicht. Das bedeutet jedoch nicht, dass eine Hypothese „niemals (endgültig) *wahr sein*

Hypothesen

könne. Nur: Die (mögliche) Wahrheit der Aussage kann niemals endgültig *als wahr bewiesen* (= verifiziert) werden" (Kromrey 2002: 37; Herv.i.O.).

> Empirische Hypothesen lassen sich nur *falsifizieren*, niemals *verifizieren*. Bei Existenzbehauptungen ist es umgekehrt.

deterministische Hypothesen   *Hypothesen* werden auch *Allsätze* oder nomologische Sätze, also „Aussagen über Gesetzmäßigkeiten" genannt. Dass der Allsatz „Alle Raben sind schwarz" eine Hypothese ist, kann man leicht zeigen. Denn man kann auch sagen: „Wenn ein Vogel ein Rabe ist, dann ist er schwarz". Eine solche *Wenn-Dann-Hypothese* kennen wir vom deduktiv-nomologischen Erklärungsschema. Wir können sie auch als *deterministisch* bezeichnen, weil sie weder räumlich noch zeitlich begrenzt ist – und damit uneingeschränkten Geltungsanspruch hat wie z. B. das Gravitationsgesetz in den Naturwissenschaften.

Ein solcher Anspruch ist in der kommunikationswissenschaftlichen Forschungspraxis unrealistisch. Hier haben wir es in der Regel mit Hypothesen zu tun, die – um mit Robert K. Merton zu sprechen – lediglich *mittlere Reichweite* haben (vgl. Scheufele 2006). So wird sich z. B. bei mittlerer Reichweite eine Theorie bzw. eine daraus abgeleitete Hypothese nur auf Prozesse der öffentlichen Meinung in heutigen westlichen Demokratien beziehen. Und selbst dann werden wir kaum mit der *Theorie der Schweigespirale* (z. B. Noelle-Neumann 1989) behaupten, dass *sämtliche* Menschen, die sich mit ihrer eigenen Meinung in der gesellschaftlichen Minderheit fühlen, öffentlich über ihre Ansichten schweigen statt zu reden. Es gibt immer eine Person, die sich isoliert fühlt und dennoch oder gerade deswegen öffentlich ihre Position vertritt. Damit stehen wir vor dem Problem, dass eine einzige Person die Hypothese falsifizieren kann.

probabilistische Hypothesen   Aus diesem Grund sind in den Sozialwissenschaften (z. B. Kommunikationswissenschaft, Soziologie, Politikwissenschaft, Psychologie) *probabilistische Hypothesen* der Normalfall. So werden wir z. B. nur sagen, dass Menschen, die sich als Anhänger der Minderheitsmeinung fühlen, „wahrscheinlich" oder „im Durchschnitt" eher schweigen als reden. Wenn wir also feststellen, dass von 100 Befragten, die das Meinungsklima gegen sich sehen, 80 schweigen und 20 reden, dann kann das als empirische Bestätigung unserer Hypothese gelten. Allerdings sind die 100 Befragten nur eine Stichprobe, so dass wir mit Hilfe der oben erwähnten *Inferenzstatistik* noch statistisch prüfen müssen, ob das Ergebnis der Stichprobe auch für die Grundgesamtheit wahr ist, d. h. darauf verallgemeinert werden kann. Das nennen wir *Repräsentationsschluss*.

Mit Jürgen Bortz und Nicola Döring (1995: 461f.) können wir verschiedene Arten von Hypothesen unterscheiden, die miteinander kombinierbar sind → vgl. Abb. 1.5. In inhaltlicher Hinsicht ist zwischen *Zusammenhangs-*, *Unterschieds-* und *Veränderungshypothesen* zu differenzieren. Diese Arten von Hypothesen können jeweils *gerichtet* oder *ungerichtet* sowie *spezifisch* oder *unspezifisch* sein. So ist die aus dem Kultivierungsansatz abgeleitete Unterschiedshypothese „Vielseher überschätzen die Mordrate häufiger als Wenigseher" zugleich gerichtet, weil sie mit „häufiger" eine Richtung für den Unterschied angibt. In ungerichteter Form würde die gleiche Hypothese nur lauten: „Vielseher schätzen die Mordrate anders ein als Wenigseher". In beiden Formen ist diese Unterschiedshypothese unspezifisch, weil sie nichts über das Ausmaß des Unterschieds aussagt. Analoges betrifft Zusammenhangs- und Veränderungshypothesen. Forschungspraktisch ist angeraten, die Hypothese so zu formulieren, dass daraus auch schon das spätere *statistische Auswertungsverfahren* → vgl. Kap. 5 deutlich wird. So berechnen wir z. B. bei einer Zusammenhangshypothese die Korrelation z. B. zwischen der täglichen Sehdauer und der Angst der Zuschauer vor Verbrechen. Bei Unterschiedshypothesen werden z. B. Mittelwertunterschiede getestet.

Arten von Hypothesen

Art der Hypothese	Beispiel
Unterschiedshypothese	Vielseher überschätzen häufiger die Mordrate als Wenigseher.
Zusammenhangshypothese	Zwischen der täglichen Sehdauer und den Vorstellungen der Zuschauer über Kriminalität besteht ein starker Zusammenhang.
Veränderungshypothese	Das regelmäßige Spielen von Ego-Shootern erhöht die Gewaltbereitschaft.
Gerichtete Hypothese	Vielseher überschätzen häufiger die Mordrate als Wenigseher.
Ungerichtete Hypothese	Vielseher schätzen die Mordrate anders ein als Wenigseher.
Spezifische Hypothese	Vielseher überschätzen die Mordrate dreimal so häufig wie Wenigseher.
Unpezifische Hypothese	Vielseher überschätzen häufiger die Mordrate als Wenigseher.

| **Abb. 1.5**

Arten von Hypothesen

Basissatzproblem und Intersubjektivität

„Jede Nachprüfung einer Theorie [...] muß bei irgendwelchen Basissätzen haltmachen, die *anerkannt* werden. Kommt es nicht zu einer Anerkennung von Basissätzen, so hat die Überprüfung überhaupt kein Ergebnis" (Popper 1989: 69; Herv.i.O.). Hier beschreibt Popper ein grundlegendes Problem, das logisch nicht gelöst werden kann und das – für Studierende vielleicht verwirrend – als *Basissatzproblem* bekannt geworden ist. (vgl.

Basissatz, Protokollsatz, Beobachtungsaussage

im Folgenden Popper 1989: 54f., 65ff.) Um die Verwirrung erst einmal etwas zu erhöhen: Basissätze heißen auch Protokollsätze oder Beobachtungsaussagen. Was sind solche Sätze? Wir kennen Basissätze eigentlich bereits unter einem anderen Namen und im konkreten Kontext – nämlich als *empirische Daten*.

Empirische Hypothesen müssen an der Realität scheitern können, also falsifizierbar sein. Damit ist die Realität die Messlatte für unsere Hypothese. Das erste Problem besteht nun darin, dass wir Hypothese und Realität nicht direkt in Verbindung zueinander bringen können → vgl. Abb. 1.6. Letztlich können wir eine Hypothese nur mit einer Beobachtung über die Realität kontrastieren, die wir wiederum in einem Satz festhalten (z.B. „Ich habe die Artikel der ,Welt' und der ,Taz' untersucht. Im Durchschnitt sind die Artikel über Angela Merkel in der ,Taz' negativer als in der ,Welt'"). Dieser Satz heißt daher Beobachtungssatz oder auch Protokollsatz, weil er protokolliert, was wir empirisch vorfinden. Beobachtungs-, Protokoll- oder Basissätze werden somit zum *Entscheidungskriterium* über unsere Hypothese.

Basissatzproblem   Damit kommen wir zum zweiten Problem: Wenn Basissätze – oder unsere Daten z.B. aus einer Inhaltsanalyse der Berichterstattung über Bundeskanzlerin Angela Merkel – das Entscheidungskriterium für unsere Hypothese „Zeitungen des ,linken' politischen Spektrums berichten negativer über Bundeskanzlerin Angela Merkel als Zeitungen des ,rechten' politischen Spektrums" sein sollen, dann müssen sie *absolut wahr* sein. Das ist jedoch nach der Wissenschaftsauffassung des Kritischen Rationalismus nicht möglich. Denn auch unsere Wahrnehmung der Realität kann falsch sein. So mag zwar eine studentische Hilfskraft (Codierer), die die Berichterstattung der ,Welt' und der ,Taz' untersucht – man sagt auch *codiert* – hat, die obige Beobachtungsaussage machen → vgl. Abb. 1.6. Möglicherweise hat sie die Artikel jedoch nur schnell codiert, damit sie rechtzeitig zum Metallica-Konzert kommt. Die Aussage über ihre Analysen ist also nicht „wahr". Und selbst Codierer, die das Codebuch, d.h. das Untersuchungsinstrument der Inhaltsanalyse, sorgfältig anwenden, sind nicht frei von Voreinstellungen.

konventionalistische Lösung   Da Basissätze als singuläre empirische Sätze nie verifiziert werden können, stehen wir vor einem unlösbaren Problem – oder Dilemma. Für Popper ist es logisch nicht lösbar, wohl aber *konventionalistisch*. Wir legen sozusagen per Konvention fest, dass wir Basissätze – also empirische Daten – dann als Kriterium zur Überprüfung unserer empirischen Hypothesen akzeptieren, wenn der Weg zum Basissatz – also unsere Methoden der Datenerhebung – bestimmten methodologischen Standards folgt und intersubjektiv nachprüfbar ist. Zusammenfassend können wir sagen:

- *Methodologie* und die Einhaltung *methodischer Standards* sind kein Selbstzweck. Vielmehr sind sie unabdingbar dafür, dass die dargelegte konventionalistische Lösung des Basissatzproblems überhaupt möglich wird.
- Spätestens jetzt sollte auch der Begriff der Intersubjektivität hinreichend klar sein: Absolut wahre Aussagen über die Realität sind zwar nicht möglich. Wir dokumentieren aber unsere methodischen Entscheidungen und Regeln (z. B. Instruktionen für die Befragung, Codebuch der Inhaltsanalyse) und machen sie damit der intersubjektiven Kritik zugänglich. *Intersubjektiv* meint weder, dass der einzelne Wissenschaftler festlegt, was wahr ist (das wäre Subjektivität), noch dass es eine absolute Objektivität in der Wissenschaft gibt. Vielmehr ist Objektivität im Kritischen Rationalismus deswegen *zwischen (lat:. inter)* den forschenden Subjekten angesiedelt, weil sie „eine soziale Angelegenheit ihrer gegenseitigen Kritik" (Popper 1969: 112) darstellt.

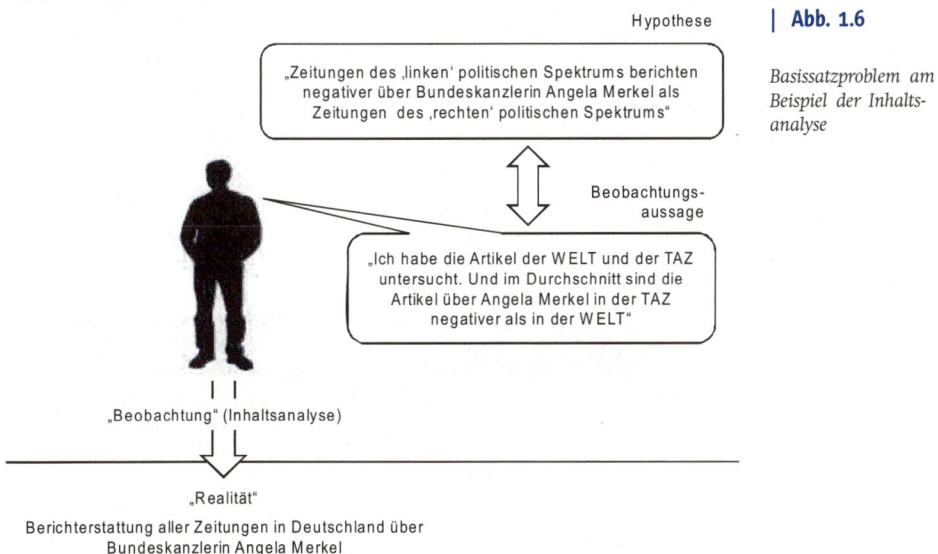

| **Abb. 1.6**

Basissatzproblem am Beispiel der Inhaltsanalyse

Informationsgehalt von Hypothesen

Abschließend gehen wir auf den schon erwähnten Begriff des *Informationsgehalts* von Hypothesen ein. Karl-Dieter Opp (2002: 144) schreibt hierzu sehr treffend: „Wenn man sagt, eine Aussage habe einen hohen Informationsgehalt – man spricht [...] auch von ‚empirischem Gehalt' oder von ‚Erklärungskraft' –, dann meint man, daß eine Aussage uns relativ viel über die Realität sagt. Dies bedeutet, daß eine Aussage vieles, was der Fall sein könnte, ausschließt". Man kann auch sagen, dass der Informationsgehalt einer Hypothese gleich der Menge ihrer *Falsifikatoren* ist, also gleich der Menge jener Fälle, die die Hypothese falsifizieren können. Was damit gemeint ist, dürfte am Beispiel eines derzeit auch in der Kommunikationswissenschaft populären Forschungsbereichs deutlich werden → vgl. Abb. 1.7.

Hypothesen hatten wir schon in der Form einer Wenn-Dann-Aussage formuliert. Denkbar wäre im Übrigen auch die Formulierung als Je-Desto-Hypothese. Der empirische bzw. Informationsgehalt einer Wenn-Dann-Hypothese ergibt sich nun aus der Präzision, also dem inhaltlichen Gehalt sowohl der Wenn-Komponente als auch der Dann-Komponente. Beginnen wir mit einer Hypothese H1 → vgl. Abb. 1.7: „*Wenn* eine Person den Ego-Shooter ‚Counter-Strike' spielt, *dann* wird sie aggressiver." Die Menge der Falsifikatoren, durch die H1 widerlegt werden kann, sind in diesem Fall all jene Personen, die „Counter-Strike" spielen, aber eben nicht aggressiver werden.

Abb. 1.7 |

Beispiele für den veränderten Informationsgehalt einer Hypothese

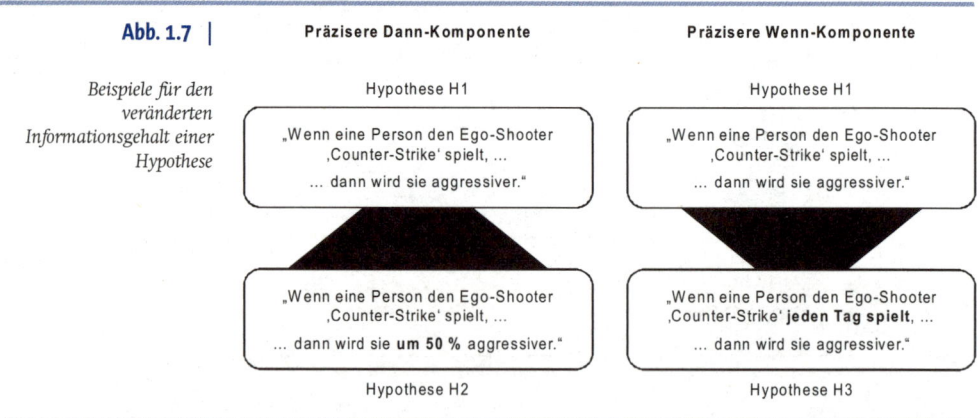

Präzisere Dann-Komponente

Hypothese H1

„Wenn eine Person den Ego-Shooter ‚Counter-Strike' spielt, ...

... dann wird sie aggressiver."

„Wenn eine Person den Ego-Shooter ‚Counter-Strike' spielt, ...

... dann wird sie **um 50 %** aggressiver."

Hypothese H2

Präzisere Wenn-Komponente

Hypothese H1

„Wenn eine Person den Ego-Shooter ‚Counter-Strike' spielt, ...

... dann wird sie aggressiver."

„Wenn eine Person den Ego-Shooter ‚Counter-Strike' **jeden Tag spielt**, ...

... dann wird sie aggressiver."

Hypothese H3

präzisere Dann-Komponente

Wir *präzisieren* zunächst die *Dann-Komponente* der Hypothese, lassen aber die Wenn-Komponente unverändert: „Wenn eine Person den Ego-Shooter ‚Counter-Strike' spielt, *dann wird sie um 50 % aggressiver.*" Diese Hypothese H2 – genauer: ihre Dann-Komponente – hat mehr Erklärungskraft als H1. Denn die Menge der Falsifikatoren umfasst nun nicht nur alle Personen, die „Counter-Strike" spielen, aber nicht aggressiver werden, sondern auch jene, die das Computerspiel spielen, aber höchstens um 49 %

aggressiver werden. Das sind mehr Personen als bei H1 – der Informationsgehalt steigt.

Wenn wir die *Wenn-Komponente präzisieren*, ohne die Dann-Komponente zu verändern, dann lautet Hypothese H3: „*Wenn* eine Person den Ego-Shooter ‚Counter-Strike' *jeden Tag spielt*, dann wird sie aggressiver." Die Menge der Falsifikatoren sind hier nur Personen, die *jeden Tag* ‚Counter-Strike' spielen, aber nicht aggressiver werden. Personen, die z. B. ab und zu ‚Counter-Strike' spielen, aber nicht aggressiver werden, gehören nicht mehr zu den falsifizierenden Fällen. Bei H1 gehörten sie noch zur Menge der Falsifikatoren. Damit ist der Informationsgehalt von H3 geringer als jener von H1.

präzise
Wenn-Komponente

Merksatz

Wenn wir nur die Dann-Komponente präzisieren, steigt der *Informationsgehalt* der Hypothese. Wenn wir nur die Wenn-Komponente präzisieren, sinkt er.

Messen | 1.5

Mehrfach war von Datenerhebung und Quantifizieren die Rede. Damit kommen wir zum letzten Aspekt der Grundlagen und Grundbegriffe – nämlich zum Messen. (Vgl. im Folgenden Schnell et al. 1999: 132ff.)

Was ist Messen? | 1.5.1

Messen ist die *strukturgetreue Zuordnung von Zahlen* – sie heißen auch numerische Relative oder Messwerte – *zu Merkmalen empirischer Objekte* – also empirischen Relativen – nach bestimmten Regeln, die wir Messanweisungen nennen. Was unter einer strukturgetreuen Abbildung der Realität durch Zahlen zu verstehen ist, lässt sich am Beispiel einer Inhaltsanalyse illustrieren.

Beispiel

Messen bei einer Inhaltsanalyse (vgl. Scheufele/Haas 2008)

Bertram Scheufele und Alexander Haas führten eine Inhaltsanalyse der Berichterstattung von Onlinefinanzportalen, Printmedien und Börsensendungen über börsennotierte Unternehmen durch. Für jedes Unternehmen, das einen Medienbeitrag behandelte, wurde unter anderem erfasst (codiert), in welchen thematischen Kontext das Unternehmen im Beitrag gestellt wurde. Werden z. B. die Umsätze des Unternehmens „Lufthansa" thematisiert, dann handelt es sich bei „Umsätze" um das empirische Relativ. Das Codebuch, also das Untersuchungsinstrument der Inhaltsanalyse, gab eine Vorschrift an, in welches numerische Relativ dieses empirische Relativ überführt werden sollte. Im Themenschlüsselplan, der alle Themen untereinander auflistet, wurde für „Umsatz, Absatz, Kundenzahlen usw." der Zahlencode 361 festgelegt, wobei der Code frei gewählt wurde. Immer dann, wenn ein Medienbeitrag dieses Thema behandelte, wurde also mit 361 codiert.

Abb. 1.8 |

„Messen" bei einer Befragung zur Mediennutzung

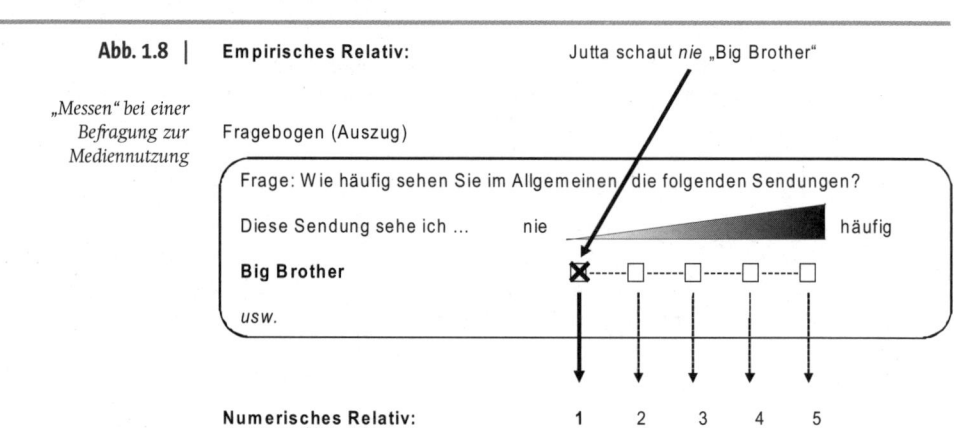

Ein anderes Beispiel zeigt → Abb. 1.8. Hier sehen wir den Auszug aus einem Fragebogen zur Fernsehnutzung. Er gibt letztlich schon eine Messvorschrift an, die den Befragten, die den Fragebogen ausfüllen, natürlich nicht ersichtlich ist: Wir haben z. B. Jutta gefragt, wie häufig sie verschiedene Sendungen sieht – darunter auch „Big Brother". Sie schaut diese Sendung „nie" und hat im Fragebogen daher das Kästchen ganz links angekreuzt. Als Forscher wissen wir, dass wir für diese Antwort die Zahl 1 vergeben. Hätte Jutta das vierte Kästchen von links angekreuzt, würden wir eine 4 vergeben. Wäre die Antwort „häufig" gewesen, würden wir die 5 erfassen. An diesem Beispiel sehen wir auch, dass die Zahlen, die wir vergeben, den empirischen Relationen entsprechen, also eine strukturgetreue Abbildung sein sollten. Wir würden z. B. keine 5 vergeben, wenn jemand mit „nie" antwortet, und eine 2, wenn jemand mit „häufig" antwortet.

In diesem Beispiel können wir aus den Zahlen eindeutig ablesen, was die Befragten geantwortet haben. Diese Art der Messung oder Abbildung der empirischen Relative nennen wir *isomorphe Abbildung*. Wenn wir dagegen eine 1 vergeben, wenn die Befragten eines der beiden linken Kästchen ankreuzen, eine 2, wenn sie das mittlere ankreuzen und eine 3, wenn sie eines der beiden rechten Kästchen ankreuzen, dann haben wir für fünf empirische Relative drei numerische vergeben. Aus diesen Zahlen können wir nicht mehr eindeutig bzw. präzise ablesen, wie die Befragten geantwortet haben. So können wir z. B. aus der Zahl 1 nicht mehr zurückverfolgen, ob der Befragte nun das erste oder das zweite Kästchen angekreuzt hat. In diesem Fall sprechen wir von *homomorpher Abbildung*.

Iso- und
Homomorphismus

Definition

Messen ist die strukturgetreue Zuordnung von Zahlen (numerischen Relativen, Messwerten) zu Merkmalen empirischer Objekte (empirischer Relative) nach bestimmten Regeln (Messanweisungen).

Mess- bzw. Skalenniveaus | 1.5.2

Mit der Frage aus dem Beispiel in → Abb. 1.8 messen wir auf einem bestimmten *Mess-* oder *Skalenniveau*, das festlegt, wie präzise bzw. detailliert wir das empirische Relativ erfassen. Ein bestimmtes Messniveau ist zunächst weder theoretisch noch durch die Realität vorgeschrieben. Denn wir messen nach einer Vorschrift, die wir selbst festlegen. Die Abbildung sollte allerdings strukturgetreu sein. Darüber hinaus sollten wir aber auch unsere Datenauswertung im Blick haben – ein Sachverhalt, der oft vergessen wird. Ein gutes Beispiel dafür ist der von Elihu Katz und anderen Forschern (z. B. Katz et al. 1974) entwickelte *Uses-and-Gratifications-Ansatz*. Er fragt nach den Gratifikationen, die sich Menschen von der Mediennutzung versprechen, also nach ihren Nutzungsmotiven.

Beispiel

Mess-/Skalenniveau bei Datenerhebung und Datenauswertung am Beispiel des Uses-and-Gratifications-Ansatzes

In einer Befragung können wir z. B. Fernsehnutzungsmotive mit einer Listenfrage erfassen. Wir geben also den Befragten eine Liste mit Motiven wie „Ich sehe fern, um zu entspannen" oder „Ich sehe fern, um mich zu informieren". Pro Motiv sollen die Befragten jeweils auf einer Skala von

1 für „trifft überhaupt nicht zu" bis 5 „trifft voll und ganz zu" angeben, wie sehr das Motiv auf sie selbst zutrifft. Damit messen wir auf dem Niveau einer Intervallskala. In den meisten Uses-and-Gratifications-Studien werden die Motive bei der Datenauswertung mit Hilfe von Faktorenanalysen → vgl. Kap. 5.4.1 zu Motivbündeln wie z. B. Unterhaltung, Information oder Eskapismus verdichtet. (Vgl. z. B. Bonfadelli 1999: 163f.) Eine Faktorenanalyse erfordert aber, dass wir mindestens auf dem Niveau einer Intervallskala gemessen haben. Würden wir die Befragten mit 1 für „trifft zu" und 0 für „trifft nicht zu" antworten lassen, müssten wir bei der Datenauswertung auf eine Faktorenanalyse verzichten.

Merkmal, Ausprägung, Variable und Werte

Bevor wir Mess- oder Skalenniveaus vorstellen, sind für das weitere Verständnis einige Begriffe zu klären. Empirische Objekte wurden als *Merkmalsträger* bezeichnet. Sie haben bestimmte *Merkmale*, die wir in einer Untersuchung mit Hilfe eines entsprechenden Untersuchungsinstruments erfassen. Genauer gesagt erfassen wir die *Ausprägung* des Merkmals bei dem jeweiligen Merkmalsträger, den wir gerade betrachten. Wenn Jutta als Merkmalsträger auf die Frage im obigen Beispiel mit „nie" antwortet, dann ist diese Antwort die Ausprägung ihres Merkmals „Nutzungshäufigkeit von ‚Big Brother'" → vgl. Abb. 1.8. In statistischer Hinsicht ist ein Merkmal schlicht eine *Variable*. Und eine Variable kann z. B. bei den Befragten jeweils unterschiedliche Ausprägungen annehmen, die wir mit entsprechenden Zahlen oder *Messwerten* versehen.

Wie differenziert wir messen, bestimmt unsere Messvorschrift, die auch das *Messniveau* festlegt – etwa wie bei der Frage in → Abb. 1.8. Differenziertheit heißt dabei nichts anderes als die Anzahl der und die Relationen zwischen den Ausprägungen des Merkmals bzw. der Variablen. In der Regel werden vier Mess- oder Skalenniveaus unterschieden → vgl. Abb. 1.9.

Nominalskala

Eine *Nominalskala* liegt bei einem Merkmal mit mindestens zwei Ausprägungen vor, die nur Gleichheit oder Ungleichheit ausdrücken. Die Nominalskala ist das niedrigste Messniveau. Ein Beispiel sind die Grundfarben Rot, Blau und Gelb. Wenn verschiedene Merkmalsträger die gleiche Grundfarbe haben, sind sie gleich, ist ein Merkmalsträger rot, der andere aber gelb, so haben sie je eine unterschiedliche Farbe. Genauso verhält es sich mit dem Geschlecht oder mit Fernsehsendern. Dabei ist keine Ausprägung schöner oder besser. Sie sind nur gleich oder nicht. Formal schreiben wir „A = B = C ..." oder „A ≠ B ≠ C ...". Es gibt zudem zwei Subtypen der Nominalskala:

Skalenniveau	Relation zwischen den Ausprägungen	Beispiel
Nominalskala	Gleichheit / Ungleichheit A = B = C... oder A ≠ B ≠ C...	Geschlecht, Postleitzahlen
Ordinalskala	Rangreihe A < B < C ... oder A > B > C ...	Schulnoten
Intervallskala	Gleiche Abstände zwischen Rängen B – A = C – B = D – C...	Temperatur in Celsius, TV-Nutzung in Minuten
Verhältnis-/ Ratioskala	Gleiche Verhältnisse, da absoluter Nullpunkt A : B = B : C = C : D ...	Alter, Längen- und Gewichtsangaben
Hinweis: Das jeweils höhere Mess-/Skalenniveau schließt die Eigenschaften des bzw. der niedrigeren Mess-/Skalenniveau(s) mit ein.		

| **Abb. 1.9**

Mess- oder Skalenniveaus

- Eine *dichotome Variable* hat nur zwei Ausprägungen wie z. B. „Frau" und „Mann". Eine dichotome Variable mit Ausprägungen wie z. B. „vorhanden" und „nicht vorhanden", denen wir die Zahlen 1 und 0 zuordnen, heißt auch *Dummy-Variable*.
- Ein Merkmal mit mehr als zwei Ausprägungen wie z. B. „rot" „blau" und „gelb" heißt *polytome Variable*.
- Das nächsthöhere Skalenniveau ist die *Ordinalskala*. Hier bilden die Ausprägungen der Variablen nicht nur Gleichheit oder Ungleichheit ab, sondern auch eine Rangreihe. Ein Beispiel sind die *Tabellenplätze* der Fußball-Bundesliga → vgl. Abb. 1.10. Wenn wir z. B. die Tabelle der ersten Bundesliga vom letzten Spieltag der Saison 2006/07 betrachten, sehen wir den VfB Stuttgart als Meister auf dem ersten Tabellenplatz. Als Vizemeister steht Schalke 04 auf Platz zwei. Danach folgen Werder Bremen, Bayern München und Bayer Leverkusen auf den Rängen drei bis fünf. Formal schreiben wir hier „A < B < C ..." oder „A > B > C ...". Entscheidend ist, dass die Abstände zwischen benachbarten Rangplätzen bei ordinalskalierten Variablen nicht gleich sind. Man mag zwar einwenden, dass zwischen jedem Tabellenplatz eine numerische Differenz von eins besteht. Allerdings sind die Zahlen für die Tabellenplätze nur Platzhalter für den jeweiligen Rang. So könnten wir auch vom Rangplatz A, B, C usw. sprechen. Dieses Argument wird klarer, wenn wir die von den Vereinen erspielten Punkte betrachten, die sich hinter den Rängen verbergen: Die Differenz zwischen Meister und Vizemeister beträgt zwei Punkte, ebenso jene zwischen Vizemeister und Platz drei. Bayern München liegt auf dem vierten Tabellenplatz, was schon sechs Punkte Abstand zu Werder Bremen auf Platz drei sind. Bayer Leverkusen liegt auf Rang fünf, was einer Differenz von neun Punkten zu Tabellenplatz vier entspricht.

Ordinalskala

Verein	Tabellenplatz	Punkte	Tordifferenz	...
VfB Stuttgart	1	70	+24	...
Schalke 04	2	68	+21	...
Werder Bremen	3	66	+36	...
Bayern München	4	60	+15	...
Bayer Leverkusen	5	51	+5	...
...	...	...	...	...
Quelle: http://www.sport.ard.de/sp/fussball/bundesliga/spieltag/?saison=2006%2F2007&liga=BL1 (Abruf: 25.04.2008)				

Intervallskala

Eine *Intervallskala* liegt vor, wenn zusätzlich die Abstände zwischen den Ausprägungen des Merkmals bzw. der Variable gleich groß sind. Formal schreiben wir „B – A = C – B = D – C ...". Ein kommunikationswissenschaftliches Beispiel wäre, die tägliche Zeitungsnutzung der Befragten in Minuten zu erfassen. Bei der Intervallskala haben wir keinen absoluten Nullpunkt. Denn was z. B. 0° Celsius sind, ist nur eine Festlegung bzw. Konvention für diese Temperaturskala, bei der aber die Schritte von einem Temperaturgrad zum nächsten jeweils gleich groß sind. Auch das Messen der erspielten Punkte in der Bundesligatabelle ist eine Intervallskala.

Verhältnis- oder Ratioskala

Haben wir zusätzlich einen absoluten oder natürlichen Nullpunkt, dann liegt eine *Verhältnis-* oder *Ratioskala* vor. Hier sind nicht nur die Abstände, sondern auch die Verhältnisse zwischen den benachbarten Ausprägungen des Merkmals gleich. Formal schreiben wir hier „A : B = B : C = C : D = ...". Ein klassisches Beispiel ist das Alter. Denn hier haben wir mit der Geburt den absoluten Nullpunkt. Ein anderes Beispiel ist der Umfang von Zeitungsartikeln in Quadratzentimetern.

Zu diesen *Skalenniveaus* sind vier Hinweise notwendig, die auch für die Datenauswertung relevant sind → vgl. Kap. 5:

- Das höhere Skalenniveau schließt auch die Charakteristika des niedrigeren Skalenniveaus mit ein – nicht aber umgekehrt. So bildet z. B. die Ordinalskala auch eine Gleichheit bzw. Ungleichheit ab, nicht aber die Nominalskala eine Rangreihe.

metrische und nicht metrische Skala

- Die Nominal- und Ordinalskala werden auch als *nicht metrisches* Messniveau bezeichnet und die Intervall- und Verhältnisskala auch zum *metrischen Messniveau* zusammengefasst. In der kommunikationswissenschaftlichen Forschungspraxis und bei der statistischen Datenauswertung spielt der Unterschied zwischen Intervall- und Verhältnisskala meist keine Rolle, d.h. wir fassen beide unter dem Begriff der metrischen Skala zusammen.

- Für das metrische Skalenniveau ist eine weitere Unterscheidung wichtig: Von einer *bipolaren Skala* sprechen wir, wenn sie zwei Extrempole hat, denen wir z.B. bei fünf Ausprägungen die Werte +2 (z.B. „gut") und −2 („böse") zuweisen. Entsprechend liegt eine *unipolare Skala* vor, wenn wir z.B. bei der Frage nach Mediennutzung die beiden Enden der Skala mit „sehe ich nie" (Wert 1) und „sehe ich immer" (Wert 5) etikettieren.

unipolare und
bipolare Skala

- Wie schon erörtert wurde, hängt die Entscheidung über das Messniveau auch von den geplanten Auswertungsstrategien ab. Gerade bei Inhaltsanalysen, also bei Untersuchungen der Medienberichterstattung, stellt sich jedoch oft die grundsätzliche Frage, wie detailliert wir z.B. Themen oder Sprecher in den Medienbeiträgen erfassen wollen. Hier können mehrere, miteinander zusammenhängende Faktoren eine Rolle spielen: Wenn wir z.B. sämtliche Artikel einer Vielzahl von Zeitungen aus einem langen Zeitraum untersuchen, müssen wir aus forschungsökonomischen Gründen die Beitragsthemen recht grob erfassen. Wir werden also z.B. nicht jedes Politikfeld erfassen (Außen-, Sicherheits-, Wirtschafts-, Familienpolitik usw.), sondern nur zwischen Politik, Wirtschaft, Kultur usw. unterscheiden. Wenn wir genauer messen wollen und uns z.B. einzelne Argumente und deren Urheber in den Medienbeiträgen interessieren, dann müssen wir umgekehrt Abstriche bei der Anzahl der untersuchten Zeitungen oder beim Zeitraum machen.

Merksatz

Die wichtigsten *Mess-* bzw. *Skalenniveaus* sind die Nominal-, die Ordinal-, die Intervall- sowie die Verhältnis- bzw. Ratioskala. Die ersten beiden Skalenniveaus werden auch als nicht metrische, die letzten beiden auch als metrische Skalen bezeichnet.

Indexbildung und Skalierungsverfahren | 1.5.3

Der Begriff „Skala" wird nicht einheitlich verwendet. Bislang haben wir ihn synonym für „Messniveau" verwendet. „Skala" wird aber auch das genannt, was wir hier als *Index* oder als das Ergebnis eines *Skalierungsverfahrens* bezeichnen.

Indexbildung

Eine *Indexbildung* haben wir schon bei der Operationalisierung von Begriffen skizziert: Der Index aus den Antworten der Befragten auf die Frage zur Erfassung sozial erwünschter Antworten in → Abb. 1.4 ist ein additiver Index. Denn wir haben die Messwerte aller *Indikatoren* bzw. *Items* für jeden Befragten zu einem Gesamtwert addiert. Die Neigung zu sozial erwünschten Antworten wird wohlgemerkt nicht mit einem Index gemessen. Denn gemessen werden die Indikatoren. Der Index selbst wird erst im Zuge der *Datenauswertung* gebildet. Eine ausführliche Diskussion zur Indexbildung bietet Kromrey (2002: 177ff., 242ff.). Hier genügen folgende Hinweise:

- Ein *Index* reduziert die Indikatoren auf eine *neue Variable*, deren Ausprägungen sich aus den Messwerten aller Items ergeben. Man sagt auch: Der Index reduziert den Merkmalsraum. Ein anderes Verfahren einer solchen Dimensionsreduktion werden wir später mit der Faktorenanalyse kennenlernen → vgl. Kap 5.4.1.
- Für die *Indexbildung* müssen Indikatoren zum einen die gleiche Dimension (z. B. soziale Erwünschtheit) messen; ansonsten ist der Index nicht *eindimensional*. Zum anderen sollten alle Indikatoren bzw. Items möglichst das gleiche Skalenniveau haben.
- Vor einer Indexbildung sollte man die empirische Verteilung jedes Indikators betrachten. Wir zählen dafür pro Indikator aus, wie häufig jede seiner Ausprägungen bei der Stichprobe gemessen wurde. Daran lassen sich *Boden-* oder *Deckeneffekte* erkennen, die sich im Index niederschlagen würden. Bei einem Bodeneffekt wurden bei den Befragten fast nur niedrige Werte (z. B. geringe Zeitungsnutzung), bei einem Deckeneffekt fast nur hohe Werte gemessen (z. B. Problembewusstsein für Arbeitslosigkeit).

Skalierungsverfahren

Unter einem *Skalierungsverfahren* verstehen wir eine Vorgehensweise, um Messinstrumente (Skalen) zu konstruieren. Erst das „Resultat der Durchführung eines Skalierungsverfahrens ist [dann] eine ,*Skala*"" (Schnell et al. 1999: 137; Herv.i.O.). Zu solchen Skalen gehören die Likert-, die Thurstone-, die Guttman- und die Rasch-Skala sowie das semantische Differential. Wir können nicht alle Skalierungsverfahren besprechen (vgl. dazu z. B. Friedrichs 1990: 172ff.). Exemplarisch stellen wir aber das Skalierungsverfahren für die *Thurstone-Skala* vor. Daran lassen sich auch die beiden Schritte der Skalenkonstruktion und Skalenanwendung illustrieren:

- *Skalenkonstruktion*: Wir beginnen zunächst damit, sehr viele Items zu sammeln. Ein *Item* ist hier ein Indikator für ein Einstellungsobjekt (z. B. China). Ein Item kann z. B. diese Aussage sein: „Ich verachte die chinesische Politik, weil sie kulturellen Völkermord an der tibetischen Kultur verübt". Anhand einer elfstufigen bipolaren Skala (-5, -4, ..., 0, ..., $+5$) soll eine kleine Gruppe von Experten jede Aussage danach einstufen, wie sehr diese Aussage eine positive oder negative Einstellung gegenüber China ausdrückt. Die Experten sollen also nicht etwa ihre eigene Meinung angeben. Die Aussage zum „kulturellen Völkermord" könnte im Expertenurteil z. B. mit dem Wert (z. B. $-4,3$) als recht negativ eingestuft worden sein. Aus allen Items werden schließlich jene ausgewählt, bei denen die Experten sich einig sind. Das sollten zudem Items sein, die das Spektrum der denkbaren Einstellungen zu China abbilden.

- *Skalenanwendung*: Die auf diese Weise reduzierte Skala umfasst meist rund 20 Items bzw. Aussagen, die als Indikatoren für die Einstellung gegenüber China fungieren. Diese Skala wird dann den eigentlichen Befragten vorgelegt. Sie sollen für jede Aussage ihre Zustimmung angeben – und zwar anhand einer dichotomen Skala, d. h. sie sollen nur mit „stimme zu" oder „stimme nicht zu" antworten. Wenn z. B. ein Befragter bei der Aussage zum „kulturellen Völkermord" mit „stimme zu" antwortet, wird ihm zugleich der den von den Experten für dieses Item festgelegte Wert -4 zugewiesen. All diese Werte werden am Ende addiert, so dass man einen Gesamtwert für jeden Befragten erhält, der dessen Einstellung gegenüber China zum Ausdruck bringt.

Auf ähnliche Weise bildet man eine *Likert-Skala* (vgl. ausführlicher Brosius et al. 2008: 62). Die Anwendung einer Likert-Skala stellt das von Charles E. Osgood, George J. Suci sowie Percy H. Tannenbaum (1957) entwickelte *semantische Differential* dar. Mit ihm lässt sich untersuchen, welche Eigenschaften Menschen mit Begriffen bzw. Objekten (z. B. Politikern, Ländern) verbinden, d. h. welche Bedeutung sie ihnen zuschreiben. Dazu werden den Befragten rund 10 bis 20 Paare mit jeweils gegensätzlichen Eigenschaften vorgelegt. Jedes Eigenschaftspaar ist eine bipolare Intervallskala, bei der die gegensätzlichen Eigenschaften (z. B. „aktiv" und „passiv") die Endpunkte der Skala darstellen. Für jeden Befragten bekommt man nach der Messung über alle Gegensatzpaare hinweg ein Profil, das man als „vertikale Fieberkurve" (Brosius et al. 2008: 63) bezeichnen kann. Daher heißt das semantische Differential auch *Polaritätenprofil*. Oft werden die Messergebnisse jedoch mit Faktorenanalysen verdichtet. Wir erhalten dann z. B. drei Dimensionen (Faktoren), die jeweils mehrere Items bündeln. Solche Dimensionen (z. B. „evaluation", „activity", „potency") repräsentieren dann die Urteilskriterien von Menschen.

1.5.4 | Validität und Reliabilität

Vor dem Hintergrund des Basissatzproblems stellt sich die Frage, wann wir einer Messung überhaupt vertrauen können. Das können wir, wenn vor allem zwei *Gütekriterien* erfüllt sind:

* Validität und
* Reliabilität.

Validität und Reliabilität beziehen sich nicht etwa auf eine Methode wie Befragung, Inhaltsanalyse oder Beobachtung, sondern betreffen die *Güte der Messung* bzw. *des Untersuchungsinstruments*. Mit Messung ist also nicht nur eine singuläre Messung (z. B. Frage im Fragebogen) gemeint, sondern die Gesamtheit aller Messungen bei einer empirischen Untersuchung (z. B. Befragung). Was aber ist konkret unter Validität und Reliabilität zu verstehen?

Reliabilität

Reliabilität meint die Zuverlässigkeit des Mess- oder Untersuchungsinstruments und verweist auf die Wiederholbarkeit von Messungen. Wenn wir also eine Messvorschrift bzw. ein Untersuchungsinstrument wiederholt bei den gleichen oder zumindest vergleichbaren Objekten (z. B. Befragten) einsetzen, so sollten wir die gleichen oder – da es immer Zufallsfehler gibt – sehr ähnliche Ergebnisse erhalten. Wir können zwei Verfahren zur Überprüfung bzw. zur Bestimmung der Reliabilität unterscheiden:

* *Test-Retest-Verfahren*: Hier messen wir mit dem gleichen Mess- oder Untersuchungsinstrument mindestens zu zwei verschiedenen Zeitpunkten. Das Messergebnis vom ersten Zeitpunkt (Test) wird mit jenem vom zweiten Zeitpunkt (Retest) verglichen. Der Grad, wie die Messungen übereinstimmen, drückt die Reliabilität aus, die sich hier auf die Reproduzierbarkeit der Ergebnisse bezieht.
* *Parallel-Test-Verfahren*: Hier messen wir nur zu einem Zeitpunkt, teilen aber die Reliabilitätsprüfung in zwei parallele Tests auf. Bei einer Befragung unterteilen wir die Befragten nach dem Zufallsprinzip in zwei Gruppen. Dann vergleichen wir die für beide Gruppen mit *demselben Fragebogen* gemessenen Werte. Bei einer Inhaltsanalyse geben wir z. B. zwei Hilfskräften (Codierern) jeweils die gleichen zehn Zeitungsartikel und lassen sie mit *demselben Untersuchungsinstrument* (Codebuch) diese zehn Artikel untersuchen. Anschließend vergleichen wir die Codierungen, d. h. Messungen beider Codierer.

Hans-Bernd Brosius, Friederike Koschel und Alexander Haas (2008: 64ff.) betonen einige *Probleme bei Reliabilitätsprüfungen*: Beim Test-Retest-Verfahren können sich die Befragtenbeim Retest an die erste Messung erinnern. Die scheinbar hohe Reliabilität hätte dann gar nichts mit dem Messinstrument, d. h. Fragebogen zu tun. Bei einer Inhaltsanalyse könnte es sein, dass ein Codierer bei einer späteren Codierung derselben Artikel einige Anweisungen aus dem Codebuch vergessen hat. Der geringe Reliabilitätswert würde ebenfalls nichts über die Zuverlässigkeit des Messinstruments aussagen, sondern nur über die Vergesslichkeit der messenden Person. In beiden Fällen spielt die Zeit zwischen Test und Retest eine entscheidende Rolle.

Probleme bei Reliabilitätsprüfungen

Ein weiteres Problem ergibt sich aus der Differenziertheit der Messung: Wenn wir bei einer Inhaltsanalyse zwei Codierern eine Liste mit 100 spezifischen Themen vorlegen (z. B. Debatte über Bundeswehreinsatz), werden wir beim Paralleltest vermutlich eine geringere Reliabilität feststellen als wenn wir ihnen eine Liste mit zehn Themenfeldern vorlegen (z. B. Außenpolitik). Bei einer Liste mit 100 Themen kann z. B. der eine Codierer eine „*Debatte* über Bundeswehreinsatz" (z. B. Codeziffer 21) messen, der andere beim selben Zeitungsartikel dagegen eine „*Entscheidung* über Bundeswehreinsatz" (z. B. Codeziffer 22) erkennen. Beide Subthemen gehören zum Thema „Bundeswehreinsätze" (Codeziffer 20). Hier messen die Codierer also nicht völlig unterschiedliche Themen, sondern nur unterschiedliche Subthemen.

Reliabilität lässt sich numerisch in *Reliabilitätskoeffizienten* bzw. *Reliabilitätsmaßen* ausdrücken. Die Werte solcher Koeffizienten liegen zwischen 0 (keine Reliabilität) und 1 (perfekte Reliabilität). Ein Beispiel ist die „*Holsti-Formel*", die wir im Zusammenhang mit der Inhaltsanalyse noch ausführlicher besprechen werden → vgl. Kap. 4.3.4. Wenn wir dagegen die interne Konsistenz oder die Eindimensionalität eines Indizes bzw. einer Skala ermitteln wollen, dann ist ein anderes Reliabilitätsmaß geläufig, das teilweise mehr verspricht als es einlöst. Die Rede ist von *Cronbachs Alpha*. Hinter diesem von Lee J. Cronbach entwickelten Koeffizienten steht der Gedanke, dass die Messung jedes Items eine neue Messung bzw. Messwiederholung für das mit allen Items erfasste Merkmal darstellt. Für Cronbachs Alpha gilt ein Wert ab 0,80 aufwärts als akzeptabel. Wenn man jedoch die Formel betrachtet, erkennt man, dass wir bei vielen Items schnell hohe Reliabilitätswerte erzielen können und damit unter bestimmten Bedingungen die Reliabilität überschätzen werden. Man sollte daher mit Angaben zur Reliabilität immer (selbst-)kritisch umgehen.

Reliabilitätsmaße

Validität

Validität meint die Gültigkeit der Messung. Sie ist dann gegeben, wenn wir mit der Messvorschrift oder dem gesamten Untersuchungsinstrument tatsächlich auch das messen, was wir messen wollen. Damit ist also etwas anderes gemeint als mit Reliabilität. Ein reliables Messinstrument wird uns bei fehlender Validität zwar zuverlässig die gleichen Ergebnisse liefern – dies sind dann aber sozusagen „zuverlässig ungültige" Ergebnisse. Damit gilt Reliabilität zwar als notwendige, nicht aber als hinreichende Bedingung für die Validität des Untersuchungsinstruments.

Validitätsprüfung
Validität ist eine Funktion des Messinstruments, während die *Validitätsprüfung* jenen Vorgang darstellt, bei dem die Validität bestimmt wird – analog zur Reliabilitätsprüfung, bei der wir einen Reliabilitätskoeffizienten berechnen. Meist werden drei Verfahren der Validitätsprüfung benannt, wobei die Begriffe uneinheitlich sind. Wir folgen hier Diekmann (2003: 224f.):

* *Inhaltsvalidität* liegt vor, wenn z.B. die Items einer Skala jenes Merkmal, das gemessen werden soll, auch hinreichend repräsentieren. Ein klassisches Beispiel ist der Intelligenztest. Werden nur mathematische Aufgaben gestellt, wird nur ein Teil dessen gemessen, was Intelligenz ist. Denn die Rechenaufgaben (Items) repräsentieren Intelligenz also nur zum Teil. Wenn Boulevardmedien mitunter den besonders hohen IQ manch eines Prominenten erwähnen, so hat der IQ-Wert höchstens *face validity*, also Gültigkeit nach dem Augenschein.
* *Kriteriumsvalidität* liegt vor, wenn die Gültigkeit des Mess- oder Untersuchungsinstruments nicht nur auf Augenschein beruht, sondern durch ein *Außenkriterium* geprüft wird. Hier lässt sich auch ein entsprechender Wert für die Übereinstimmung zwischen Messinstrument und Außenkriterium berechnen. Wenn das Außenkriterium zeitgleich erhoben wird, sprechen wir von *Übereinstimmungsvalidität*. Wenn es prognostiziert wird, nennen wir das *Vorhersagevalidität*. In beiden Varianten wirft die Kriteriumsvalidität jedoch ein Problem auf, das mit dem Basissatzproblem vergleichbar ist: Streng genommen müsste das Außenkriterium absolute Gültigkeit haben. Das dürfte selten der Fall sein, so dass wir in einen *infiniten Regress* geraten, weil wir das Außenkriterium durch ein weiteres Außenkriterium begründen müssen, das seinerseits zu begründen ist usw.
* *Konstruktvalidität* ist gegeben, wenn wir z.B. mit einem anderen Messinstrument, das das gleiche *Konstrukt* misst, zu übereinstimmenden Ergebnissen kommen. Das Kriterium, um die Validität zu beurteilen, ist damit eigentlich nur ein spezifisches Außenkriterium – nämlich ein anderes Messinstrument. Insofern ist die Abgrenzung zwischen Kriteriums- und Konstruktvalidität nicht ganz überzeugend. Die hier beschriebene Variante zur Prüfung der Konstruktvalidität wird *convergent validity* genannt. In jedem Fall geht es bei der Konstruktvalidität um die *Brauchbarkeit des Messinstruments*: Können wir das damit gemes-

sene Konstrukt theoretisch überzeugend mit anderen Konstrukten in Verbindung bringen? Und können wir daraus Hypothesen ableiten, die sich empirisch bewähren?

Zuletzt verweisen wir auf die Unterscheidung zwischen interner und externer Validität, die wir im Zusammenhang mit (nicht)experimentellen Untersuchungsanlagen → Kap. 3 erörtern werden.

Definition

Reliabilität meint Zuverlässigkeit des Mess- oder Untersuchungsinstruments und damit Wiederholbarkeit der Messung. *Validität* ist die Gültigkeit der Messung. Sie ist dann gegeben, wenn wir mit dem Untersuchungsinstrument tatsächlich das messen, was wir messen wollen.

Übungsaufgaben

Aufgabe 1.1
Was verstehen wir unter dem Falsifikationsprinzip?

Aufgabe 1.2
Welches Skalenniveau liegt jeweils vor?
a) Wir fragen Zuschauer, ob sie „Big Brother" regelmäßig, gelegentlich, selten oder nie anschauen.
b) Im Rahmen einer Befragung stellen wir folgende Frage zur Fernsehnutzung: „Wie lange sehen Sie an einem normalen Werktag im Durchschnitt fern?" Die Befragten erhalten als Vorgabe: „Ich sehe an einem normalen Werktag im Durchschnitt ＿＿＿ Stunden und ＿＿＿ Minuten fern" und tragen dort ihre Fernsehnutzung ein.
c) Im Rahmen einer Untersuchung der Zeitungsberichterstattung erfassen wir das Hauptthema jedes Zeitungsartikels.

Aufgabe 1.3
Welche der folgenden Aussagen ist/sind richtig?
a) Unter Reliabilität verstehen wir die Verlässlichkeit des Untersuchungsinstruments.
b) Bei Validität misst das Design das, was es zu messen vorgibt.
c) Werturteile sind im Begründungszusammenhang grundsätzlich nicht zulässig.

Stichprobenbildung | 2

Das Kapitel behandelt das Prinzip und das Verfahren der *Auswahl* von Merkmalsträgern (z. B. Befragten) aus einer Grundgesamtheit (z. B. Bevölkerung) nach bestimmten Regeln, d. h. die Ziehung bzw. Bildung von Stichproben. Die empirischen Ergebnisse, die wir für die Stichprobe erhalten, erlauben später Schlussfolgerungen auf die Grundgesamtheit, aus der das Sample gezogen wurde.

Grundlagen der Stichprobenbildung | 2.1

Die *Stichprobenbildung* steht erst an, nachdem wir die Untersuchungsanlage festgelegt haben. So entscheiden wir uns z. B. *erst* dafür, ein Experiment durchzuführen, *bevor* wir uns Gedanken dazu machen, welche Probanden, also Personen, wir dafür heranziehen wollen. Da wir bei den Überlegungen zu Untersuchungsanlagen und Designs jedoch einige Aspekte der Stichprobenziehung voraussetzen müssen, gehen wir darauf zuerst ein.

2.1.1 | Grundgesamtheit und Stichprobe

Beispiel

Grundgesamtheit und Stichprobe bei der Allensbacher Markt- und Werbeträgeranalyse (AWA)

Die „Allensbacher Markt- und Werbeträgeranalyse" (AWA) ist eine Befragung aus dem Bereich der angewandten Medien- und Marktforschung, die das Institut für Demoskopie Allensbach seit fast 50 Jahren im Auftrag von Verlagen und Fernsehsendern durchführt. Die Befragung zielt auf die Konsumgewohnheiten und Mediennutzung der „Deutschen ab 14 Jahre". Damit bilden knapp 65 Millionen Personen die Grundgesamtheit. Das ist jene Population, über die in der AWA Aussagen z. B. zur Fernsehnutzung oder zu Sport, Freizeit bzw. Reisen gemacht werden. Alle diese Personen zu befragen, würde natürlich den zeitlichen und finanziellen Rahmen jeder Untersuchung sprengen. Daher befragt Allensbach „nur" rund 21.000 Personen (vgl. http://www.awa-online.de; Schlagwort „Steckbrief"; Abruf: 28.04.2008). Diese Befragten bilden eine Stichprobe, d. h. eine Auswahl aus der Grundgesamtheit der 65 Millionen „Deutschen ab 14 Jahren". Die 21.000 Personen stammen aus der gesamten Bundesrepublik. Sie werden dabei nicht völlig beliebig, sondern nach einem vorab festgelegten Stichprobenplan ausgewählt. Das der AWA zugrunde liegende Verfahren zur Bestimmung der Stichprobe heißt Quotenverfahren → Kap. 2.3.

Systematik Das Beispiel dürfte deutlich gemacht haben, dass wir nicht irgendwen befragen oder irgendwelche Zeitungsartikel untersuchen, sondern – wie beim Messen auch – nach bestimmten Regeln vorgehen. Denn empirische Forschung muss durchweg regelgeleitet, d. h. bei allen Schritten systematisch vorgehen. Das Grundprinzip der *Systematik* wird uns daher bei den Untersuchungsanlagen, Methoden und Auswertungsverfahren mehrfach wieder begegnen.

Grundgesamtheit (Population) Allgemein gesprochen ist die *Grundgesamtheit* oder *Population* jene Menge von Merkmalsträgern, über die wir wissenschaftliche Aussagen machen wollen. Diese *Merkmalsträger* heißen in diesem Zusammenhang auch *Elemente*. Die Anzahl aller Elemente in der Grundgesamtheit wird mit einem *großen N* geschrieben (z. B. N = 65 Millionen Menschen). Wenn uns z. B. interessiert, welche Argumente in der Berichterstattung deutscher Tageszeitungen über die so genannte Osterweiterung der Europäischen Union thematisiert werden, dann machen wir Aussagen über die Gesamtheit aller Tageszeitungen in Deutschland. Diese sind dann unsere Grundgesamtheit. Bei der im Beispiel erwähnten Allensbacher Markt- und Werbeträgeranalyse (AWA) sind es jene knapp 65 Millionen Deutschen, die 14 Jahre oder älter sind. Mit Schnell et al. (1999: 253f.) unterscheiden wir zwischen angestrebter und Auswahl-Grundgesamtheit:

- Die *angestrebte Grundgesamtheit* wird auch Zielpopulation genannt und entspricht der eben beschriebenen Grundgesamtheit.
- Die *Auswahl-Grundgesamtheit* umfasst alle Merkmalsträger, die auch eine prinzipielle Chance haben, in die Stichprobe zu gelangen. Wenn wir z. B. eine Liste mit Personen nutzen, um daraus eine Stichprobe zu ziehen, dann können manche Personen in der Liste fehlen – das nennen wir *Undercoverage* – oder aber Personen in der Liste auftauchen, die gar nicht zur Grundgesamtheit gehören – das nennen wir *Overcoverage*. Ein Beispiel für den ersten Fall wäre ein Telefonbuch, in dem z. B. Menschen ohne Festnetzanschluss fehlen, obwohl sie zur Grundgesamtheit „Wohnbevölkerung in Deutschland" gehören. Ein Beispiel für den zweiten Fall wäre ein Verzeichnis mit fest angestellten Journalisten, das unsere Grundgesamtheit bildet, in dem jedoch auch freie Mitarbeiter gelistet sind.

Wenn wir alle Elemente der Grundgesamtheit untersuchen, führen wir eine *Total-* oder *Vollerhebung* durch. Da Vollerhebungen selten durchführbar sind, betrachten wir meist nur eine Teilmenge aller Elemente aus der Grundgesamtheit und führen daran unsere empirische Untersuchung durch. Diese Teilmenge heißt *Stichprobe*, *Auswahl* oder *Sample*. Die Anzahl aller Elemente in der Stichprobe wird mit einem *kleinen n* geschrieben (z. B. n = 21.000 Befragte).

Stichprobe (Auswahl, Sample)

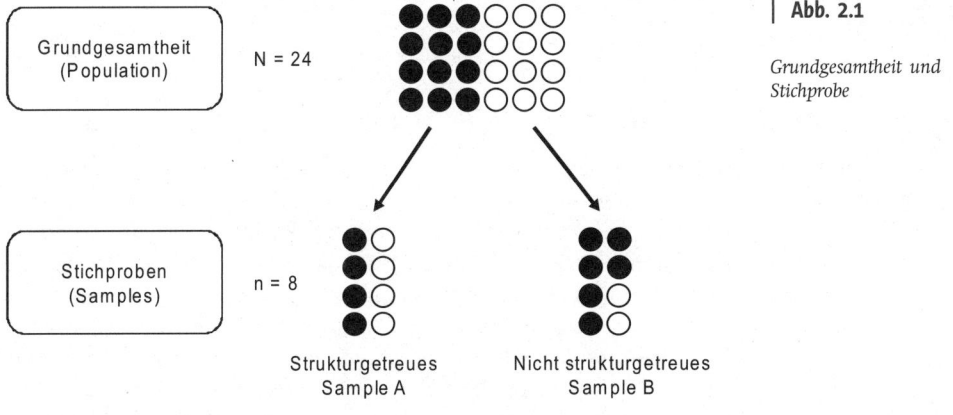

| Abb. 2.1

Grundgesamtheit und Stichprobe

Repräsentationsschluss Wenn wir Aussagen über die Elemente in der Grundgesamtheit machen wollen, aber mit unserer Stichprobe nur eine Teilmenge davon untersuchen, dann muss die Stichprobe ein *verkleinertes, strukturgetreues Abbild der Grundgesamtheit* darstellen → vgl. Abb. 2.1. Nur unter dieser Voraussetzung können wir die anhand der Stichprobe gewonnenen Ergebnisse auf die Grundgesamtheit verallgemeinern. Das nennen wir *Repräsentationsschluss*. Bei Stichprobe A in → Abb. 2.1 ist eine solche Schlussfolgerung möglich, bei Stichprobe B dagegen nicht, weil das Sample kein strukturgetreues Abbild der Grundgesamtheit darstellt. Für Jürgen Friedrichs (1990: 125) sind drei weitere Bedingungen erforderlich, um Stichproben auf die Grundgesamtheit zu verallgemeinern:

- Die Grundgesamtheit sollte zumindest prinzipiell angegeben und empirisch definiert werden können.
- Die Elemente der Stichprobe müssen definiert sein.
- Das Verfahren zur Ziehung der Stichprobe muss angegeben werden können.

Repräsentativität Gerade im Vorfeld von Bundes- oder Landtagswahlen ist oft von Wahlprognosen auf der Basis repräsentativer Stichproben die Rede. Das ist einerseits falsch, andererseits missverständlich. Falsch ist der Begriff „Prognose". Denn solche Umfragen prognostizieren nicht, wie die Wahl ausgeht, sondern beschreiben die politische Stimmung vor der Wahl. Missverständlich ist wiederum der Begriff „repräsentative Stichprobe". Davon sollte man streng genommen nicht sprechen, weil ein Sample nie alle Merkmalskombinationen der Grundgesamtheit repräsentieren kann (vgl. Diekmann 2003: 368f.). Wir werden das dennoch tun, weil sich der Begriff eingebürgert hat. Dass eine Stichprobe letztlich nur dann *repräsentativ* ist, wenn es sich um eine Zufallsstichprobe handelt, werden wir gleich diskutieren.

2.1.2 | Schätzen

empirischer Stichprobenkennwert An dieser Stelle gehen wir ausführlicher auf statistische Überlegungen ein, die eigentlich erst bei der Datenauswertung anstehen → vgl. Kap. 5. Allerdings lässt sich daran der Grundgedanke der *Ziehung von Stichproben* am besten vertiefen. Wir denken uns als Beispiel eine Befragung zur Mediennutzung. Dazu wurden aus der Grundgesamtheit der Wohnbevölkerung in Deutschland nach dem Zufallsprinzip 1.000 Menschen ausgewählt. Diese Personen haben wir zu ihrer Fernsehnutzung befragt. Wir können für dieses Sample, d. h. anhand der empirischen Daten für alle Befragten, beispielsweise berechnen, wie lange die Befragten im Durchschnitt an einem beliebigen Werktag fernsehen. Als *arithmetisches Mittel* erhalten wir $\bar{x} = 210$ Minuten. Die einzelnen Nutzungsdauern der Befragten (empirische Verteilung) drücken sich in diesem einen *Kennwert der Stichprobe* aus. Die Nutzungsdauern der Befragten streuen natürlich um den Mittelwert: Manche Befragten schauen nur 30 Minuten pro Werktag fern, andere 300 Minuten. Die durchschnittliche *Streuung* wird mit dem Buchstaben *s* bezeichnet. Wenn wir sie quadrieren, heißt sie *Varianz* s^2. Wie der Mittelwert ist auch sie ein Stichprobenkennwert. Die Bestimmung solcher Stichprobenkennwerte → vgl. Abb. 2.2 fällt in den Bereich der *deskriptiven Statistik*.

	Kennwert der Stichprobe	Parameter der Grundgesamtheit
Mittelwert	$\bar{x}$	μ
Streuung	s	σ
Varianz	s^2	σ^2
Umfang	n	N

| Abb. 2.2

Kennwerte der Stichprobe und Parameter der Grundgesamtheit

Punkt- und Intervallschätzung

Wenn wir von *Stichprobenkennwerten* auf die Parameter der Grundgesamtheit verallgemeinern bzw. schlussfolgern, dann argumentieren wir damit, dass die Stichprobe zufällig gezogen wurde. Sie sollte also ein verkleinertes, strukturgetreues Abbild der Grundgesamtheit sein. Daher können wir behaupten, dass der für das Sample ermittelte Mittelwert in der Grundgesamtheit ebenfalls z. B. 210 Minuten beträgt. Wir nutzen somit als *exakten Punktschätzer* für den analogen *Parameter* der Grundgesamtheit – also für den Mittelwert μ (sprich: „mü"). Anders gesagt: Wir ziehen eine Inferenz von der Stichprobe auf die Grundgesamtheit. Punktschätzungen fallen also in den Bereich der so genannten *Inferenzstatistik*. Analog zur Stichprobe können wir für die Grundgesamtheit auch die *Streuung* σ (sprich: „sigma") bzw. *Varianz* σ^2 angeben. Sowohl μ als auch σ sind jedoch in aller Regel unbekannt → vgl. Abb. 2.2.

Vermutlich wird der Mittelwert μ in der Grundgesamtheit nicht exakt bei 210 Minuten liegen, sondern etwas davon abweichen. Statt einer Punktschätzung geben wir daher meist ein Intervall an, in das μ vermutlich fallen wird. Es heißt *Konfidenz-* oder *Vertrauensintervall*, weil wir mit hoher Wahrscheinlichkeit (z. B. 95 %) darauf vertrauen können, dass μ im Intervall z. B. zwischen 200 und 220 Minuten liegt. Da wir hier nicht punktgenau, sondern nur ein Intervall schätzen, nennen wir das Vorgehen *Intervallschätzung*.

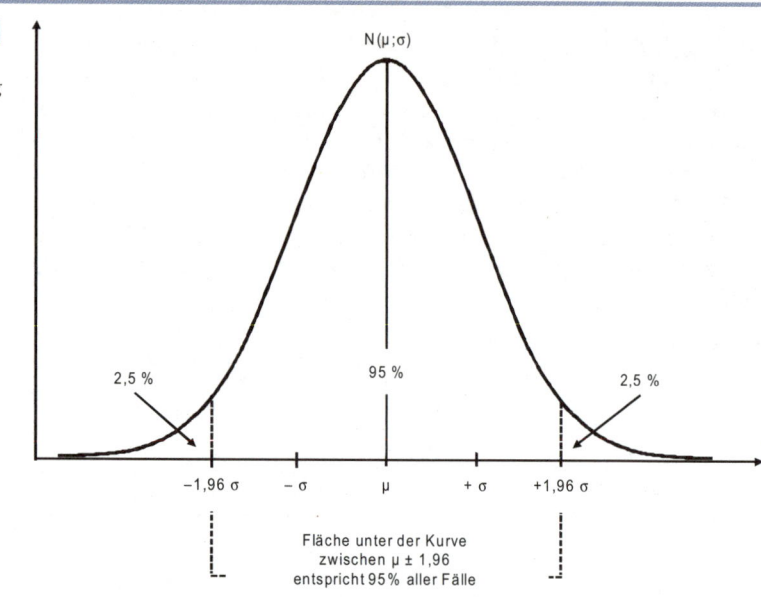

Abb. 2.3 |

Normalverteilung

Stichproben-
mittelwerteverteilung
und Normalverteilung

Um diese Überlegungen zu vertiefen, bedienen wir uns eines Gedanken-experiments (vgl. im Folgenden Rainer Diaz-Bone 2006: 141ff.) und greifen auf unser Beispiel zurück. Wir nehmen an, dass unsere Grundgesamtheit N = 100.000 Menschen umfasst. Daraus ziehen wir per Zufallsprinzip nun nicht nur eine Stichprobe, sondern 100 Stichproben mit jeweils n = 1.000 Elementen. Pro Stichprobe berechnen wir den Mittelwert der Fernsehnutzung. Er wird nicht immer bei 210 Minuten liegen, sondern für manche Samples darüber, für andere darunter. All diese 100 Mittelwerte bilden ihrerseits eine Verteilung, die oft Stichprobenverteilung genannt wird, was aber etwas missverständlich ist. Der präzisere Begriff ist *Stichprobenmittelwerteverteilung.* Dafür können wir wiederum einen Mittelwert – den Mittelwert aller Stichprobenmittelwerte – und deren Streuung bestimmen. Aufgrund wahrscheinlichkeitstheoretischer Gesetze folgt die Stichprobenmittelwerteverteilung näherungsweise einer *Normalverteilung* → vgl. Abb. 2.3.

Da die Ziehung von 100 Stichproben mit jeweils n = 1.000 Menschen nichts anderes ist als eine Vollerhebung der Grundgesamtheit, dürfte einleuchten, dass der Mittelwert aller Stichprobenmittelwerte dem „wahren" Mittelwert der Fernsehnutzung μ in der Grundgesamtheit entsprechen müsste. Vor diesem Hintergrund können wir die Normalverteilung heranziehen als eine Art *wahrscheinlichkeitstheoretischbegründeten Stellvertreter* für die in der Regel unbekannte Verteilung des Merkmals (z. B. Fernsehnutzung) in der Grundgesamtheit und für die Parameter μ und σ.

Nun streuen die Mittelwerte der 100 Stichproben jedoch um diesen „wahren" Wert μ. Die Fläche unter der Kurve in → Abb. 2.3 – sie heißt *Dichtefunktion* – entspricht insgesamt 100 %. Wir können auch sagen: Das sind unsere 100 Stichproben. Das *Konfidenzintervall* markiert zwei Grenzen. Die Fläche unter der Kurve zwischen beiden Grenzen entspricht in unserem Beispiel einem bestimmten Anteil aller Stichprobenmittelwerte. Rund *68 %*, also etwa 68 aller 100 Stichprobenmittelwerte liegen im *Intervall zwischen* $\mu - \sigma$ *und* $\mu + \sigma$. Da wir in der Regel weder μ noch σ kennen, ziehen wir die Kennwerte einer singulären Stichprobe heran. Wenn in dieser Stichprobe der Mittelwert $\bar{x} = 210$ Minuten und die Streuung $s = 20$ beträgt, so dürfte der „wahre" Mittelwert μ der Fernsehnutzung in der Grundgesamtheit mit 68-prozentiger Wahrscheinlichkeit zwischen 210 ± 20 Minuten, also zwischen 190 und 230 Minuten liegen. **68 % Konfidenz**

In der Statistik gehen wir von mindestens *95 % Vertrauen* bzw. von einer *Konfidenz* $\gamma \geq 0{,}95$ aus. Die Grenzen des Konfidenzintervalls liegen dann bei $\mu \pm 1{,}96\,\sigma$ → vgl. Abb. 2.3. Die Mittelwerte von 95 der insgesamt 100 Stichproben liegen also im *Intervall zwischen* $\mu - 1{,}96\,\sigma$ *und* $\mu + 1{,}96\,\sigma$. Wenn wir die Kennwerte der singulären Stichprobe heranziehen ($\bar{x} = 210$ Minuten; $s = 20$), können wir sagen: Der „wahre" Mittelwert μ der Fernsehnutzung in der Grundgesamtheit liegt mit 95-prozentiger Wahrscheinlichkeit im Intervall zwischen $210 \pm 1{,}96 * 20$ Minuten, d. h. zwischen 170,8 und 249,2 Minuten. **95 % Konfidenz**

Die verbleibenden 5 % verteilen sich aufgrund der Symmetrie der Kurve in → Abb. 2.3 – bildlich gesprochen – auf je 2,5 % in den Ecken. Inhaltlich gibt es dafür mindestens drei Lesarten: **Irrtums-wahrscheinlichkeit α**

- *Lesart 1*: Bei fünf von 100 Stichproben liegt der betreffende Stichprobenmittelwert *nicht* zwischen 170,8 und 249,2 Minuten.
- *Lesart 2*: Mit 5-prozentiger Wahrscheinlichkeit liegt der „wahre" Mittelwert μ der Fernsehnutzung in der Grundgesamtheit entweder unter 170,8 Minuten oder über 249,2 Minuten.
- *Lesart 3*: Wenn wir behaupten, dass der „wahre" Mittelwert μ zwischen 170,8 Minuten und 249,2 Minuten liegt, dann ist diese Aussage mit höchstens 5-prozentiger Wahrscheinlichkeit falsch. Diese Wahrscheinlichkeit nennen wir *Irrtumswahrscheinlichkeit* α. Die Konfidenz wird entsprechend $\gamma = 1 - \alpha$ geschrieben.

2.1.3 | Testen

Null- und
Alternativhypothese

Der zweite Bereich der Inferenzstatistik neben dem Schätzen ist das Testen, also die *Hypothesenprüfung* bzw. der *statistische Signifikanztest*. Wir prüfen bzw. testen aber nicht unsere Hypothese, sondern deren Gegenteil, die *Nullhypothese* H_0. Unsere Hypothese stellt dazu die Alternative dar und heißt daher *Alternativhypothese* H_1 bzw. H_A. Dazu gehen wir von folgendem Beispiel aus.

Beispiel

Einstichprobentest des arithmetischen Mittels

Vor fünf Jahren wurden alle Bürger in Jena zu ihrer Fernsehnutzung befragt. Da diese Vollerhebung unser Null- bzw. Ausgangspunkt ist, nennen wir die Grundgesamtheit G_0. Der Mittelwert der Fernsehnutzung betrug damals $\mu_0 = 180$ Minuten und die Streuung lag bei $\sigma_o = 20$ Minuten. Da wir heute keine finanziellen Mittel für eine Vollerhebung haben, ziehen wir aus der aktuellen Grundgesamtheit G_A nur eine Stichprobe mit $n = 1.000$ Bürgern. Als Stichprobenmittelwert der aktuellen Fernsehnutzung ermitteln wir $\bar{x} = 210$ Minuten. Wir behaupten nun, dass sich die Fernsehnutzung seit der Vollerhebung vor fünf Jahren stark verändert hat. Statistisch korrekt gesprochen: Die Stichprobe, für die wir den Mittelwert $\bar{x} = 210$ Minuten ermittelt haben, stammt aus einer aktuellen Grundgesamtheit G_A, deren Mittelwert μ_A sich signifikant, d. h. statistisch bedeutsam von jenem Mittelwert μ_o unterscheidet, den wir bei der damaligen Vollerhebung für G_0 festgestellt hatten. Formal schreiben wir für diese Alternativhypothese: $\mu_A \neq \mu_o$. Die Nullhypothese besagt das Gegenteil: Die aktuelle Stichprobe stammt aus einer Grundgesamtheit G_A, deren Mittelwert μ_A nicht oder höchstens zufällig vom Mittelwert μ_0 der damaligen Grundgesamtheit G_0 abweicht. Formal schreiben wir dafür: $\mu_A = \mu_o$.

Standardnormal-
verteilung als
Prüfverteilung

Unser Beispiel ist ein so genannter *Einstichprobentest des arithmetischen Mittels*. Dafür ziehen wir eine spezifische Form der Normalverteilung heran: Verschiedene Normalverteilungen lassen sich vereinheitlichen, indem man ihre Werte *z-standardisiert*. So erhalten wir die *Standardnormalverteilung* $Z(0;1)$ mit dem Mittelwert $\mu = 0$ und der Streuung $\sigma = 1$. Die Standardnormalverteilung nutzen wir als *Test-* bzw. *Prüfverteilung*, um unsere Nullhypothese H_0 zu prüfen bzw. zu testen → vgl. Abb. 2.4. Anders gesagt: Die Prüfgröße Z dient uns gleichsam als Messlatte für unseren Test.

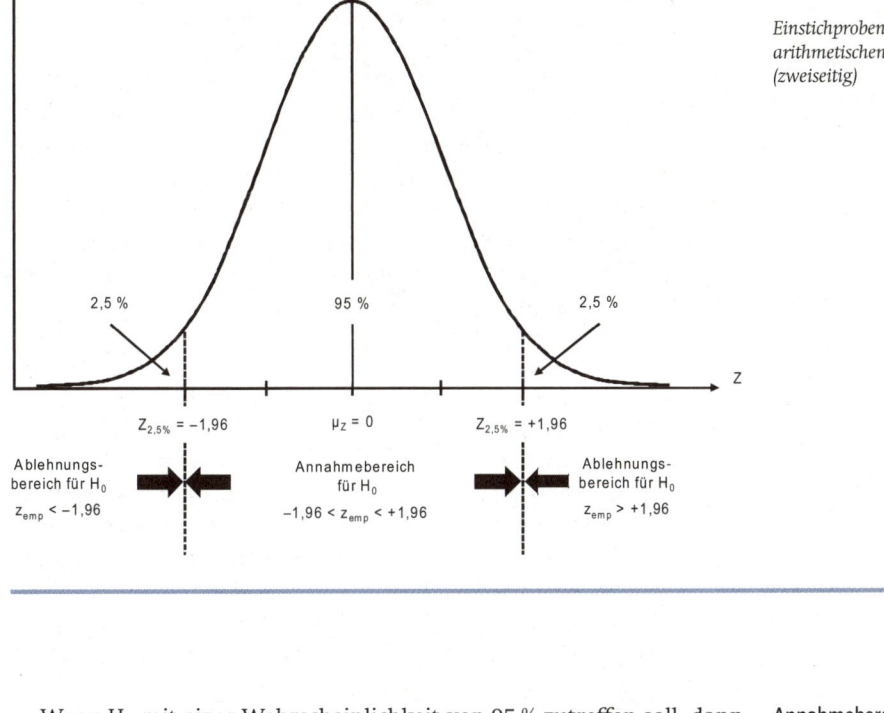

| **Abb. 2.4**

Einstichprobentest des arithmetischen Mittels (zweiseitig)

Wenn H_0 mit einer Wahrscheinlichkeit von 95 % zutreffen soll, dann muss der *empirische z-Wert*, der aus den Stichprobenkennwerten zu ermitteln ist, im Intervall zwischen den *kritischen z-Werten* ±1,96 liegen (bei $\gamma = 99$ % bzw. $\gamma = 99{,}9$ % sind die Grenzen z = ±2,58 bzw. z = ±3,29. Wir vergleichen also jenen Wert für die *Prüfgröße Z*, den wir aus den empirischen Daten berechnen können, mit dem wahrscheinlichkeitstheoretischen bzw. kritischen Wert für die Prüfgröße Z → vgl. Abszisse in Abb. 2.4. Das Intervall zwischen den kritischen Werten der Prüfgröße Z heißt *Annahmebereich von H_0* und ist damit zugleich der *Ablehnungsbereich von H_A*. Wie aber bestimmen wir den empirischen z-Wert? Aufgrund der Vollerhebung vor fünf Jahren sind Mittelwert und Streuung der damaligen Grundgesamtheit G_0 bekannt ($\mu_o = 180$ Minuten; $\sigma_o = 20$ Minuten), nicht aber die Parameter der aktuellen Grundgesamtheit G_A. Wir kennen jedoch den Mittelwert und die Streuung der Stichprobe aus der aktuellen Grundgesamtheit G_A ($\bar{x} = 210$ Minuten; s = 20 Minuten). Wäre σ_o nicht bekannt, würden wir s als Schätzer heranziehen; im Beispiel sind beide aber identisch. Den *empirischen z-Wert* berechnen wir wie folgt: $z_{emp} = (\bar{x} - \mu_o)/\sigma_o = (210 - 180)/20 = 1{,}5$. Da $z_{emp} = 1{,}5$ in das Intervall

Annahmebereich von H_0, Ablehnungsbereich von H_A

$-1,96 < z_{krit} < +1,96$ fällt, müssen wir die Nullhypothese H_0 annehmen und unsere Hypothese H_A verwerfen. Sie gilt damit als *falsifiziert*.

Inhaltlich heißt das: Die Stichprobe mit $\bar{x} = 210$ Minuten stammt aus einer aktuellen Grundgesamtheit G_A mit einem Mittelwert μ_A, der sich mit einer Wahrscheinlichkeit von 95 % *nicht* vom Mittelwert $\mu_0 = 190$ Minuten der damaligen Grundgesamtheit G_0 unterscheidet. Die Fernsehnutzung hat sich in fünf Jahren also fast nicht verändert. Warum weicht dann aber unser Stichprobenmittelwert $\bar{x} = 210$ Minuten davon ab? Er weicht nicht statistisch bedeutsam, sondern nur *zufällig* ab. Ein Grund dürfte sein, dass zufällig eine Person in unser Sample geraten ist, die extrem viel fernsieht (z. B. 440 Minuten). Ein solcher *Ausreißer* kann den Mittelwert rasch erhöhen.

Ablehnungsbereich von H_0, Annahmebereich von H_A In einem weiteren gedanklichen Schritt nehmen wir an, dass der aktuell ermittelte Stichprobenmittelwert nicht 210 Minuten, sondern 260 Minuten beträgt. Wir berechnen erneut den empirischen z-Wert. Wie man leicht nachrechnen kann, ist $z_{emp} = 4,0$ und liegt damit klar außerhalb des Intervalls $-1,96 < z_{krit} < +1,96 \rightarrow$ vgl. Abb. 2.4. Der empirische Wert der Prüfgröße Z fällt hier also in den *Ablehnungsbereich von H_0* bzw. den *Annahmebereich von H_A*. Warum aber gibt es zwei halbierte Ablehnungsbereiche? Ganz einfach: Wir haben zweiseitig, nicht einseitig getestet. Beim einseitigen Test gibt die Alternativhypothese eine Richtung für den Unterschied an (z. B. $H_A : \mu_A > \mu_0$ mit $H_0 : \mu_A \leq \mu_0$). Beim zweiseitigen Test wird ein Unterschied unterstellt, den wir aus beiden Richtungen testen ($H_A : \mu_A > \mu_0$ mit $H_0 : \mu_A \leq \mu_0$ sowie $H_A : \mu_A < \mu_0$ mit $H_0 : \mu_A \geq \mu_0$).

Irrtumswahrscheinlichkeit α Da $z_{emp} = 4,0$ außerhalb von $-1,96 < z_{krit} < +1,96$ liegt, können wir mit einer Wahrscheinlichkeit von über 95 % die Nullhypothese H_0 ablehnen und die Alternativhypothese H_A annehmen. Wenn wir das tun, irren wir nur mit einer Wahrscheinlichkeit von weniger als 5 %. Das ist die bereits erwähnte *Irrtumswahrscheinlichkeit α*. Es kann zwar sein, dass sich der heutige Mittelwert μ_A de facto nicht vom damaligen Mittelwert μ_0 unterscheidet und wir damit fälschlich die Nullhypothese H_0 abgelehnt hätten. Allerdings ist die Wahrscheinlichkeit für einen solchen α-*Fehler (Fehler erster Art)* sehr gering – nämlich geringer als 5 %.

Signifikanzniveaus Die Irrtumswahrscheinlichkeit α wird auch als *Signifikanzniveau* bezeichnet. Der in unserer Alternativhypothese H_A behauptete Unterschied zwischen beiden Mittelwerten μ_A und μ_0 ist *signifikant*, also statistisch bedeutsam bzw. *überzufällig*. Wir sagen auch, dass wir H_0 auf dem 5-Prozent-Signifikanzniveau ablehnen. Formal schreiben wir für dieses Signifikanzniveau $p < 0,05$ oder $*$. Es gibt zudem zwei weitere Signifikanzniveaus $\rightarrow$ vgl. Abb. 2.5.

Konfidenz-niveau	Irrtums-wahrscheinlichkeit	Signifikanz-niveau	Abkür-zung	Bezeichnung
Y = 0,95	$\alpha < 0,05$	$p < 0,05$	*	Signifikant
Y = 0,99	$\alpha < 0,01$	$p < 0,01$	**	Sehr signifikant
Y = 0,999	$\alpha < 0,001$	$p < 0,001$	***	Hoch signifikant

| **Abb. 2.5**

Signifikanzniveaus (zweiseitiger Test)

Zufallsstichproben

| 2.2

Einfache und systematische Zufallsstichproben

| 2.2.1

Zufallsstichprobe als Ideal

Eine *Zufallsstichprobe* (engl.: random sample) setzt voraus, „daß jedes Element die gleiche [von null verschiedene] Chance hat, in die Stichprobe zu kommen, zumindest aber, daß diese Chance angebbar ist" (Friedrichs 1990: 136). Daneben müssen die Elemente in der Grundgesamtheit zufällig angeordnet sein und jedes Element der Grundgesamtheit darf nur einmal in der Stichprobe vorkommen. Die Bildung einer Zufallsstichprobe ist streng genommen die einzige Stichprobenziehung, bei der wir auf die Grundgesamtheit verallgemeinern können. Insofern stellt sie ein *Ideal* dar. Eine Straßenumfrage, bei der irgendwelche Passanten befragt werden, ist keine Zufallsstichprobe, sondern lediglich eine *willkürliche Auswahl*. Denn die Auswahl der Befragten folgt keinem festgelegten, wahrscheinlichkeitstheoretisch begründeten Auswahlplan, sondern ist völlig beliebig bzw. willkürlich.

Merksatz

Bei *Zufallsstichproben* hat jedes Element der Grundgesamtheit die gleiche und von null verschiedene Chance, in das Sample zu kommen. Zumindest muss diese Chance angebbar sein.

Bislang sind wir von einer *einfachen*, *reinen* bzw. *uneingeschränkten Zufallsauswahl* ausgegangen. Sie wird auch Lotterieprinzip genannt. Eine solche Stichprobenziehung ist meist jedoch zu aufwändig oder kompliziert. Bei der *systematischen Zufallsstichprobe* wird nur das erste Element aus der Grundgesamtheit nach dem Zufallsprinzip gezogen, alle weiteren Elemente nach einer einheitlichen Systematik.

einfache und systematische Zufallsstichprobe

Systematische Zufallsstichprobe bei einer Inhaltsanalyse

Wir wollen eine Inhaltsanalyse der Diskussionsbeiträge (engl.: posts) in einem Onlineforum durchführen. Aus forschungsökonomischen Gründen müssen wir eine Auswahl aus allen z. B. 100.000 Posts zu verschiedenen Themen ziehen. Im ersten Schritt erhält jeder Post eine Nummer. Im zweiten Schritt ziehen wir aus den Zahlen 1 bis 100 eine Zahl per Zufallsgenerator. Die Startnummer sei 23. Der Post mit dieser Nummer ist das erste Element, das in unser Sample gelangt. Im dritten Schritt wird dann jede hundertste Nummer (123, 223, 323, usw.) gezogen, bis der Sampleumfang erreicht ist. Dabei haben wir aber einen wichtigen Aspekt übersehen: Die Posts in vielen Onlineforen sind chronologisch geordnet. Damit ist die bereits erwähnte Bedingung für Zufallsstichproben verletzt, wonach die Elemente in der Grundgesamt zufällig angeordnet sein müssen. Das Problem lässt sich jedoch beheben, wenn wir alle 100.000 Posts wie bei einem Kartenspiel erst einmal gründlich durchmischen, bevor wir jeden Post mit einer Nummer versehen, auf die sich dann die Auswahlsystematik bezieht.

Auswahl- und Erhebungseinheit

Systematische Zufallssamples werden auch bei Umfragen eingesetzt. Wenn wir bei einer Telefonumfrage eine Telefonnummer per Zufallsgenerator auswählen, kennen wir nur den Telefonanschluss für den Haushalt. Das nennt Kromrey (2002: 264) die *Auswahleinheit*. Wir wollen aber keine Haushalte, sondern Personen befragen. Sie bilden die eigentliche *Erhebungseinheit*. Die Zielpersonen können wir z. B. mit dem *Last-Birthday-Verfahren* ermitteln: Dazu fragen wir jene Person, die ans Telefon geht, wer im Haushalt zuletzt Geburtstag hatte. Diese Zielperson befragen wir dann. Die Telefonanschlüsse werden also per Zufallsgenerator ausgewählt, die Zielperson nach der Systematik „Wer hatte zuletzt Geburtstag?".

Randomisieren beim Experiment

Bei *Experimenten* → Kap. 3.3 werden die Versuchspersonen – sie heißen auch Probanden – in aller Regel nach einem Zufallsprinzip ausgewählt, das *Randomisieren* genannt wird. Ein Experiment ist eine Untersuchungsanlage, bei der wir gezielt den Einfluss nur weniger Variablen auf eines oder mehrere Merkmale der Probanden untersuchen. So kann uns z. B. interessieren, ob Gewaltfilme das Aggressionspotenzial von Menschen verstärken. Wir teilen die Probanden z. B. in zwei Gruppen auf. Die eine heißt *Experimentalgruppe* und sieht einen Spielfilm mit brutalen Gewaltszenen. Die andere Gruppe heißt *Kontrollgruppe* und sieht einen vergleichbaren Spielfilm ohne solche Gewaltszenen. Danach messen wir das Aggressionspotenzial z. B. auf einer Skala von 1 bis 5 und vergleichen das durchschnittliche Aggressionspotenzial bei den Probanden der Experimentalgruppe (z. B. $\bar{x} = 4{,}3$) mit jenem in der Kontrollgruppe (z. B. $\bar{x} = 2{,}1$). Natürlich beeinflussen auch andere Einflussfaktoren das Aggressionspotenzial. Diese können wir aber kontrollieren. Dazu stellen wir sicher, dass diese Einflussfaktoren (z. B. Geschlecht, biografischer Hintergrund), die nicht experimentell manipuliert wurden (Gewaltszenen), in der Experimental- und Kontrollgruppe gleich stark wirken. Ihr Einfluss wird also nicht beseitigt, sondern *konstant gehalten*. Damit können wir Unterschiede zwischen beiden Gruppen im Aggressionspotenzial der jeweiligen Probanden eindeutig auf die experimentell manipulierten Gewaltszenen zurückführen. Dafür aber müssen die Probanden zufällig auf die Gruppen verteilt worden sein. Dann sollte – aus wahrscheinlichkeitstheoretischen Gründen – z. B. der Anteil der Probanden aus „Problemfamilien" in beiden Gruppen gleich sein.

Wenn wir dagegen z. B. die Hörer aus den vorderen Reihen einer Vorlesung zur Experimentalgruppe erklären und jene aus den hinteren Reihen der Kontrollgruppe zuweisen, dann ist das meist kein angemessenes Zufallsprinzip. Denn die Teilnehmer, die vorne sitzen, dürften sich systematisch – also nicht zufällig – von den anderen Hörern unterscheiden: Wer vorne sitzt, kommt notorisch zu spät und bekommt nur noch dort einen Platz. Oder aber es ist eine eifrige Studentin, die immer sehr früh da ist und sich ganz nach vorne setzt. Wenn wir ein Experiment zur Erinnerungsleistung durchführen, würde sich genau das systematisch in den Ergebnissen niederschlagen. Hier würde der experimentell manipulierte Einflussfaktor unbeabsichtigt mit anderen Einflussgrößen zusammenspielen – man sagt auch: beide würden *konfundieren*.

Komplexere Zufallsstichproben

2.2.2

Zu den komplexeren Zufallsauswahlen (vgl. im Folgenden Kromrey 2002: 294ff., Schnell et al. 1999: 261ff.) gehören:

- die geschichtete Zufallsstichprobe und
- die Klumpenstichprobe.

Bei der *geschichteten Zufallsstichprobe* wird die Grundgesamtheit im ersten Schritt anhand eines für die Untersuchung zentralen Merkmals in „Schichten" eingeteilt. Im zweiten Schritt wird aus jeder Schicht eine einfache Zufallsstichprobe gezogen. Am einfachsten ist das zu verstehen für die *disproportional geschichtete* Zufallsstichprobe. Hätten wir z. B. im Jahr 1998 jene Deutschen, die Internetzugang haben und wenigstens

geschichtete
Zufallsstichproben

gelegentlich online sind (Onliner), mit den übrigen Deutschen (Offliner) vergleichen wollen und dafür eine Zufallsauswahl mit n = 500 gezogen, dann hätten wir nur 50 Onliner in unserem Sample gehabt. Denn seinerzeit ging nur etwa 10 % der deutschen Wohnbevölkerung ab 14 Jahren wenigstens gelegentlich online. Alternativ hätte sich angeboten, die Grundgesamtheit in Onliner und Offliner einzuteilen und einen höheren Anteil an Onlinern als in der Grundgesamtheit zu berücksichtigen. Aus den beiden dann disproportional geschichteten Gruppen der Onliner und Offliner hätten wir jeweils eine Zufallsauswahl gezogen.

Klumpen- oder Clusterstichproben

Von einer *Klumpenstichprobe* (engl.: cluster sample) sprechen wir nur dann, „wenn nicht die Klumpen selbst (z. B. Schulklassen) die Erhebungseinheiten sind, sondern die *Bestandteile* der Klumpen (z. B. die einzelnen Schüler)" (Kromrey 2002: 297; Herv. i. O.). Klumpenstichproben setzen wir meist dann ein, wenn wir die Elemente der Grundgesamtheit weder physisch noch symbolisch auflisten können. Wenn wir z. B. unter den Schülern in Stuttgart eine Befragung zum bereits erwähnten Kultivierungsansatz durchführen wollen, haben wir vermutlich keine Namensliste aller Stuttgarter Schüler. Wir dürften aber leicht an eine Liste aller Schulen in Stuttgart herankommen. Wir wählen daher per Zufallsprinzip eine Schule – also einen Klumpen – aus und befragen dann alle Schüler dieser Schule. Dahinter steht die Annahme, dass die Zusammensetzung des Klumpens der Zusammensetzung in der Grundgesamtheit entspricht. Wenn unser Zufallsprinzip ein katholisches Mädchengymnasium traf, dann ist genau das – leicht nachvollziehbar – nicht der Fall. Dieser Klumpen ist im Hinblick auf die Geschlechterverteilung in sich zu homogen (nur Mädchen), um repräsentativ für die Geschlechterverteilung unter allen Stuttgarter Schülern (Mädchen und Jungen) zu sein. Das nennen wir auch den *Klumpeneffekt*.

Definition

Bei der *geschichteten Zufallsstichprobe* wird die Grundgesamtheit anhand eines zentralen Merkmals in Schichten eingeteilt und aus jeder Schicht eine einfache Zufallsauswahl gezogen. Bei der *Klumpenstichprobe* wird per Zufallsprinzip einer aus mehreren Klumpen (Ansammlung von Elementen) ausgewählt und daraus dann alle Elemente untersucht.

Bewusste Stichproben | 2.3

Unter *bewussten Auswahlen* (engl.: purposive samples) verstehen wir alle Verfahren, bei denen die Elemente nicht nach dem Zufallsprinzip aus der Grundgesamtheit gezogen werden, sondern nach theoretisch begründeten Kriterien ausgewählt werden. Im Gegensatz zu Zufallsstichproben sind sie im strengen Sinn nicht repräsentativ.

Beispiel

Bewusste Auswahl bei einer Inhaltsanalyse

Viele Inhaltsanalysen der Zeitungsberichterstattung treffen eine bewusste Auswahl und berücksichtigen die vier überregionalen Qualitätszeitungen „Die Welt" (WELT), „Frankfurter Allgemeine Zeitung" (FAZ), „Süddeutsche Zeitung" (SZ) und „Frankfurter Rundschau" (FR). Das lässt sich unter anderem so begründen: Erstens orientieren sich andere Zeitungen an den Qualitätszeitungen, die damit Meinungsführermedien sind. Zweitens haben sie gegenläufige redaktionelle Linien und decken somit das Spektrum journalistischer Standpunkte zu kontroversen Themen ab (vgl. dazu z. B. Weischenberg et al. 1994).

Definition

Bei einer *bewussten Auswahl* werden die Elemente nicht nach dem Zufallsprinzip aus der Grundgesamtheit gezogen, sondern nach theoretisch begründeten Kriterien ausgewählt.

Zu den Verfahren der bewussten Stichprobenbildung gehören vor allem zwei Varianten (vgl. im Folgenden Brosius et al. 2008: 83ff.):

*   Auswahl typischer oder extremer Fälle und
*   Quotenauswahl.

Bei der *Auswahl typischer Fälle* stehen wir vor zwei Problemen: Erstens muss festgelegt werden, was denn „typisch" bedeutet. Welche Merkmale machen ein Element zu einem Fall, der typisch bzw. charakteristisch für die Grundgesamtheit ist? Zweitens benötigen wir Informationen darüber, wie jene Merkmale, anhand derer die typischen Fälle (z. B. Befragten) bestimmt werden, in der Grundgesamtheit verteilt sind. Die Auswahl der vier bzw. fünf Qualitätszeitungen im obigen Beispiel ist eine solche

Auswahl typischer oder extremer Fälle

Auswahl typischer Fälle. Die Zeitungen sind jeweils typisch für einen bestimmten politischen Standpunkt – etwa die FAZ für eine gemäßigt konservative Sichtweise. Eine *Auswahl von Extremfällen* liegt dann vor, wenn nicht charakteristische Fälle, sondern solche Fälle, bei denen ein Merkmal besonders – also „extrem" – ausgeprägt ist, in das Sample kommen. Beispiele sind Experten- oder Elitebefragungen, aber auch z. B. Befragungen von Rechtsextremisten.

bewusste Auswahl und qualitative Typenbildung Bewusste Auswahlen werden meist auch bei *qualitativen Untersuchungen* eingesetzt. Sie richten sich z. B. nach Merkmalen, die für eine spätere *Typenbildung* (vgl. Kelle/Kluge 1999) als relevant gelten: Wenn das Ziel qualitativer Leitfadengespräche mit Professoren die Entwicklung einer Professorentypologie ist, ziehen wir keine repräsentative Stichprobe, sondern wählen bewusst z. B. nur 40 bis 50 Professoren aus, von denen wir wissen oder vermuten, dass sie typisch im Hinblick auf jene Merkmale sind, die wir für die Typenbildung brauchen. Eines dieser Merkmale kann z. B. das Forschungsverständnis (Grundlagenforschung vs. angewandte Forschung) sein, ein anderes, wie Professoren ihre Kernaufgaben subjektiv gewichten (Forschung vs. Lehre). Dazu kommen weitere Merkmale. Wir wählen die zu befragenden Professoren bewusst so aus, dass für die Kombinationen relevanter Merkmale jeweils eine vergleichbare Anzahl an Elementen (Professoren) vorliegt. Bei der Typenbildung können sich dann unter anderem diese Typen ergeben:

*   Typ 1 – „der Forscher",
*   Typ 2 – „der Lehrer",
*   Typ 3 – „der Praktiker",
*   Typ 4 – „der Karrierist".

Allerdings können wir damit nur sagen, *welche* Typen von Professoren es grundsätzlich gibt bzw. geben kann – nicht aber, welche davon *wie häufig* in der Grundgesamtheit aller Professoren in Deutschland vorkommen. Das ist jener Unterschied zwischen quantitativer und qualitativer Forschung, den wir als Gegensatz zwischen *Typizität* und *Repräsentativität* beschrieben hatten.

Theoretical Sampling In der qualitativen Forschung ist oft von *theoretischer Auswahl* (engl.: theoretical sampling) die Rede, aber der Begriff wird nicht immer richtig verwendet. Er stammt aus jener Methodologie, die Barney Glaser und Anselm Strauss (1967) unter dem Namen *Grounded Theory* (deutsch: gegenstandsbasierte Theoriebildung) bekannt gemacht haben. Stark vereinfacht geht man hier mehr oder weniger unvoreingenommen an Textmaterial wie z. B. Interviewtranskripte heran. Ausgehend davon – also gegenstandsbasiert (grounded) – ergeben sich in einem komplexen Analyseprozess des Materials unter anderem Schlüsselkategorien und

Hypothesen, aus denen schließlich eine Theorie entsteht. Im Zuge dieser Theoriebildung können immer wieder andere, auch bislang unbeachtete Materialien genutzt werden. Die Stichprobenziehung richtet sich also nach dem jeweiligen Stand der Theoriebildung und heißt daher *Theoretical Sampling*. Im Gegensatz zu den bislang besprochenen Stichprobenverfahren werden die Auswahlkriterien hier nicht vorab festgelegt, sondern sind variabel. Daran wurde mehrfach und durchaus berechtigt Kritik geübt (vgl. z. B. Scheufele 2009).

Die *Quotenauswahl* (vgl. im Folgenden Diekmann 2003: 338ff.) hatten wir bereits bei der Allensbacher Markt- und Werbeträgeranalyse (AWA) kennengelernt. Sie ist nicht repräsentativ für die Grundgesamtheit insgesamt, sondern nur im Hinblick auf die Quote bzw. die quotierten Merkmale. Ausgangspunkt sind genaue Kenntnisse darüber, wie die Ausprägungen der quotierten Merkmale in der Grundgesamtheit verteilt sind. In einer kommunikationswissenschaftlichen Studie (Scheufele 2005: 131f.) wurde dazu die Amtliche Statistik der bundesdeutschen Wohnbevölkerung genutzt. Die Interviewer mussten unter anderem den Quotenvorgaben in → Abb. 2.6 folgen. Jeder Interviewer hatte jeweils fünf Frauen und fünf Männer zu befragen. Dabei sollten zwei Befragte 15 bis 24 Jahre alt sein, drei Befragte 25 bis 44 Jahre, drei Befragte im Alter von 45 bis 64 Jahren liegen und zwei Befragte 65 Jahre oder älter sein. Die Quotenvorgabe musste pro Merkmal, nicht für spezifische Kombinationen der Merkmale erfüllt werden. Es handelte sich also um *einfache bzw. unabhängige Quoten*. Wenn ein Interviewer z. B. eine 17-jährige Frau und einen 23-jährigen Mann befragt hatte, dann war die erste Altersquote vollständig erfüllt, aber erst jeweils eines der Geschlechter abgedeckt.

Merkmale	Ausprägung	Anteil in Grundgesamtheit	Quotenvorgabe (10 Interviews)
Geschlecht (N = 82.531.700)	Männlich	48,9	5
	Weiblich	51,1	5
Alter (N = 70.369.600)	15-24 Jahre	13,7	2
	25-44 Jahre	34,8	3
	45-64 Jahre	30,4	3
	65 Jahre und älter	21,1	2
...	...	...	...

| **Abb. 2.6**

Bundesdeutsche Wohnbevölkerung im Jahr 2003 und Auszug aus dem Quotenplan (Scheufele 2005: 131f.)

Die Gegenüberstellung der Quotenvorgaben mit den Anteilen der Merkmalsausprägungen in der Grundgesamtheit → vgl. Abb. 2.6 zeigt, dass die Quotierung – bezogen auf zehn Interviews – zwar grob ein strukturgetreues Abbild der Grundgesamtheit liefert. Dennoch sind leichte Über-

bzw. Unterrepräsentationen von Merkmalsausprägungen im Vergleich zur Grundgesamtheit beim Quotenverfahren fast unvermeidlich. Eine Quotenauswahl trägt also ganz sicher nicht „dazu bei, praktisch eine Zufallsauswahl herbeizuführen" (Noelle-Neumann/Petersen 2000: 259). Brauchbarer sind *kombinierte Quoten*, bei denen die Interviewer Vorgaben wie z. B. „Befrage einen Mann im Alter zwischen 14 und 29 Jahren mit Hauptschulabschluss aus einer Großstadt" erhalten. Allerdings erfordert das ein noch größeres, oft gar nicht vorliegendes Vorwissen über die Grundgesamtheit.

2.4 | Mehrstufige und mehrteilige Stichproben

2.4.1 | Mehrstufige Stichproben

Unabhängig vom Unterschied zwischen Zufallsauswahl und bewusster Auswahl ist die Entscheidung zwischen einer einstufigen oder einer mehrstufigen Stichprobenziehung. Bei einer *mehrstufigen Auswahl* kommt auf jeder Stufe ein bestimmtes Stichprobenverfahren zum Einsatz, wobei oft verschiedene Verfahren kombiniert werden.

Beispiel

Mehrstufige Auswahl bei einer Inhaltsanalyse

Eine Untersuchung der Medienberichterstattung erfordert mehrere Entscheidungen: Was soll der Untersuchungszeitraum sein? Welche Mediengattungen wollen wir untersuchen (z. B. Printmedien)? Welche Medien interessieren uns dann (z. B. Tageszeitungen)? Welche Formate oder Ressorts berücksichtigen wir (z. B. Politikteil der Zeitungen)? Welche Beiträge sollen schließlich mit dem Codebuch analysiert werden (z. B. Zeitungsartikel mit bestimmten Schlüsselwörtern)?

ADM-Mastersample   *Mehrstufige Auswahlen* werden auch bei Umfragen eingesetzt. Das klassische Beispiel ist das *ADM-Mastersample*, das der Mathematiker Friedrich Wendt entwickelt hat. ADM ist der Arbeitskreis deutscher Marktforschungsinstitute, in dem viele Umfrageinstitute zusammengeschlossen sind. Das Auswahlverfahren des ADM, das wir nur in Grundzügen vorstellen können (vgl. im Folgenden z. B. Behrens/Löffler 1999; Schnell et al. 1999: 264ff.), bezieht sich auf die Grundgesamtheit aller Personen ab 18 Jahren in Privathaushalten mit deutscher Staatsangehörigkeit. Es hat drei Auswahlstufen:

- *Stufe 1 – Auswahl von Stimmbezirken als Primäreinheiten (Samplepoints)*: Ausgangspunkt sind die rund 60.000 Stimmbezirke in West- und rund 20.000 Stimmbezirke in Ostdeutschland. Da einige davon zu klein sind, werden sie zu synthetischen Stimmbezirken gebündelt. Jeder Stimmbezirk umfasst dann jeweils mindestens 400 Wahlberechtigte. Aus allen Stimmbezirken werden mit einem proportional geschichteten Zufallsverfahren (Gebietsauswahl) rund 33.000 Stimmbezirke als *Primäreinheiten* (Sample-Points) gezogen (vgl. hierzu z.B. http://www.bvm.org/user/redaktion/icons/181104_Praesentation.pdf; Abruf: 06.05.2008). Die Auswahlwahrscheinlichkeit richtet sich nach der Größe der Stimmbezirke – bemessen an der Anzahl der Privathaushalte (probability portional to size). Dadurch wird sichergestellt, dass keiner der Haushalte in den verschiedenen Stimmbezirken „benachteiligt" wird. Die Primäreinheiten werden in *Netze* aufgeteilt. Jedes der insgesamt 128 Netze in Westdeutschland umfasst 210 Samplepoints; in Ostdeutschland sind es pro Netz 48 Samplepoints. Die Institute des ADM greifen für Umfragen jeweils auf ihre Netze zurück – so verfügt z.B. Infratest über 16 Netze im Westen und acht im Osten. (vgl. Diekmann 2003: 356) Damit ist auch der Nutzen des ADM-Mastersamples klar: Die beteiligten Umfrageinstitute sparen sich enorme Kosten, die entstehen würden, wenn sie das komplette Auswahlverfahren jeweils selbst vornehmen würden.
- *Stufe 2 – Auswahl von Haushalten als Sekundäreinheiten*: Jedes Umfrageinstitut erhebt nun in den Samplepoints seiner Netze die Sekundäreinheiten, nämlich die Haushalte. Sie werden ebenfalls nach einem Zufallsverfahren ausgewählt. Es heißt *Random-Route-Verfahren* (deutsch: Zufallsweg). Dabei erhalten die Mitarbeiter eines Instituts einen Plan mit einem Startpunkt und einer Anweisung des zu begehenden Weges (z.B. Starte bei ..., biege an der zweiten Kreuzung links ab ..."). Am Ende des Weges befindet sich der Haushalt, dessen Adresse notiert wird. Der Mitarbeiter befragt nicht selbst die Zielperson im Haushalt. Das obliegt dem Interviewer.
- *Stufe 3 – Auswahl der Zielpersonen*: Der Interviewer geht zur Adresse und bestimmt die Zielperson im Haushalt mittels *Schwedenschlüssel* (engl.: kish selection grid): Für jede Haushaltsgröße hat er eine Zufallszahl. Ist das bei einem Fünf-Personen-Haushalt die „3", dann wird z.B. die drittälteste Person als Zielperson befragt.

2.4.2 | Mehrteilige Stichproben

Bei den von uns so bezeichneten *mehrteiligen Auswahlverfahren* werden mindestens zwei Stichproben separat gezogen und dann zu einem Datensatz, also zu einer *Stichprobe fusioniert*. Das kommt z. B. in der Werbeträgerforschung zum Einsatz. Hier interessiert, welche Menschen aus welchen sozialen Milieus mit welchen Konsum- und Freizeitgewohnheiten welche Medien(-angebote) wann und wie häufig nutzen. Marktforschungsinstitute führen entsprechende Befragungen durch, um Werbetreibenden eine Antwort auf Fragen wie diese zu geben: In welchem Medium platziere ich am besten meine Werbung, um auch die spezifische Zielgruppe für mein Produkt zu erreichen?

Single-Source-Erhebung

Eine dieser Befragungen kennen wir schon – die *Allensbacher Markt- und Werbeträgeranalyse (AWA)*. Sie ist eine so genannte *Single-Source-Erhebung*. Alle relevanten Merkmale von Menschen werden also anhand einer Quelle gewonnen. Präziser gesagt: Es wird nur eine Stichprobe gezogen und alle relevanten Merkmale werden bei allen Elementen des Samples, d. h. für alle Befragten abgefragt. Wenn wir sehr viele Merkmale erfassen, kann ein Interview aber extrem lange dauern, die Befragten ermüden und damit die Befunde verfälschen. Eine Lösung besteht darin, die Merkmale gleichsam bündelweise auf mehrere Erhebungen mit jeweils neuen Samples zu verteilen. Das erste Sample wird z. B. nur zur Fernsehnutzung befragt, das zweite nur zur Radionutzung, das dritte nur zu Printmediennutzung usw. In diesem Fall liegt dann eine mehrteilige Stichprobe vor.

Multiple-Source-Erhebung

Mehrteilige Stichproben werden auch *Multiple-Source-Erhebungen* genannt. Das prominenteste Beispiel ist die von der Arbeitsgemeinschaft Media-Analyse (AG.MA) – einem Zusammenschluss von Print- und Funkmedien, Werbeagenturen und Werbetreibenden – in Auftrag gegebene *Media-Analyse (MA)*. Hier wird die Messung relevanter Merkmale von Mediennutzern gleichsam auf mehrere Stichproben verteilt. Diese Datenquellen (engl.: sources) werden anschließend fusioniert → vgl. Abb. 2.7. Im Partnerschaftsmodell der MA gibt es drei Tranchen (vgl. www.agma-mmc.de; Abruf: 07.05.2008):

• Pressemedientranche (Tageszeitungen und Zeitschriften),
• Radiotranche (auch „Radio-MA") und
• Import der telemetrischen GfK-Messungen zur Fernsehnutzung.

Daneben werden seit 2000 aber auch Kauf- und Konsumdaten erhoben. Die Fernsehnutzung wird seit 1987 nicht mehr abgefragt. Stattdessen nutzt die MA die *telemetrischen Messungen*, die die *Gesellschaft für Konsum-, Absatz- und Marktforschung (GfK)* im Auftrag der großen Fernsehsender durchführt. Bei dieser Messung wird die Fernsehnutzung sekundengenau und senderbezogen erhoben. Die Samples werden unter anderem über Haushalts- und Personenmerkmale fusioniert (vgl. dazu ausführlich: http://relaunch.medialine.de/PM1D/PM1DB/PM1DBF/pm1dbf_koop. htm?snr=2071; Abruf: 07.05.2008): Ausgangspunkt ist die MA als bestehende Datenquelle oder *Empfängerstichprobe*. In diese Stichprobe werden die Messungen der *Donoren-Stichprobe*, d. h. die GfK-Messungen importiert → vgl. Abb. 2.7. Stark vereinfacht werden dazu in beiden Stichproben Menschen identifiziert, die jeweils eine spezifische Merkmalskombination teilen. So suchen wir z. B. für einen Mann im Alter zwischen 14 und 29 Jahren aus einer Kleinstadt in Hessen in der Empfängerstichprobe – wir nennen ihn A – jeweils einen entsprechenden „Zwilling" aus der Donoren-Stichprobe – wir nennen ihn A* – und weisen A dann die Fernsehnutzung von A* zu.

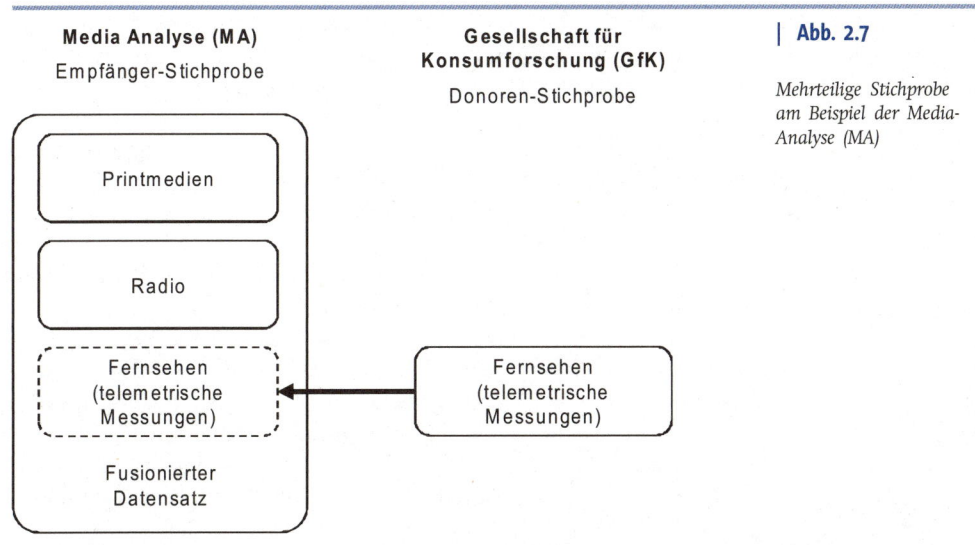

Media Analyse (MA)
Empfänger-Stichprobe

Gesellschaft für Konsumforschung (GfK)
Donoren-Stichprobe

| **Abb. 2.7**

Mehrteilige Stichprobe am Beispiel der Media-Analyse (MA)

Printmedien

Radio

Fernsehen (telemetrische Messungen)

Fernsehen (telemetrische Messungen)

Fusionierter Datensatz

Mehrstufige Stichproben sehen mehrere Auswahlstufen vor, wobei pro Stufe auch jeweils andere Auswahlverfahren genutzt werden. *Mehrteilige Stichproben* fusionieren separat gezogene Stichproben in einen Datensatz.

2.5 | Fehlerquellen bei der Stichprobenziehung

Abschließend geht es um Probleme bei der Stichprobenbildung, die wir mit Diekmann (2003: 357ff.) Fehlerquellen nennen. Sie können unser Sample und damit unsere empirischen Befunde verzerren.

zufällige und systematische Fehler

Zufällige Fehler liegen z. B. vor, wenn Personen in die Stichprobe gelangen, die nicht mehr in der Grundgesamtheit sind (z. B. wegen Umzug). *Systematische Fehler* sind dagegen ein Problem, weil sie sich – wie der Begriff schon sagt – systematisch in der Stichprobenzusammensetzung und damit auch in den empirischen Befunden niederschlagen. Wenn wir z. B. eine Telefonumfrage zu einem heiklen Thema durchführen, dürften sich Personen, die davon stark betroffen sind, dem Interview verweigern. Ein systematischer Fehler liegt also immer dann vor, wenn bestimmte Elemente der Grundgesamtheit zwar unbeabsichtigt, aber systematisch mit größerer oder kleinerer Wahrscheinlichkeit in das Sample gelangen.

selbstselektive Stichproben

Das ist auch bei einer *selbstselektiven Stichprobe* der Fall, die bei Onlinebefragungen häufig auftreten kann. Wenn wir z. B. auf einer vielbesuchten Seite ein Popup-Fenster mit Link zu unserer Befragung einrichten lassen, dann sind zum einen nur die Besucher der Seite im Sample, zum anderen davon wiederum nur jene Besucher, die selbst überhaupt bereit sind, bei der Befragung mitzumachen. Je nach vorab definierter Grundgesamtheit fehlen aufgrund des Auswahlverfahrens also systematisch bestimmte Personen im Sample.

nachträgliche Korrekturen

Teilweise können systematische Fehler durch *nachträgliche Gewichtung* ausgeglichen werden. Allerdings müssen wir dazu die Gründe für den systematischen Fehler sowie dessen Ausmaß kennen. Das ist gerade bei Befragungen oft schwer möglich. Bei Inhaltsanalysen ist es meist leichter – nicht aber unbedingt leichter zu beheben. Wenn bei einer Untersuchung der Abendnachrichten von ARD, ZDF, RTL und SAT.1 vom 1. Januar bis 31. Dezember 2007, für die wir alle Abendnachrichten selbst aufgezeichnet haben, die automatisierte Aufzeichnung der Tagesschau an mehreren Tagen fehlschlug, dann würde sich das in unseren Ergebnissen niederschlagen. Die fehlenden Aufzeichnungen lassen sich ein Jahr später noch beschaffen. Wenn uns Zeitungsausgaben aus den 1950er-Jahren fehlen, kann das weit schwieriger werden.

Definition

Ein *systematischer Fehler* liegt vor, wenn bestimmte Elemente der Grundgesamtheit unbeabsichtigt, aber systematisch mit größerer oder kleinerer Wahrscheinlichkeit in die Stichprobe gelangen als andere Elemente.

Zum so genannten *Non-Sampling-Bias* rechnet Diekmann (2003: 358ff.) vier Probleme. Das erste sind Messfehler, das zweite sind Fehler im Untersuchungsinstrument bzw. bei der methodischen Durchführung. Das dritte Problem ist die Diskrepanz zwischen angestrebter und Auswahlgrundgesamtheit, die wir zu Beginn dieses Kapitels kennengelernt haben. Das vierte Problem ist die *Non-Response* (deutsch: Verweigerung), die vor allem die Methode der Befragung betrifft. Hier geht es um die Diskrepanz zwischen angestrebter Stichprobe – sie heißt *Bruttostichprobe* – und realisierter Stichprobe – sie heißt *Nettostichprobe*. Dazu ein Beispiel: Wir wollen Personen aus 3.000 Privathaushalten telefonisch befragen (Bruttostichprobe). Wenn wir zufällig 3.000 Telefonnummern computergeneriert haben (*Random-Digit-Verfahren*), dann erreichen wir damit zunächst Haushalte. Darunter seien 100 Anschlüsse, die gar keine Privathaushalte sind. Diese *stichprobenneutralen Ausfälle* werden von der Bruttostichprobe ausgeschlossen. Der Umfang der *bereinigten* Bruttostichprobe beträgt dann 2.900 Privathaushalte. Dort rufen wir an und befragen jeweils eine Zielperson, die z. B. nach dem Schwedenschlüssel ausgewählt wird. Aus unterschiedlichsten Gründen, die beim Interviewer wie beim Befragten liegen können, verweigern 500 Angerufene das Interview komplett und 600 Angerufene machen zwar erst mit, legen dann aber zwischendrin einfach auf. Damit haben wir insgesamt 1.100 Interviews nicht realisiert. Die *Ausschöpfungsquote* als Quotient aus der Anzahl der verwertbaren Interviews und dem bereinigten Bruttostichproben-Umfang liegt also bei rund 62 %.

Non-Response und
Ausschöpfungsquote

Übungsaufgaben

Aufgabe 2.1
Was kennzeichnet eine Zufallsstichprobe?

Aufgabe 2.2
Erläutern Sie das Vorgehen und den Zweck des Randomisierens beim Experiment mit einer Experimental- und einer Kontrollgruppe.

Aufgabe 2.3
Welche der folgenden Aussagen ist/sind richtig?
a) Bei der Inhaltsanalyse werden oft mehrstufige Auswahlverfahren eingesetzt.
b) Beim ADM-Mastersample handelt es sich um ein dreistufiges Verfahren, das auch willkürliche Auswahlschritte vorsieht.
c) Die Quotenauswahl führt zu einem repräsentativen Sample.

Untersuchungsanlagen | 3

Das Kapitel behandelt grundlegende Überlegungen zu Kausalität und zentrale Unterscheidungsdimensionen für Untersuchungsanlagen. Dabei wird es auch um Quer- und Längsschnittdesigns sowie um Primär- und Sekundärerhebungen gehen. Im Zentrum stehen aber die Kausallogik und die verschiedenen Varianten experimenteller und nicht experimenteller Untersuchungsanlagen.

Grundlagen und Grundbegriffe | 3.1

Für das weitere Verständnis erläutern wir zunächst die Grundlagen der Kausalität und zentrale Dimensionen, um Untersuchungsdesigns zu unterscheiden.

Kausalität | 3.1.1

Kausalität haben wir bereits mit dem *deduktiv-nomologischen Erklärungsschema* kennengelernt → vgl. Kap. 1.2.2: Wenn wir feststellen, dass z. B. bei einer Person jene Ursache gegeben ist (Randbedingung), die in unserer Hypothese (Gesetz) formuliert ist, so können wir mit beidem (Explanans) erklären, warum bei der Person die betreffende Wirkung (Explanandum) eingetreten ist. Unter *Kausalität* verstehen wir also zunächst eine Ursache-

Kausalbeziehung

Wirkungs-Beziehung zwischen zwei Variablen. Diese Kausalbeziehung muss nicht zwingend als Wenn-Dann- oder Je-desto-Hypothese formuliert sein. Denn jede Zusammenhangs- ist in eine Unterschiedshypothese überführbar → vgl. Abb. 1.5, Kap. 1.4. So lässt sich z. B. die Kultivierungshypothese „Wenn Menschen viel fernsehen, dann überschätzen sie die tatsächliche Mordrate" auch so formulieren: „Vielseher überschätzen die tatsächliche Mordrate stärker als Wenigseher.". Beide Varianten der Hypothese sehen den Fernsehkonsum als die Ursache an und die Überschätzung der Mordrate durch die Rezipienten als die Wirkung.

Meist wird jedoch nicht von Ursache und Wirkung, sondern von *unabhängiger Variable X* und *abhängiger Variable Y* gesprochen. Denkbar sind natürlich auch mehrere unabhängige Variablen X_n, wir beschränken uns zunächst aber auf nur eine Ursache. Teilweise ist auch von exogenem Merkmal (X) und endogenem Merkmal (X) die Rede. Bei Auswertungsverfahren → vgl. Kap. 5 wie der Regressionsanalyse heißt die unabhängige Variable auch Prädiktor bzw. Regressor und die abhängige Variable auch Regressand. Bei der Varianzanalyse wird die unabhängige auch als *Gruppierungsvariable* oder als (experimenteller) Faktor bezeichnet.

Kausalität bedeutet nicht, dass wir kommunikationswissenschaftliche Zusammenhänge auf eine exakte Formel bringen können. Das deduktiv-nomologische Erklärungsschema mag leicht diesen Eindruck erwecken. Oft brauchen wir mehrere Indikatoren für ein Konstrukt. Und die postulierten Beziehungen zwischen Konstrukten haben nur Modellcharakter, sind also kein direktes Abbild der Realität. Zudem lassen sich die Motive, Emotionen, Einstellungen, Handlungen usw. von Menschen nicht in mathematische Formeln pressen. Selbst wenn wir Formeln aufstellen, sind diese nur eine ausschnitthafte Annäherung an die empirische Realität. Entscheidend ist also: *Kausalmodelle sind nur Modelle von Kausalität in der Realität*. Diese dürfte in vielen Fällen viel komplexer sein als das Kausalmodell.

Kausalbedingungen   Wenn wir in einer Befragungsstudie zur Kultivierungshypothese einen Zusammenhang zwischen Fernsehkonsum und Einschätzung der Mordrate durch die Befragten feststellen, sind wir geneigt, eine Kausalbeziehung zu unterstellen. Das ist aber übereilt, weil damit nur die erste jener drei *Kausalbedingungen* erfüllt ist, die bereits Paul F. Lazarsfeld (1955) für nicht experimentelle Untersuchungen einfordert, um von Kausalität sprechen zu können:

• Zusammenhang zwischen X und Y,
• eindeutige Kausalrichtung zwischen X und Y,
• Ausschluss von Drittvariablen Z.

Erstens muss zwischen vermuteter Ursache X und vermuteter Wirkung Y ein erkennbarer Zusammenhang, d. h. eine signifikante und hohe Korrelation bestehen. Zweitens geht die Ursache der Wirkung zeitlich voraus. Damit muss eine Veränderung bei X vor einer Veränderung bei Y eintreten. Drittens müssen *Drittvariablen Z* ausgeschlossen werden oder ihr Einfluss auf den Zusammenhang zwischen X und Y zumindest kontrolliert werden. Je nach ihrer Rolle heißen Drittvariablen auch *intervenierende*, *antezedierende* bzw. *moderierende* Variablen oder *Kovariaten* bzw. *Störvariablen*.

Merksatz

Bei *nicht experimentellen Designs* kann man nur dann von *Kausalität* ausgehen, wenn X und Y hoch korrelieren, eine Veränderung in X einer Veränderung in Y vorausgeht und Drittvariablen Z ausgeschlossen oder ihr Einfluss auf den Zusammenhang zwischen X und Y kontrolliert werden kann.

Zwischen drei Variablen X, Y und Z können vier Typen von *Kausalbeziehungen* (vgl. im Folgenden Schnell et al. 1999: 222ff.; Diekmann 2003: 602ff.) bestehen. Wir erläutern sie jeweils an dem Beispiel, das Schnell et al. (1999) gewählt haben → vgl. Abb. 3.1:

Kausalbeziehungen zwischen X, Y und Z

- *Erklärung*: Die elterliche Erziehung (Z) kann sowohl den Konsum von Gewaltfilmen (X) als auch die Aggressionsbereitschaft (Y) von Personen beeinflusst haben. Z heißt dann *antezedierende Variable*, weil sie X und Y zeitlich vorausgeht und mit beiden korreliert. Sobald man Z berücksichtigt, verschwindet die zunächst gemessene Korrelation zwischen X und Y. Das wohl bekannteste Beispiel für diesen Fall ist die Korrelation zwischen rückläufiger Storchpopulation (X) und sinkender Geburtenrate (Y). Sie ist kein Beleg dafür, dass der Storch bislang die Kinder brachte, sondern ein reiner *Scheinzusammenhang*. Denn der „gemeinsame" Rückgang – die Kovariation – von Storchpopulation und Geburtenrate geht auf die wachsende Urbanisierung (Z) zurück. Sie vertreibt nicht nur Störche, sondern führt zu gesellschaftlichen Umbrüchen, in deren Zuge auch die Geburtenrate zurückgeht.
- *Interpretation*: Wenn wir die Konflikthäufigkeit mit dem Lebenspartner als Drittvariable Z wählen, dann ist eine andere Konstellation denkbar. Möglicherweise wird eine Person, die oft Gewaltfilme sieht (X), häufig in Streit mit dem Lebenspartner geraten (Z). Solche Streits können ihrerseits das Aggressionspotenzial der Person (Y) erhöhen. Hier beeinflusst also X zunächst nur Z, die sich damit als *intervenierende Variable* zwischen X und Y schiebt, zwischen denen gar kein direkter Kausalzusammenhang besteht.

- *Multikausalität*: Sowohl X als auch Z können unabhängig voneinander Y beeinflussen. Wenn eine Person z. B. Streit mit ihrem Lebenspartner hat (Z) und währenddessen einen Gewaltfilm anschaut (X), kann sich das jeweilige Aggressionspotenzial (Y) addieren. Ein Teil ist auf den Streit, der andere auf die Filmrezeption zurückzuführen. Ein Sonderfall von Multikausalität ist der *Interaktionseffekt*. Hier wirken X und Z nicht unabhängig, sondern im spezifischen Zusammenspiel.
- *Verdeckte Beziehung*: Möglicherweise messen wir gar keinen Zusammenhang zwischen dem Konsum von Gewaltfilmen (X) und dem Aggressionspotenzial (Y). Tatsächlich besteht er aber und wird nur durch die Drittvariable Z überlagert, nämlich den elterlichen Erziehungsstil. Personen, die behütet aufgewachsen sind, sind von Gewaltfilmen gelangweilt. Personen, die in ihrer Kindheit selbst viel Gewalt erlebt haben, werden durch solche Filme schnell aggressiv. Unter der ersten Ausprägung der Drittvariable (z_1) besteht also ein negativer Zusammenhang zwischen X und Y, unter der zweiten Ausprägung (z_2) ein positiver Zusammenhang. Wird nicht differenziert, heben sich beide Konstellationen auf und wir übersehen die tatsächlichen Kausalitäten.

Abb. 3.1 |

Kausalstrukturen (in Anlehnung an Diekmann 2003: 610)

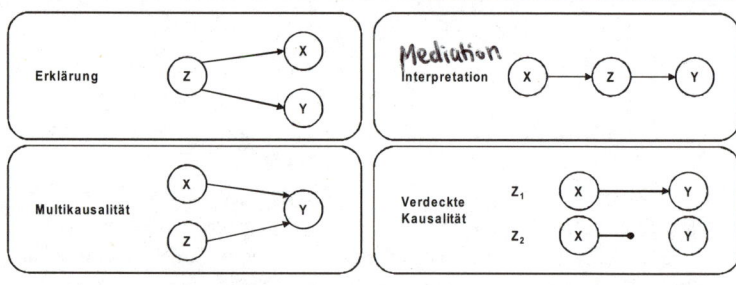

3.1.2 | Unterscheidungsdimensionen für Untersuchungsanlagen

Denkbare Untersuchungsanlagen für Agenda-Setting-Effekte

Laut Agenda-Setting-Hypothese (z. B. McCombs/Shaw 1972) halten Rezipienten vor allem jene Themen, die in der Medienberichterstattung häufig vorkommen, für wichtige Probleme (Themenagenda). Diese Kausalhypothese unterstellt also, dass die Medienagenda (X) die Bevölkerungsagenda (Y) beeinflusst. Das kann man mit unterschiedlichen Designs prüfen (vgl. im Folgenden Rössler 1997). Man kann z. B. die Medien- und Bevölkerungsagenda jeweils zu einem Zeitpunkt erheben und führt dann eine Feldstudie im Querschnittdesign durch: Die Medienagenda wird mit Hilfe einer Inhaltsanalyse erfasst und die Bevölkerungsagenda mit einer Befragung ermittelt. Wenn Medien- und Bevölkerungsagenda jeweils zu vielen Zeitpunkten erhoben werden, liegt ein Längsschnittdesign vor. Und wenn wir keine eigene Befragung durchführen, sondern auf die von Umfrageinstituten erhobenen Daten zurückgreifen, handelt es sich bei der Nutzung solcher Daten um eine Sekundäranalyse. Da wir die Inhaltsanalyse der Medienagenda vermutlich selbst durchführen, handelt es sich dabei um eine Primäranalyse. Wir können aber auch anders vorgehen und einer Gruppe von Menschen – sie gehören dann zur Experimentalgruppe – eine Woche lang manipulierte TV-Nachrichten vorspielen, bei denen jeden Tag Gentechnik in einem Nachrichtenbeitrag vorkommt. Damit wird die Medienagenda gezielt als Ursache – man sagt dazu Treatment – manipuliert. Eine vergleichbare Gruppe von Menschen, die damit zur Kontrollgruppe gehören, sieht eine Woche lang die gleichen TV-Nachrichten, die aber keinen Beitrag zur Gentechnik enthalten. Am Ende der Woche werden die Probanden beider Gruppen nach dem für die Gesellschaft wichtigsten Thema gefragt (Bevölkerungsagenda). Bei diesem Experiment dürften die Probanden der Experimentalgruppe im Durchschnitt Gentechnik häufiger als gesellschaftlich relevantes Thema nennen als die Probanden der Kontrollgruppe.

Bislang haben wir ein *Design* grob als die Gesamtanlage einer empirischen Untersuchung definiert. Mit dem Beispiel von eben haben wir drei *grundsätzliche Unterscheidungsdimensionen* für Untersuchungsanlagen kennengelernt:

- Kontrolldimension,
- Zeitdimension und
- Erhebungsdimension.

Die Entscheidung zwischen Experiment und nicht experimentellem Design treffen wir nach dem, was wir in Anlehnung an Fred N. Kerlinger (1986: 284ff) die *Kontrolldimension* nennen. Im Beispiel sehen die Probanden der Experimentalgruppe Fernsehnachrichten, in die jeden Tag ein Beitrag zur Gentechnik eingebettet ist. Die Kontrollgruppe sieht zwar die gleichen Nachrichten, aber ohne solche Beiträge. Durch Manipulation der Ursache (Medienagenda) soll eine Wirkung (Bevölkerungsagenda) bewusst erzielt werden. Indem wir zwei Gruppen gebildet haben, können

Kontrolldimension

wir deren Themenagenda vergleichen. Bei der Kontrolldimension geht es um die Frage, wie sehr wir die Bildung solcher *Vergleichsgruppen* kontrollieren können. Im Experiment werden die Personen per Randomisieren → vgl. Kap. 2.2.1 einer der Gruppen zugeordnet. Wenn das erfolgreich ist, kann man die Unterschiede in der Themenagenda zwischen den Gruppen eindeutig auf das Treatment (Thematisierung von Gentechnik) zurückführen. Beim nicht experimentellen Design würden wir z. B. Viel- und Wenigseher von TV-Nachrichten vergleichen. Hier haben wir aber keine Kontrolle darüber, wer zu welcher Vergleichsgruppe gehört. Denn wir stufen die Befragten erst nach der Datenerhebung anhand ihrer eigenen Antworten auf die Frage nach der Nutzungshäufigkeit von TV-Nachrichten als Viel- oder Wenigseher ein und vergleichen dann die Themenagenda beider Gruppen.

Zeitdimension   Die zweite Unterscheidung treffen wir anhand der *Zeitdimension* zwischen Quer- und Längsschnittdesigns. Beim *Querschnittdesign* werden relevante Merkmale zu einem Zeitpunkt erhoben. So haben Maxwell E. McCombs und Donald L. Shaw (1972) die Medien- und die Bevölkerungsagenda jeweils nur einmal erfasst und anschließend den Zusammenhang zwischen ihnen, d. h. eine *Korrelation*, berechnet. Ob die Medienagenda wirklich die Ursache für die Bevölkerungsagenda war, ließ sich so nicht feststellen. Denn erfüllt war damit nur die erste der drei Kausalbedingungen. Um die zweite Bedingung zu klären, also die Kausalrichtung, müssen alle Merkmale zu mehreren, mindestens zwei Zeitpunkten erhoben werden. Das ist dann ein *Längsschnittdesign*. Die dritte Kausalbedingung, also die Kontrolle von Drittvariablen, ist jedoch auch damit nicht erfüllt. Ein Beispiel für eine Längsschnittstudie aus dem Bereich der Nachrichtenforschung bietet die Studie von Torsten Maurer (2005) zu Fernsehnachrichten.

In → Abb. 3.2 sehen wir ein Längsschnittdesign mit zwei Kausalrichtungen. Sollte die *Agenda-Setting-Hypothese* empirisch zutreffen, muss sich erst die Medienagenda verändern, bevor sich die Bevölkerungsagenda verändern kann. Für diese Kausalrichtung spricht z. B. der Befund, dass Gentechnik zum Zeitpunkt t_1 in Medienberichten vorkommt und erst zum Zeitpunkt t_2 die Rezipienten das Thema ebenfalls als wichtiges Problem nennen. Wenn sich dagegen z. B. zum Zeitpunkt t_2 ein Problembewusstsein für Gentechnik in der Bevölkerung zeigt und das Thema erst zum Zeitpunkt t_3 in der Berichterstattung auftaucht, so spricht das klar gegen Agenda-Setting-Effekte der Medien. Diese scheinen nur ein Thema, das die Bevölkerung für wichtig hält, publizistisch aufzugreifen. Natürlich genügt für die Klärung der Kausalrichtung nicht, dass nur zwischen einem „Paar" der zeitliche Zusammenhang besteht, sondern er muss ein durchgängiges Muster sein: Bei Agenda-Setting-Effekten muss

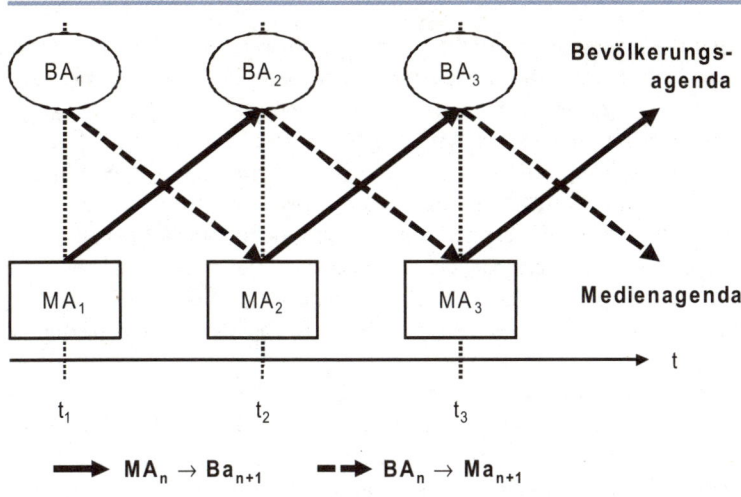

| **Abb. 3.2**

Kausallogik beim Längsschnittdesign für die Agenda-Setting-Hypothese mit zwei Kausalrichtungen

die Medienagenda zum Zeitpunkt t_n stets mit der Bevölkerungsagenda zum Zeitpunkt t_{n+1} korrelieren. Bei der umgekehrten Kausalrichtung muss die Bevölkerungsagenda zum Zeitpunkt t_n mit der Medienagenda zum Zeitpunkt t_{n+1} korrelieren.

Eine dritte Unterscheidungsdimension für Untersuchungsdesigns nennen wir *Erhebungsdimension*. Wenn wir eine Inhaltsanalyse der Berichterstattung (Medienagenda) selbst durchführen, entscheiden wir uns für eine *Primäranalyse*. Wenn wir dagegen auf Daten aus bereits durchgeführten Bevölkerungsumfragen (Bevölkerungsagenda) zurückgreifen und diese im Hinblick auf unsere eigene Forschungsfrage (Agenda-Setting-Hypothese) auswerten, dann entscheiden wir uns für eine *Sekundäranalyse*. Da der Schwerpunkt des Lehrbuchs auf der Primärerhebung liegt, gehen wir wenigstens in Grundzügen auf Sekundäranalysen ein (vgl. dazu Lauf 2002).

Erhebungsdimension

Die Entscheidung für eine Sekundäranalyse kann verschiedene Gründe haben. Wenn wir uns z. B. für die Bevölkerungsmeinungen im Vorfeld früherer und aktueller Bundestagswahlen interessieren, dann bleibt uns gar nichts anderes übrig, als auf bereits durchgeführte Repräsentativumfragen zurückzugreifen. Die Datensätze solcher Umfragen und zahlreiche weitere Datenbestände werden in Deutschland beim Zentralarchiv (ZA) in Köln archiviert (vgl. www.gesis.org/Datenservice/index.htm; Abruf: 19.08.2008). Weitere Argumente für eine Sekundäranalyse sind Kosten und Zeit: Eine Sekundäranalyse ist kostenneutral oder zumindest weit kostengünstiger als ein eigenes großes Forschungsprojekt, bei dem es möglicherweise keine Drittmittelfinanzierung gibt. Zudem fällt bei der Sekundäranalyse der Zeitfaktor für die Primärerhebung weg. Mitunter gibt es aber auch ethische oder rechtliche Gründe: Wenn wir nach der Rolle der Massenmedien bei der Ausbreitung fremdenfeindlicher Gewalttaten fragen (z. B. Brosius/Esser 1995), führen wir eine Primäranalyse der Berichterstattung durch, brauchen aber noch Daten zu fremdenfeindlicher Gewalt. Natürlich können wir solche Gewalt nicht selbst beobachten. Damit wäre mindestens der Tatbestand unterlassener Hilfeleistung erfüllt. Wir können jedoch die polizeilich registrierten Fälle berücksichtigen, also die „Polizeiliche Kriminalstatistik" (PKS) nutzen. Auch die Nutzung von *amtlichen* Statistiken oder Strukturdaten ist eine Sekundäranalyse.

Sekundäranalysen haben jedoch auch *Nachteile*. Ohne genaue Kenntnis der eigentlichen Primärerhebung (Design, Sample, Methoden, Erhebungsinstrumente, Aufbau der Datensätze) ist eine Sekundäranalyse gar nicht möglich. Aber selbst wenn wir alle relevanten methodischen Details kennen, müssen wir mit den Fehlern der Primärerhebung leben. Dabei muss es sich gar nicht um faktische Fehler (z. B. suggestive Frageformulierung) bei der Primärerhebung handeln. Die meisten Entscheidungen der Primärforscher dürften für deren Forschungsanliegen durchaus Sinn gemacht haben. Aber aus Perspektive der Sekundäranalyse können sie unbefriedigend sein. Das betrifft etwa die vom Zentralarchiv (ZA) archivierten Datensätze von Vorwahlbefragungen: Aus der politikwissenschaftlichen Sicht der Primärforscher war die Mediennutzung der befragten Wähler wenig relevant, daher gab es kaum und dann meist nur grobe Fragen. Für eine kommunikationswissenschaftliche Sekundäranalyse dieser Datensätze ist die Mediennutzung dagegen eine entscheidende Variable. Bessere Mediennutzungsdaten enthalten laut Edmund Lauf (2002: 249) z. B. die Eurobarometer-Studien. Letztlich ist immer zuerst eine Primärerhebung anzustreben, bevor man sich für eine Sekundäranalyse entscheidet. Sie ist nur sinnvoll, wenn die Kosten einer Primärerhebung unvertretbar hoch wären oder eine Erhebung retrospektiv nicht möglich ist.

Merksatz

Untersuchungsanlagen lassen sich in experimentelle und nicht experimentelle Designs (*Kontrolldimension*), Quer- und Längsschnittdesigns (*Zeitdimension*) sowie in Primär- und Sekundärerhebungen (*Erhebungsdimension*) differenzieren.

Einige Lehrbücher erwecken den Eindruck, dass es beim Design darum geht, ob man ein Experiment durchführt oder ins Feld geht. Tatsächlich gehört eine Reihe weiterer *Entscheidungen zur Untersuchungsanlage*. Sie werden nicht immer in der dargestellten Reihenfolge getroffen, weil sie oft miteinander verknüpft sind:

Entscheidungen bei der Untersuchungsanlage

- Die erste Entscheidung ist, ob man quantitativ oder qualitativ forschen will → vgl. Kap. 1.2.3. Wir hatten bereits gezeigt, dass das keine methodologische Grundsatzentscheidung sein muss, sondern teilweise forschungspraktisch zu entscheiden ist.
- Die zweite Entscheidung ist, ob man selbst Daten erhebt oder eine Sekundäranalyse durchführen will (Erhebungsdimension).
- Die dritte Entscheidung wird zwischen einem Quer- und einem Längsschnittdesign gefällt (Zeitdimension).
- Die vierte Entscheidung ist die zwischen Experiment und nicht experimenteller Untersuchungsanlage (Kontrolldimension).
- Die fünfte Entscheidung betrifft die Stichprobenziehung → vgl. Kap. 2. Dazu gehört auch die Wahl des Untersuchungszeitraums, die wiederum eng mit der Zeitdimension zusammenhängt.
- Die sechste Entscheidung ist die Wahl der Methode. Dabei geht es nicht darum, ob wir z. B. schriftlich-postalisch oder mündlich-telefonisch befragen, sondern erst einmal, ob wir Personen überhaupt befragen oder sie nicht doch beobachten wollen.

Nicht experimentelle Untersuchungsanlagen

| 3.2

In der Kommunikationswissenschaft gibt es vermutlich mehr nicht experimentelle als experimentelle Studien, während es in der Psychologie umgekehrt sein dürfte. Nicht experimentelle Designs werden in allen Forschungsfeldern unseres Faches angewendet. So werden z. B. in der *Politik- und Wahlforschung* monatliche Umfragen (z. B. Politbarometer) durchgeführt, um kontinuierlich oder vor Bundestagswahlen die politische Stimmung im Land zu ermitteln. In der *angewandten Marktforschung* ist die mehrfach erwähnte Allensbacher Werbeträger-Analyse (AWA), die im jährlichen Turnus durchgeführt wird, ein Beispiel für ein Längsschnittdesign. Mit der Agenda-Setting-Studie von McCombs/Shaw (1972) wurde ein *Querschnittdesign* aus dem Bereich der *Medienwirkungsforschung* vorgestellt. Eine Querschnittstudie ist auch die bereits erwähnte Befragung von Weischenberg et al. (2006) aus dem Bereich der *Journalismusforschung* → vgl. Kap. 1.2.2.

Anwendungsgebiete nicht experimenteller Designs

   Wir kennen die drei zentralen Bedingungen für Kausalschlüsse bei nicht experimentellen Untersuchungsanlagen sowie die wichtigsten Unterscheidungsdimensionen für Designs. Anhand exemplarischer Studien werden wir diese Kenntnisse zunächst für nicht experimentelle Designs vertiefen:

- Ein- und Mehr-Methoden-Designs und
- Varianten von Längsschnittdesigns.

Ein- und Mehr-Methoden-Designs

Nicht experimentelle Studien lassen sich weiter differenzieren in *Ein-* und *Mehr-Methoden-Designs*. Die Querschnittstudie von McCombs/Shaw (1972) zum Agenda-Setting-Effekt ist ein Zwei-Methoden-Design, weil eine Inhaltsanalyse (Medienagenda) und eine Befragung (Bevölkerungsagenda) durchgeführt wurden. Warum *Methodenkombinationen* für nicht experimentelle Kausalprüfungen wichtig sind, lässt sich für die Kultivierungshypothese illustrieren.

Beispiel

Methodenkombination und Kausalität am Beispiel der Kultivierungshypothese

Wenn wir ein Sample von Fernsehzuschauern einmalig befragen, können wir die Zuschauer in Viel- und Wenigseher unterteilen und ihre Vorstellungen vergleichen. Wenn die Vielseher häufiger die Mordrate überschätzen als die Wenigseher, ist das aber noch kein Beleg für Kultivierungseffekte des Fernsehens. Denn denkbar wäre auch, dass im Fernsehen kaum Morde gezeigt werden. Sicher ist auf den ersten Blick das Gegenteil der Fall. Aber das muss empirisch erst einmal belegt werden. Wir müssen also zusätzlich eine Inhaltsanalyse des gesamten Fernsehprogramms durchführen. Aber auch dann ist die Kultivierungshypothese noch nicht bestätigt. Denn es ist denkbar, dass TV-Vielseher vor allem Formate mit „heiler Welt" sehen (z. B. romantische Filme). Wir müssen also die Fernsehnutzung spezifischer ermitteln, um unsere Behauptung empirisch abzusichern, dass das Fernsehen – genauer: bestimmte Genres oder Formate – die Vorstellungen der Zuschauer kultiviert. Da wir nur eine Querschnittstudie durchgeführt haben, ist weiterhin die Kausalrichtung unklar: Möglicherweise schauen Personen, die ohnehin von einer brutalen Welt ausgehen, vor allem solche TV-Formate, die ihnen diese Sicht bestätigen. Hier würde also deren Weltsicht die Fernsehgewohnheiten beeinflussen. Selbst wenn die Kausalrichtung für Kultivierungseffekte des Fernsehens spricht, müssten noch Drittvariablen kontrolliert werden. Vielleicht sehen Männer häufiger TV-Formate mit vielen Morden als Frauen. Dann können wir nicht eindeutig sagen, ob das Fernsehen oder das Geschlecht dafür verantwortlich ist, dass die Mordrate überschätzt wird. Wir sehen also, dass Kausalaussagen bei nicht experimentellen Studien nicht einfach sind. (Vgl. als Überblick für die Kultivierungsforschung Schenk 2002: 537ff.)

Schließlich sind mehrere Varianten des Längsschnittdesigns zu unterscheiden. Die ersten beiden sind das Trend- und Paneldesign, die jeweils Merkmale zu mehreren Zeitpunkten messen. Der Unterschied liegt in der Stichprobe: Beim *Trenddesign* wird das Sample zu jedem Messzeitpunkt neu gebildet. So werden z. B. jeden Monat andere Menschen befragt. Beim *Paneldesign* werden z. B. jeden Monat dieselben Menschen befragt. Damit handelt es sich beim Panel um eine Form der Messwiederholung. Die Messzeitpunkte heißen dabei Panelwellen (vgl. z. B. Diekmann 2003: 267ff.). Ein gutes Beispiel bietet eine Studie von Marcus Maurer (2003) zur Politikverdrossenheit. Er knüpft damit an die wegweisende Studie *„The people's choice"* von Paul F. Lazarsfeld, Bernhard R. Berelson und Hazel Gaudet (1944) an, in der erstmals das Paneldesign vorgestellt wurde.

Trend- und Paneldesign

Nettoveränderung

	Januar	Februar
CDU	**55**	**60**
SPD	**45**	**40**
Summe	100	100

Interne Fluktuation

		Januar		Randsumme
		CDU	SPD	
Februar	CDU	**45**	**15**	60
	SPD	**10**	**30**	40
Randsumme		55	45	100

| **Abb. 3.3**

Nettoveränderung und interne Fluktuation (modifiziert nach Schnell et al. 1999: 228)

Vor- und Nachteile von Trend- und Paneldesigns lassen sich am einfachsten für Befragungen erläutern → vgl. Abb. 3.3: Der Vorteil der Panelbefragung besteht darin, dass wir Veränderungen für jeden Befragten, also auf Individualebene, nachzeichnen können. So können wir z. B. sagen, dass 15 Personen, die im Januar die SPD wählen wollten, im Februar die CDU wählen würden. Das ist die *interne Fluktuation* (engl.: turnover). Bei der Trendbefragung können wir nur die Veränderung für das Aggregat aller Befragten feststellen, also einen Trend. Hier können wir z. B. nur den Anteil aller CDU- bzw. SPD-Wähler in beiden Monaten angeben und z. B. einen Wählerverlust für die SPD feststellen. Das ist die *Nettoveränderung* (engl.: net change), die in der deskriptiven Statistik Randsumme heißt. Bei der Trend- wie der Panelbefragung ist die „richtige" Zeitspanne zwischen den Messzeitpunkten zu wählen.

Die Nachteile des Panels sind der Paneleffekt und die Panelmortalität. Der *Paneleffekt* ist die Veränderung der Panelmitglieder durch die mehrmalige Befragung. So können sich Befragte z. B. an die Fragen und deren Reihenfolge erinnern. Oder sie sind „genervt" und antworten vorschnell. Unter *Panelmortalität* versteht man den sukzessiven Ausfall von Befragten. Nur die wenigsten dürften sterben. Die meisten Ausfälle gehen darauf zurück, dass Befragte nicht mehr bereit sind teilzunehmen (vgl. Friedrichs 1990: 366ff.; Schnell et al. 1999: 226ff.). So muss auch das *GfK-Panel*, anhand dessen die telemetrischen Messungen zur Fernsehnutzung durchgeführt werden → vgl. Kap. 2.4, immer wieder aufgefüllt werden. Das jährliche, seit 1984 laufende *Sozioökonomische Panel* (SOEP) des Deutschen Instituts für Wirtschaftsforschung (DIW) gehört ebenfalls zu den wichtigen deutschen Panels (vgl. http://www.diw.de/deutsch/soep/26628.html; Abruf: 20.08.2008).

Merksatz

Beim *Paneldesign* werden zu mehreren Zeitpunkten immer wieder die gleichen Personen untersucht, beim *Trenddesign* wird immer wieder eine neue Stichprobe gezogen. Das Paneldesign erlaubt Aussagen über individuelle Veränderungen (interne Fluktuation), eine Trendstudie nur Aussagen über Veränderungen im Aggregat (Nettoveränderung).

Kohortendesign Eine weitere Variante von Längsschnittdesigns ist das *Kohortendesign*. „Kohorten werden durch Personen gebildet, bei denen annähernd zum gleichen Zeitpunkt ein spezielles Ereignis in ihrem Lebenslauf eingetreten ist" (Schnell et al. 1999: 234). Das Ereignis kann z. B. die Einschulung, Pensionierung, Heirat oder Scheidung sein. Am häufigsten sind aber Geburtskohorten, oft auch Generation genannt. In seiner kommunikationswissenschaftlichen Kohortenstudie ging Wolfram Peiser (1996) der Frage nach, ob die „Fernsehgeneration", also jene Kohorte, die mit dem Fernsehen aufwuchs, sich tatsächlich in ihrer TV-Affinität und ihrem sonstigen Medienverhalten von früheren Kohorten unterscheidet. Das ist ein Inter-Kohorten-Vergleich. Wenn wir z. B. Journalisten derselben Geburtskohorte im Hinblick auf ihren beruflichen Werdegang kontrastieren, unternehmen wir einen Intra-Kohorten-Vergleich.

Zeitreihendesign Die letzte Variante von Längsschnittdesigns ist das *Zeitreihendesign* (vgl. im Folgenden Scheufele 2004). Es ist im Grunde nichts anderes als eine zeitliche Fortsetzung dessen, was → Abb. 3.2 zeigt. Denn eine Zeitreihe ist eine Folge von Messungen eines Merkmals zu sehr vielen, aufeinanderfolgenden Zeitpunkten. Wenn wir z. B. die Medien- und die Bevölkerungs-agenda zum Thema Gentechnik ein ganzes Jahr lang jede Woche erhe-ben, dann erhalten wir zwei Zeitreihen mit jeweils 52 Messzeitpunkten. Bei der Medienzeitreihe drückt der Wert zu jedem Messzeitpunkt z. B. die wöchentliche Anzahl an Beiträgen über Gentechnik aus. Bei der Bevölke-rungszeitreihe drückt jeder Messwert z. B. den Anteil an Befragten aus, die in der jeweiligen Wochenumfrage die Gentechnik als wichtiges Pro-blem genannt haben. Ein Zeitreihendesign hat drei Vorteile:

- Wir können die Kausalrichtung klären, indem wir die Zeitreihe „Medienagenda" und die Zeitreihe „Bevölkerungsagenda" korrelieren. Da beide gegeneinander verschoben werden, spricht man von *Kreuz-korrelation* (engl.: cross-lagged correlation).
- Da wir die Zeitreihen nicht nur um einen, sondern viele Zeitpunkte ge-geneinander verschieben, lässt sich die Zeitverzögerung bestimmen, mit der eine Veränderung der Bevölkerungsagenda auf eine Verände-rung der Medienagenda folgt – oder umgekehrt.
- Wenn die Zeitreihe „Medienagenda" und die Zeitreihe „Bevölkerungs-agenda" jeweils einen Trend nach oben zeigen, muss kein Kausal-zusammenhang vorliegen. Der gemeinsame Trend kann damit zusam-menhängen, dass ein Gesetz zur Gentechnik verabschiedet wurde, das sich in beiden Zeitreihen niederschlägt. Solche *Drittvariableneinflüsse* lassen sich in gewissem Umfang durch statistische Verfahren (z. B. ARIMA-Modellierung) vorab aus den Zeitreihen entfernen.

Experimentelle Untersuchungsanlagen | 3.3

Auch *Experimente* werden in der Kommunikationswissenschaft in diver-sen Forschungsbereichen angewendet. Ein Beispiel für die *Gewaltforschung* sind die Experimente zur sozialen Lerntheorie.

Anwendungsgebiete experimenteller Designs

Beispiel

Experiment zur sozialen Lerntheorie (Bandura et al. 1963)

Diese Theorie geht davon aus, dass Menschen aus den Medien auch ag-gressives Verhalten lernen. Diese erlernte Gewalt muss ein Rezipient nicht sofort in eigene Gewalt umsetzen, sondern kann sie teilweise erst viel später oder auch gar nie ausüben. Die Ausführung des erlernten Ver-haltensmodells wird begünstigt z. B. durch Persönlichkeitsmerkmale, die

Ähnlichkeit des Rezipienten mit der Modellperson oder die Verfügbarkeit von Mitteln (z. B. Waffen). Albert Bandura, Dorothea Ross und Sheila A. Ross (1963) untersuchten vier Gruppen mit je 24 Vorschulkindern. Die erste Gruppe beobachtete einen Erwachsenen, der Gewalt gegen eine Stehaufpuppe – die berühmte „Bobo doll" – ausübte. Die zweite Gruppe sah die gleiche Szene in einem Film. Die dritte Gruppe sah eine Cartoon-Figur diese Gewalt ausüben. Die vierte Gruppe war die Kontrollgruppe. Nachdem die Kinder leicht frustriert worden waren, wurde ihre eigene Bereitschaft gemessen, das erlernte Gewaltverhalten selbst auszuüben.

Mindestens ebenso bekannt sind die Yale-Studies aus dem Bereich der *Persuasionsforschung*. Mit einer ganzen Serie von Laborexperimenten hatte das Team um Carl I. Hovland in den 1940er-Jahren unter anderem geprüft, welche Faktoren einer kommunikativen Botschaft (z. B. Art der Argumentation) oder welche Merkmale des Kommunikators (z. B. Glaubwürdigkeit) die Einstellungen der Rezipienten verändern können (vgl. als Überblick Schenk 2002: 77ff.). In der *Werbewirkungsforschung* werden Experimente eingesetzt, um etwa das Potenzial neuer Werbeformen zu testen. Ein aktuelleres Beispiel aus diesem Bereich ist ein Experiment von Christian Schemer, Jörg Matthes und Werner Wirth (2007) zur Wirkung von Product placements in TV-Magazinbeiträgen.

3.3.1 | Grundlagen

Zunächst stellen wir einige Grundlagen vor. Die Personen, die an einem Experiment teilnehmen, heißen *Versuchspersonen* oder *Probanden* (engl.: subjects). Sie werden in der Regel per Randomisieren → vgl. Kap. 2.2.1 auf die vorab festgelegten Gruppen verteilt, die auch Experimentalbedingungen heißen. Wir haben mit dem Gewaltexperiment, das uns zur Erklärung des Randomisierens diente, bereits die Begriffe *Experimentalgruppe* und *Kontrollgruppe* eingeführt. Im einfachsten Fall erhält die Experimentalgruppe einen *Stimulus* (z. B. Film mit Gewalt), die Kontrollgruppe dagegen kein solches *Treatment* (z. B. Film ohne Gewalt). Präziser formuliert erhält die Experimentalgruppe die eine Ausprägung und die Kontrollgruppe die andere Ausprägung der unabhängigen Variablen, also der Ursache (X). Bei beiden Gruppen oder Experimentalbedingungen wird anschließend die abhängige Variable, also die Wirkung (Y) gemessen.

Experimentelle Faktoren und deren Effekte

Die unabhängige Variable heißt auch (experimenteller) *Faktor*. Je nach Anzahl der unabhängigen Variablen sprechen wir von einem *ein-* oder *mehrfaktoriellen Experimentaldesign*. Formal schreiben wir z. B. „A × B" für ein zweifaktorielles Design mit den Faktoren A und B oder „A × B × C" für ein Design mit drei Faktoren A, B und C. Für die Buchstaben werden Zahlen eingesetzt. Sie geben an, auf wie vielen Stufen der jeweilige Faktor manipuliert wurde bzw. wie viele Ausprägungen die unabhängige Variable haben soll. Damit sind z. B. sowohl ein 2 × 2-Design → vgl. Abb. 3.4 als auch ein 3 × 2-Design ein zweifaktorielles Design. Der Unterschied besteht darin, dass die erste unabhängige Variable auf zwei bzw. drei Stufen manipuliert wurde.

faktorielles Design

Die formale Schreibweise hilft auch bei der Planung des Experiments. Denn durch Multiplikation der Zahlen ergibt sich die *Anzahl der Experimentalbedingungen*. So erhalten wir beim 2 × 2-Design in → Abb. 3.4 insgesamt vier Experimentalbedingungen. Brosius et al. (2008: 237) empfehlen bei einfaktoriellen Designs mindestens 30 Probanden und bei mehrfaktoriellen Plänen mindestens 20 Probanden pro Gruppe bzw. Experimentalbedingung. Man sollte sich jedoch davor hüten, die Zahl der Probanden zu hoch anzusetzen. Dazu ein Beispiel: Wir haben eine Experimental- und eine Kontrollgruppe, für die wir jeweils 100 Probanden vorsehen. Bei der abhängigen Variablen ermitteln wir für die Probanden der Experimentalgruppe als *Mittelwert* = 2,5 und bei der Kontrollgruppe den *Mittelwert* = 3,0. Der Unterschied zwischen beiden Mittelwerten ist bei 200 Probanden sicher signifikant. Aber er beträgt nur 0,5 Skalenpunkte, was bei einer Skala von 1 bis 5 ein geringer Unterschied bleibt – Signifikanz hin oder her.

		Faktor A	
		a1	a2
Faktor B	b1	a1b1	a2b1
	b2	a1b2	a2b2

Haupteffekt Faktor B

Haupteffekt Faktor A

| **Abb. 3.4**

Zweifaktorielles Design

Ein *Experiment* prüft eine *Kausalhypothese*, also den Einfluss der unabhängigen Variablen (Faktoren) auf die abhängigen Variablen. Je nach Anzahl der unabhängigen Variablen spricht man von einem ein- oder mehrfaktoriellen Design.

Haupt- und Interaktionseffekte

Beim einfaktoriellen Design kann nur ein Faktor einen Einfluss auf die abhängige Variable haben. In diesem Fall sprechen wir vom *Haupteffekt* des Faktors. Bei zwei Faktoren kann jeder Faktor unabhängig vom jeweils anderen Faktor die abhängige Variable beeinflussen. Dann haben wir zwei Haupteffekte. Beide Faktoren können aber auch als *Interaktionseffekt* zusammenspielen. Haupt- und Interaktionseffekte lassen sich in Interaktionsdiagrammen darstellen, in denen die Mittelwerte aus den Gruppen abgetragen werden. Im einem solchen Diagramm werden die Ausprägungen (Stufen) des Faktors A auf der Abszisse und die Ausprägungen des Faktors B als separate Linien dargestellt. Im anderen Diagramm ist es umgekehrt. Mit Bortz/Döring (1995: 496ff.) lassen sich drei Typen von Interaktionen unterscheiden:

- *Ordinale Interaktion*: In jedem der beiden Diagramme sind die separaten Linien jeweils gleichgerichtet. Dabei ist egal, ob sie sich kreuzen oder ob sie in einem Diagramm beide nach oben und im anderen beide nach unten weisen → vgl. Abb. 3.5. Damit dürfen wir beide Haupteffekte global interpretieren, d. h. jeder Faktor wirkt unabhängig vom anderen auf die abhängige Variable.
- *Disordinale Interaktion*: In den Diagrammen sind die beiden separaten Linien jeweils gegengerichtet → vgl. Abb. 3.5. Damit dürfen wir keinen Haupteffekt global interpretieren, sondern müssen die Mittelwerte der Gruppen differenziert betrachten.
- *Hybride Interaktion*: Im einen Diagramm sind beide Linien gleichgerichtet, im anderen gegengerichtet. Hier dürfen wir nur einen Haupteffekt global interpretieren.

Ordinale Interaktion bei einem 2 × 2-Design

Bertram Scheufele und Caroline Gasteiger (2007) haben ein zweifaktorielles Experiment durchgeführt, das wir leicht abgewandelt wiedergeben. Die Probanden lasen einen Zeitungsartikel über einen Einsatz der Bundeswehr in einem Krisenherd (Treatment). Faktor A war die Perspektive, aus der die Zeitung den Bundeswehreinsatz diskutierte. In der einen Artikelversion (a1) wurde der Bundeswehreinsatz als humanitäre Hilfe dargestellt, in der anderen Version (a2) als politisch-militärische Notwendigkeit. Faktor B war das den Artikel illustrierende Foto. In der einen Version zeigte es Opfer der Krisenregion (b1), in der anderen des Militärs (b2). Damit gab es vier Artikelversionen bzw. Experimentalbedingungen. Eine der abhängigen Variablen war die Zustimmung zum Einsatz der Bundeswehr. Hier zeigte sich eine ordinale Interaktion, was die globale Interpretation beider Haupteffekte erlaubte: Leser des Artikels mit humanitärer Sichtweise (a1) stimmten dem Einsatz stärker zu als Leser des Artikels mit politisch-militärischer Sichtweise (a2). Zudem sorgte das Foto mit den Opfern (b1) für stärkere Zustimmung als das Foto mit den Militärs (b2).

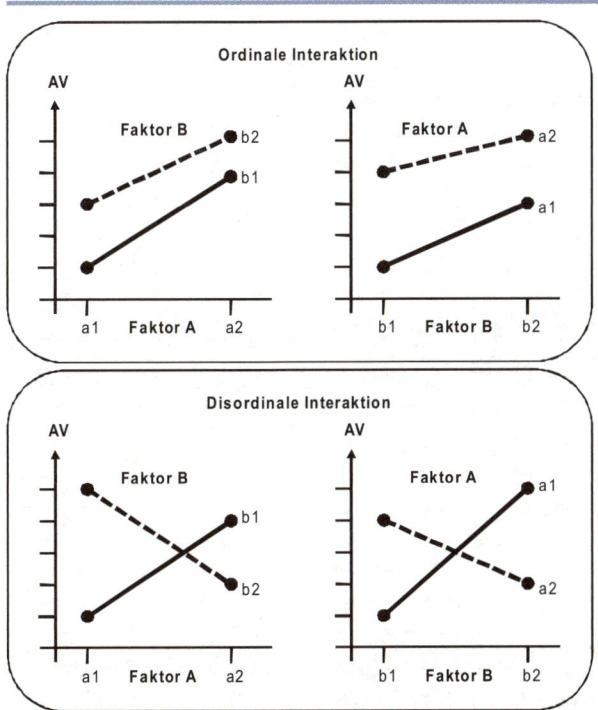

| **Abb. 3.5**

Beispiele für ordinale und disordinale Interaktion

Voraussetzungen für experimentelle Kausalnachweise

Manipulation und Kontrolle

Im Gegensatz zur Kausalprüfung bei nicht experimentellen Designs erlaubt das Experiment einen *echten Kausalnachweis*. Die Voraussetzungen dafür heißen Manipulation und Kontrolle. *Manipulation* ist die gezielte Setzung und Variation unabhängiger Variablen. Da wir bestimmte Einflussfaktoren auf eine abhängige Variable vermuten, setzen wir Probanden bewusst diesen Einflüssen aus und variieren dafür die Ausprägungen dieser Faktoren. Beim 2 × 3-Design variieren wir zwei Faktoren, den ersten auf zwei, den zweiten auf drei Stufen. Allerdings wollen wir nicht, dass weitere Einflüsse die Messung der abhängigen Variablen beeinflussen und damit den Einfluss der experimentell manipulierten Faktoren „verwässern". Bei nicht experimentellen Designs können wir solche Drittvariablen bzw. Störgrößen nie komplett eliminieren oder kontrollieren. Daher ist hier kein echter Kausalnachweis möglich. Beim Experiment wird er durch *Kontrolle* gesichert. Diekmann (2003: 297) schreibt dazu treffend: „Mit dem ‚Trick' der *Randomisierung* wird der Einfluß sämtlicher, auch unbekannter Drittvariablen neutralisiert". Durch die zufällige Verteilung der Probanden auf die Experimentalbedingungen wird also der Einfluss von Störgrößen nicht beseitigt, sondern nur neutralisiert. Anders gesagt: Alle denkbaren *Drittvariablen* werden *konstant gehalten*. Denn wenn die Probanden zufällig auf die Gruppen verteilt worden sind, dann sollte z. B. der Anteil an Frauen, politisch Interessierten oder Menschen mit Unterhaltungsbedürfnis in allen Gruppen vergleichbar sein. Solche Drittvariablen beeinflussen zwar mitunter die Messung der abhängigen Variablen, aber sie tun das unter allen Experimentalbedingungen vergleichbar. Daher sagt man auch, dass der Einfluss der Störfaktoren konstant ist.

Merksatz

Manipulation ist die gezielte Setzung und Variation von unabhängigen Variablen. *Kontrolle* bedeutet, den Einfluss von Drittvariablen (durch *Randomisieren*) konstant zu halten.

Randomisieren und Matchen

Randomisieren wurde bereits erklärt → vgl. Kap. 2.2.1. An dieser Stelle gehen wir kurz auf ein anderes, seltener eingesetztes Verfahren der Drittvariablenkontrolle ein. Beim *Parallelisieren* oder *Matchen* sucht man nach „statistischen Zwillingen" (engl.: matched pairs). Das sind Paare von Menschen, die sich in bestimmten, für das Forschungsfeld zentralen Merkmalen stark ähneln. Im Idealfall suchen wir zu jedem Proband der Experimentalgruppe einen „eineiigen Zwilling" für die Kontrollgruppe. Matchen hat aber mehrere Nachteile gegenüber Randomisieren: Erstens können wir nie alle Drittvariablen kennen. Zweitens wird es mit wachsender Zahl an Merkmalen zunehmend schwieriger, statistische Zwillinge zu finden. Drittens müssen die Merkmale vorab ermittelt werden, was die Probanden für das Experiment vorprägen kann (vgl. Brosius et al. 2008: 237f.).

Mittlerweile dürfte deutlich geworden sein, dass Experimente dazu dienen, *Kausalität nachzuweisen*, indem wir die abhängigen Variablen bei verschiedenen Gruppen vergleichen. Meistens geht es darum, Unterschiedshypothesen zu prüfen. Wir können aufgrund unserer experimentellen Befunde z. B. sagen, dass es den Agenda-Setting-Effekt gibt. Wir können natürlich noch nicht sagen, wann und wie er unter Realbedingungen auftritt. Denn die Stichprobenziehung folgt beim Experiment zwar per Randomisieren, also nach dem Zufallsprinzip, jedoch nicht unter der Vorgabe der *Repräsentativität*. Brosius et al. (2008: 217f.) ist zuzustimmen, dass der Einwand, man habe die Ergebnisse nur bei Studenten nachgewiesen, nicht grundsätzlich berechtigt ist. Warum sollten z. B. Agenda-Setting-Effekte grundsätzlich bei verschiedenen Altersgruppen unterschiedlich stark ausfallen? Selbst Bildungsunterschiede dürften den Effekt nur bei manchen Themen abschwächen oder verstärken. Im Übrigen wäre beides keine komplette Falsifikation, sondern nur ein Anlass, um die Agenda-Setting-Hypothese zu modifizieren.

Kausalnachweis statt Repräsentativität

Varianten experimenteller Designs

3.3.2

Die wichtigsten Varianten experimenteller Designs haben Donald T. Campbell und Julian C. Stanley (1963) in ihrem wegweisenden Buch zusammengestellt. Daran anknüpfend gehen wir auf folgende grundsätzliche Unterscheidungen ein:

- Besonderheiten faktorieller Designs und
- Labor- und Feldexperimente.

Besonderheiten faktorieller Designs

Die Grundzüge faktorieller Designs haben wir kennengelernt. Im Idealfall können wir die Faktoren auf beliebig vielen Stufen variieren. Forschungspraktisch sind dem jedoch Grenzen gesetzt. So kann schon ein dreifaktorielles Design je nach Manipulation der Faktoren sehr viele Probanden erfordern: Bei einem $4 \times 2 \times 2$-Design brauchen wir 16 Gruppen mit jeweils 20 Probanden, also insgesamt mindestens 320 Probanden. Eine so hohe Zahl an Probanden lässt sich zwar mit den jüngst vermehrt eingesetzten Onlineexperimenten realisieren. Sie bringen aber andere Probleme mit sich (vgl. im Folgenden Reips 2002): Selbst wenn

lateinisches Quadrat

beim Onlineexperiment das Randomisieren gelingt, ist die Kontrolle der Drittvariablen unseres Erachtens nicht gesichert. So sind die Bedingungen nicht klar, unter denen z. B. der Fragebogen, mit dem wir die Wirkung messen, ausgefüllt wird. Zudem sind der Messung der abhängigen Variablen Grenzen gesetzt. Wenn wir die Probanden befragen, muss der Fragebogen kurz sein. Und auf Methoden wie Beobachtung bzw. physiologische Messungen → vgl. Kap. 4.4 müssen wir meist komplett verzichten.

Eine Möglichkeit, die Anzahl der Experimentalbedingungen bei drei oder mehr Faktoren zu beschränken, ist das *lateinische Quadrat*. Das ist eine Matrix aus n Zeilen und n Spalten, wobei ein (Zahlen-)Symbol nur einmal pro Zeile und einmal pro Spalte vorkommen darf → vgl. Abb. 3.6. Was damit gemeint ist, dürfte mit dem Hinweis auf das beliebte Logikrätsel *Sudoku* sofort klar sein. Denn Sudoku ist nichts anderes als eine Form des lateinischen Quadrats. Hier dürfen aber die Zahlen 1 bis 9 nicht nur pro Spalte und Reihe, sondern auch pro Block nur einmal vorkommen. Sudoku ist also weder eine japanische noch eine aktuelle Erfindung, sondern geht auf die lateinischen Quadrate des Schweizer Mathematikers Leonard Euler zurück, von dem wir übrigens auch die Euler'sche Zahl $e = 2,718 ...$ kennen.

Abb. 3.6 |

Beispiele für lateinisches Quadrat

Einfaches Lateinisches Quadrat

		Faktor A		
		a1	a2	a3
Faktor B	b1	c1	c2	c3
	b2	c2	c3	c1
	b3	c3	c1	c2

Lateinisches Quadrat mit Faktor C als Messwiederholungsfaktor

		Faktor A		
		a1	a2	a3
Faktor B	b1	c1 c2 c3	c2 c3 c1	c3 c1 c2
	b2	c2 c3 c1	c3 c1 c2	c1 c2 c3
	b3	c3 c1 c2	c1 c2 c3	c2 c3 c1

Lateinische Quadrate haben jedoch *Beschränkungen*. Wir erläutern das anhand von drei Faktoren A, B und C → vgl. Abb. 3.6. Erstens müssen alle drei Faktoren gleich viele Ausprägungen aufweisen. Zweitens sind lateinische Quadrate nur in Bezug auf die Haupteffekte, nicht aber auf die Interaktionseffekte ausbalanciert, also interpretierbar. So kommt beim einfachen lateinischen Quadrat in → Abb. 3.6 die Stufe „c1" von Faktor C z. B. nur bei den Kombinationen „a1b1", „a2b3" und „a3b3" vor. Bei einem vollständigen faktoriellen Design würde „c1" bei allen neun Kombinationen der Faktoren A und B auftauchen (vgl. Bortz/Döring 1995: 506ff.).

Als lateinisches Quadrat lassen sich auch *Messwiederholungsfaktoren* berücksichtigen. Hier erhält jeder Proband eine bestimmte Kombination der Faktoren A und B (z. B. „a1b3") sowie alle drei Ausprägungen des Faktors C (z. B. „c3 c1 c2"). Um Effekte der Reihenfolge zu kontrollieren, wird die Abfolge der drei Stufen von Faktor C nach den Vorgaben eines lateinischen Quadrats rotiert → vgl. Abb. 3.6 unten. A und B sind echte experimentelle Faktoren und C ist ein Messwiederholungsfaktor (vgl. Brosius et al. 2008: 233). **Messwiederholungsfaktor**

Bei den Beispielen für lateinische Quadrate waren nicht alle Kombinationen der Faktoren A, B und C erfüllt. Daher gehören lateinische Quadrate zu den *unvollständigen Designs*. Neben dem pragmatischen Grund, die Anzahl der Experimentalbedingungen zu reduzieren, kann es auch einen rein logischen Grund für ein unvollständiges Design geben. Dazu folgendes Beispiel: Wir wollen den Einfluss der Gewalt in TV-Serien (Faktor A) und der Form der darin gezeigten Gewalt (Faktor B) auf das Aggressionspotenzial von Menschen untersuchen. Wenn wir Faktor A auf den Stufen „viel Gewalt" (a1), „wenig Gewalt" (a2) und „keine Gewalt" (a3) variieren, lässt sich Faktor B nur mit „a1" und „a2" kombinieren, nicht aber bei „a3" variieren. Wenn wir bei Faktor B zwischen „physische Gewalt" (b1) und „psychische Gewalt" (b2) differenzieren, ergeben sich also nicht – wie bei einem vollständigen 3 × 2-Design – sechs Gruppen, sondern nur fünf Gruppen. **unvollständige Designs**

In der Psychologie wird oft eine Vorher-Messung der abhängigen Variablen gefordert. Zum einen könne man so das individuelle Startniveau der Probanden (engl.: baseline) ermitteln. Zum anderen könne man dann Veränderungshypothesen prüfen. Allerdings kann die Vorher-Messung bei einem solchen *Vorher-Nachher-Design* (engl.: pretest-posttest design) die Messung nach dem Treatment beeinflussen. Wenn wir z. B. das Aggressionspotenzial mit einem Fragebogen ermitteln, bevor die Probanden eine TV-Serie mit bzw. ohne Gewalt sehen, und anschließend die gleiche Messung durchführen, dürften sich Probanden an die Vorher-Messung erinnern und z. B. versuchen, ähnlich zu antworten. Um derlei zu prüfen, bietet sich ein auf Richard L. Solomon (1949) zurückgehendes Design an. Es wird oft *Solomon-Viergruppenplan* genannt. Die Bezeichnung trifft aber nur für ein Design mit einer Experimentalgruppe (EG) und einer Kontrollgruppe (KG) mit Vorher- und Nachher-Messung der abhängigen Variablen zu. Dieser Zweigruppenplan wird dann dupliziert, wobei die **Vorher-Nachher-Messung und Solomon-Design** zusätzliche Experimentalgruppe (EG*) und Kontrollgruppe (KG*) jeweils ohne Vorher-Messung auskommen. Wenn sich die Nachher-Messung zwischen EG und EG* sowie zwischen KG und KG* signifikant unterscheiden, hat die Vorher-Messung einen Einfluss auf die Nachher-Messung. Dieser lässt sich mit dem Solomon-Design aber nur ermitteln, nicht beseitigen.

Das *Argument der Baseline* kann uns nicht von der Notwendigkeit einer Vorher-Messung überzeugen. Denn wenn wir randomisieren, sollten Menschen mit unterschiedlichen Startniveaus in allen Gruppen gleich stark vertreten sein. Durch Randomisieren sollte also die Baseline wie andere Drittvariablen auch konstant gehalten sein. Nur bei *Veränderungshypothesen* sind Vorher-Messungen unabdingbar.

Labor- und Feldexperimente

Definitionen

Bei der Unterscheidung zwischen *Labor-* und *Feldexperimenten* argumentieren bestehende Lehrbücher nicht einheitlich. Winfried Schulz (1970: 130) unterscheidet nach der Versuchsumgebung: „Beim Feldexperiment bleiben die Versuchspersonen in ihrer natürlichen Umgebung [...]. Die einzige Änderung, die für die Versuchspersonen eintritt, ist durch den experimentellen Faktor hervorgerufen. Von einem Laborexperiment spricht man demgegenüber immer, wenn die Versuchspersonen [...] in eine neue, meist künstlich geschaffene – experimentelle – soziale Situation eingeführt werden". Für Kerlinger (1986: 369) ist die Abgrenzung zwischen beiden Varianten eher analytischer Natur. Er definiert ein Feldexperiment als „a research study in a realistic situation in which one or more independent variables are manipulated under as carefully controlled conditions as the situation will permit". Diekmann (2003: 309) verzichtet auf den Begriff des Feldexperiments und spricht von *Quasi-Experimenten*. Der Unterschied zum echten Experiment bestehe im fehlenden Randomisieren der Probanden. Wir sprechen von einem Laborexperiment, wenn wir sowohl eine komplette Kontrolle über die Manipulation der unabhängigen Variablen haben als auch die Drittvariablen durch Randomisieren perfekt konstant halten. Beim Feldexperiment, das sich am Laborexperiment orientiert, sind beide Bedingungen nur teilweise bzw. bedingt gewährleistet. Ein Beispiel für ein kommunikationswissenschaftliches Quasi-Experiment bietet Renate Köchers (1985) Befragung deutscher und britischer Journalisten: Die Autorin gab den Journalisten eine fiktive Situation vor und verglich dann die Handlungsabsichten derjenigen, die sich selbst vor allem als Informationsvermittler sahen, mit den Handlungsabsichten jener Journalisten, die auch Aufklärer von Missständen sein wollten.

Beim *Laborexperiment* ist die Manipulation der unabhängigen Variablen frei möglich und die Kontrolle der Drittvariablen perfekt. Beim *Feldexperiment* ist beides nur bedingt erfüllt.

Oft werden Labor- und Feldexperiment auf den Unterschied zwischen interner und externer Validität reduziert. Die hohe *interne Validität* des Laborexperiments resultiert aus der im Idealfall perfekten Kontrolle der Störvariablen. Das erfordert jedoch eine meist künstliche, d. h. extern weniger valide Erhebungssituation. Beim Feldexperiment ist die *externe Validität* aufgrund der natürlichen Erhebungssituation höher, was aber Einbußen bei der Kontrolle der Störvariablen, also der internen Validität mit sich bringt. Letztlich geht es hier um das, was wir schon als *Konfundierung* kennen → vgl. Kap. 2.2.1: Der experimentelle Faktor spielt mit nicht kontrollierten Einflussgrößen zusammen. Wir können dann nicht mehr klären, ob das Treatment oder die damit konfundierten Drittvariablen zu der Wirkung geführt haben. Diese Einschätzungen sind aber teilweise zu relativieren. Denn auch Laborexperimente sind z. B. aufgrund von Versuchsleitereffekten nicht perfekt intern valide → vgl. Kap. 3.3.3. Umgekehrt greifen wir auch beim Feldexperiment in gewissem Maße in die natürliche Situation ein (vgl. Schnell et al. 1999: 217).

externe und interne Validität

Kerlinger (1986: 367ff.) führt zwei weitere Unterschiede zwischen *Labor-* und *Feldexperimenten* an:

Effekte und Aussagekraft

- *Effekte*: Die im Labor gemessenen Effekte seien oft schwächer als im Feld. Das kann freilich auch daran liegen, dass die relevanten Einflussfaktoren im Feld mit Drittvariablen konfundieren und damit additiv, also nur scheinbar stärker wirken. Im Übrigen können im Labor ebenfalls stärkere Effekte auftreten, weil die Effekte der experimentellen Faktoren dann nicht durch Störvariablen abgeschwächt werden. In der Tat können im Labor aber nicht alle Wirkungsformen angemessen geprüft werden.
- *Aussagekraft*: Darüber hinaus, so Kerlinger, könne man im Labor nur ausgewählte Hypothesen prüfen, im Feld aber auch praktische Fragen klären. Das ist ein eher allgemeiner Unterschied zwischen experimentellen und nicht experimentellen Designs. Mit einem Experiment prüfen wir, ob es einen Wirkungsmechanismus überhaupt gibt. So würden wir z. B. experimentell prüfen, welche Medienberichte das Potenzial haben, die Stereotype der Rezipienten über Migranten zu prägen. Mit einem nicht experimentellen Design untersuchen wir, wie

sich ein Wirkungszusammenhang unter Realbedingungen darstellt. So würden wir z. B. untersuchen, wie sich medial geprägte Stereotype über Migranten im Zuge von Gruppendynamik in fremdenfeindlichen Übergriffen manifestieren.

Merksatz

Beim Laborexperiment ist die *interne Validität* oft höher, die *externe Validität* aber meist niedriger als beim Feldexperiment.

soziale Experimente

Eine Sonderform des Feldexperiments ist das *soziale Experiment*, bei dem wir natürlich vorfindbare Bedingungen als Vergleichsgruppen nutzen. Gute kommunikationswissenschaftliche Beispiele geben Brosius et al. (2008: 229f.). Wir illustrieren das soziale Experiment anhand des *Werther-Effekts*. In Anlehnung an Goethes Briefroman „Die Leiden des jungen Werthers" bezeichnet der Begriff das Phänomen, dass sich nach Medienberichten über Suizide (von Prominenten) die Zahl der Suizide in der Bevölkerung signifikant erhöhen kann. Das lässt sich aber höchstens näherungsweise in einem sozialen Experiment prüfen. Erwähnenswert ist an dieser Stelle, dass der Deutsche Presserat für die Berichterstattung über Suizide in Richtlinie 8.5 zu Ziffer 8 des Pressekodex bei der Nennung von Namen und der Schilderung der Begleitumstände zur journalistischen Zurückhaltung mahnt. Eine Ausnahme sei aber ein „Vorfall der Zeitgeschichte von öffentlichem Interesse" (http://www.presserat.de/Richtlinien-zu-Ziffer.76.0.html; Abruf: 25.08.2008). Jedoch dürften gerade Berichte über Prominenten-Suizide anstiftendes Potenzial haben, schon weil die Medien darüber viel ausführlicher berichten als über Suizide von Normalbürgern.

Beispiel

Soziales Experiment zum Werther-Effekt

Kenneth A. Bollen and David P. Phillips (1982) haben den Werther-Effekt in den USA untersucht. Dazu haben sie die Berichte über Suizide in den Abendnachrichten der drei Sender ABC, NBC und CBS von 1972 bis 1976 ermittelt und die Suizid-Statistik der USA auf Tagesbasis als Sekundärdaten genutzt. Als Experimentalbedingung wurde der Zeitraum vom Tag des im Fernsehen publizierten Suizids bis sechs Tage danach festgelegt. Die Kontrollbedingung war die Woche davor. Verglichen wurde die Anzahl der gemeldeten Suizide in der Bevölkerung vorher und nachher. Die

Tatsache, dass es z. B. in der Woche nach dem Suizid des britischen Schau-spielers George Sanders am 25. April 1972 insgesamt 554 Suizide in der Bevölkerung gab, in der Woche davor aber „nur" 444 Suizide, könnte man als Hinweis auf den Werther-Effekt deuten. Allerdings zeigen sich bei dieser Studie auch deutlich die Grenzen von Feldexperimenten. Denn es lassen sich nicht alle Drittvariablen (z. B. Feiertage) kontrollieren. Die Autoren haben zwar diverse Störfaktoren berücksichtigt und auch alter-native Lesarten der Befunde diskutiert. Ihre Kausalaussage können sie aber nicht komplett gegen Einwände absichern. Allerdings muss man in methodenkritischer Hinsicht auch „die Kirche im Dorf lassen". Denn der Werther-Effekt lässt sich kaum anders und schon gar nicht in einem Laborexperiment prüfen.

Definition

Ein *soziales Experiment* ist eine Form des Feldexperiments, die natürlich vorfindbare Bedingungen als Vergleichsgruppen nutzt.

Probleme und Beschränkungen von Experimenten | 3.3.3

Abschließend diskutieren wir die Probleme und die Beschränkungen von Experimenten.

Kommunikationswissenschaftliche Probleme

Wir beginnen zunächst mit folgenden spezifisch kommunikationswissen-schaftlichen Problemen:

* Kumulation und Konsonanz der Medienberichterstattung,
* kurz- und langfristige Medienwirkungen,
* relevante kommunikationswissenschaftliche Treatments sowie
* Einzel- und Gruppensitzungen.

In der Kommunikationswissenschaft stehen wir vor einem Problem, das z. B. psychologische Experimente selten betrifft. Elisabeth Noelle-Neumann (1973) hat *Kumulation* und *Konsonanz* als zentrale Wirkungs-faktoren der Massenmedien benannt. Das bedeutet, dass ein einzelner Medienbericht kaum entsprechende Effekte bei Rezipienten auslösen dürfte. Erst wenn Journalisten wiederholt und gleichförmig berichten, entfalten deren Berichte ein Wirkungspotenzial. Kumulation und Kon-sonanz lassen sich im Experiment aber kaum angemessen modellieren.

Kumulation und Konsonanz der Medien-berichterstattung

Eine gewisse Annäherung bieten höchstens Experimente mit mehrfacher Stimulusdarbietung (engl.: prolonged exposure). Sie heißen auch *sequentielle Experimente*.

Sequentielles Experiment zu medialen Priming-Effekten

Shanto Iyengar und Donald R. Kinder (1987) haben Probanden an mehreren Tagen hintereinander Fernsehnachrichten gezeigt. Wir stellen das Experiment hier stark vereinfacht vor: Bei der einen Gruppe war unter den TV-Nachrichtenbeiträgen jeden Tag ein Beitrag über Thema A, bei der anderen Gruppe jeden Tag ein Beitrag über Thema B. Damit wurden die Probanden entweder wiederholt auf Thema A oder auf Thema B aufmerksam gemacht (Themen-Primen). Dadurch wurden ihnen zugleich jeweils andere themengebundene Kriterien vermittelt, anhand derer sie später Politiker beurteilen sollten. Für das Politikerurteil zogen die Probanden jenes Thema heran, auf das sie zuvor wiederholt aufmerksam gemacht, also auf das sie „geprimet" wurden – und das dadurch leichter als Urteilsgrundlage verfügbar war.

kurz- und langfristige Medienwirkungen

Das nächste Problem besteht darin, dass nicht jede Form der Medienwirkung – wie z. B. der Werther-Effekt – unmittelbar bzw. *kurzfristig* einsetzt, sondern sich – wie z. B. Kultivierungseffekte – eher *mittel- bis langfristig* entfaltet. Sicher können wir die abhängige Variable erst einige Zeit nach dem Treatment messen, um z. B. Hypothesen zur Latenz von Behaltensleistungen zu prüfen. Dazu müssen wir die Probanden jedoch nach der „Pause" wieder eindeutig zuordnen. Letztlich können wir im Experiment aber oft nur mediale Wirkungs*potenziale*, aber keine nachhaltigen Effekte prüfen.

relevante kommunikationswissenschaftliche Treatments

Das nächste Problem besteht darin, *kommunikationswissenschaftlich relevante Treatments* zu bilden. Das hat eine grundsätzliche und eine praktische Seite. Zunächst zur grundsätzlichen Seite: Anders als etwa die Psychologie bilden wir Treatments, die den empirisch vorfindbaren medialen Angeboten oder den tatsächlichen Charakteristika der Berichterstattung entsprechen. Die Kommunikationswissenschaft ist mit anderen Worten weniger interessiert an der Wirkung von potenziellen Ursachen (z. B. Effekte denkbarer Werbeformen), sondern vielmehr an der Wirkung von faktischen Ursachen. Wenn Thomas E. Patterson (1993) feststellt, dass sich die Wahlkampfberichterstattung der Medien im Laufe der Jahrzehnte immer stärker auf Personen, Angriffswahlkampf und

Umfragen verlagert hat, kann dieser inhaltsanalytische Befund als Ausgangspunkt dienen, um das Wirkungspotenzial einer solchen „Amerikanisierung" der Wahlkampfberichterstattung auf die Vorstellungen und Urteile der Wähler zu prüfen.

Das Problem kommunikationswissenschaftlich relevanter Treatments hat auch eine ganz praktische Seite. Sie lässt sich gut anhand von *Priming-Effekten* erklären (vgl. im Folgenden Scheufele 2003: 26ff., 61ff.): In psychologischen Priming-Experimenten fungieren oft Eigenschaften oder Wörter als Prime. Je nach Experimentalbedingung präformieren andere Primes die späteren Urteile der Probanden. In der Kommunikationswissenschaft fungieren dagegen Medienbeiträge als Primes. Damit sind weit komplexere Einheiten als Wörter experimentell zu variieren. Wenn wir die Unterschiede z. B. zwischen zwei Gruppen, die jeweils einen anderen Medien-Prime erhalten, eindeutig darauf zurückführen wollen, dann dürfen sich die Medienbeiträge auch nur im Themen-Prime unterscheiden. Die Dramaturgie des Beitrags, der Sprachstil oder die erwähnten Akteure müssen völlig identisch sein. Ansonsten liegt eine Konfundierung vor. Es dürfte einleuchten, dass eine in dieser Hinsicht gelungene Treatmentgestaltung für Zeitungsbeiträge weit einfacher zu realisieren ist als für Fernsehbeiträge. Hinzu kommt der teilweise hohe technische Aufwand bei der Manipulation von Fernsehmaterial.

Das letzte Problem tritt auch bei Experimenten in anderen Sozialwissenschaften auf und betrifft sicher nicht jedes Experiment in unserem Fach. Bei *Einzelsitzungen* werden die Probanden einzeln zum Experiment gebeten, bei *Gruppensitzungen* wird das Experiment in Gruppen durchgeführt, in der Regel gebündelt nach Experimentalbedingungen. Die Entscheidung zwischen Einzel- und Gruppensitzung kann inhaltliche Gründe haben: Wenn wir z. B. das TV-Programm manipuliert haben und den Einfluss auf das Umschaltverhalten der Probanden erfassen wollen, ergibt eine Gruppensitzung keinen Sinn. Denn der Streit um die Fernbedienung interessiert uns nicht. In anderen Fällen sind dagegen Einzelsitzungen kaum realisierbar. Das hat teilweise auch mit der Anzahl der projektierten Probanden zu tun. Je mehr Probanden wir vorsehen, desto länger ist die Gesamtdauer für alle Einzelsitzungen. Damit lässt sich kaum vermeiden, dass Probanden, die teilgenommen haben, mit potenziellen Probanden darüber reden. Zudem können sich Reifungsprozesse bei den Versuchsleitern einstellen (vgl. Brosius et al. 2008: 223). Mit der Einzel- oder Gruppensitzung hängt teilweise auch die Frage zusammen, ob ein Fehler systematisch oder zufällig ist.

Einzel- und
Gruppensitzungen

Fehler beim Experiment

zufällige und
systematische Fehler

Den Unterschied zwischen systematischen und zufälligen Fehlern kennen wir von der Stichprobenbildung → vgl. Kap. 2.5. Beim Experiment liegen *zufällige Fehler* vor, wenn sie die Messung nicht in eine bestimmte Richtung systematisch beeinflussen, während *systematische Fehler* genau dies tun. Letztlich sind systematische Fehler immer eine Konfundierung von Störvariablen und Treatment. Als Beispiel hatten wir in → Kap. 2.2.1 die Einteilung der Studierenden einer Vorlesung in eine Experimentalgruppe in den vorderen und eine Kontrollgruppe in den hinteren Sitzreihen vorgestellt. Da sich die Teilnehmer vorne und hinten nicht nur im Treatment, sondern in weiteren Merkmalen (z. B. Pünktlichkeit, Aufmerksamkeit) unterscheiden dürften, werden wir uns mit dieser Einteilung der Probanden wahrscheinlich einen systematischen Fehler einhandeln. Wenn wir für alle Probanden eine Gruppensitzung realisieren und die Durchführung des Experiments durch Baulärm gestört wird, dann betrifft das alle Gruppen gleichermaßen. Da der Einfluss des Baulärms konstant gehalten wird, handelt es sich um einen zufälligen Fehler.

interne und externe
Fehler

Negative Auswirkungen auf die interne Validität heißen interne Fehler. Ist die externe Validität betroffen, sprechen wir von externen Fehlern. Die Unterscheidung geht auf Campbell/Stanley (1963) zurück. Zu den *internen Fehlern* gehören unter anderem folgende Validitätseinbußen (vgl. im Folgenden Schnell et al. 1999: 207ff.):

- *Zeitliche Effekte* (engl.: history): Bei einem Experiment zum Einfluss dramatisierender Nachrichtenbilder auf das Angstempfinden der Rezipienten kann sich zwischen Vorher- und Nachher-Messung des Angstempfindens ein Flugzeugabsturz ereignen, der das Messen der Wirkung des dramatisierenden Nachrichtenbilds, also des Treatments, verfälscht.
- *Reifungsprozesse* (engl.: maturation, decay): Auch die Probanden können sich verändern. Ist ein Proband stark erkältet, kann ein Fieberschub die physiologische Messung verfälschen. Oder ein Proband langweilt sich und sein Blick wandert ziellos über die Werbeanzeige (Treatment), so dass unser Blickregistrierungsgerät nicht mehr das misst, was es messen soll.
- *Effekte des Messens und des Messinstruments* (engl.: testing, instrumentation): Ein Beispiel hierfür sind die bereits erwähnten Einflüsse der Vorher- auf die Nachher-Messung. Ein anderes Beispiel ist das Verrutschen des Blickregistrierungsgeräts, das dann neu zu justieren ist. Darüber hinaus gehören dazu die Versuchsleitereffekte, auf die wir gleich ausführlicher eingehen.

Zu den *externen Fehlern* gehören unter anderem zwei Beeinträchtigungen für die Generalisierbarkeit der experimentellen Befunde, die man auch unter dem Begriff der Reaktivität zusammenfassen kann (vgl. im Folgenden Brosius et al. 2008: 221):

- *Zwangscharakter* (engl.: forced exposure): Menschen müssen als Probanden der Experimentalgruppe z. B. einen Gewaltfilm anschauen und physiologische Messungen über sich ergehen lassen, selbst wenn sie lieber zur Kontrollgruppe gehören würden. Um Missverständnissen vorzubeugen: Niemand kann zu einem Experiment gezwungen werden. Und selbst das laufende Experiment darf natürlich jeder Proband abbrechen.
- *Aufforderungscharakter* (engl.: demand characteristics): Logischerweise wird den Probanden die Versuchsanordnung vorab nicht erklärt. Das kann aber dazu führen, dass sie darüber nachdenken, um was es eigentlich bei dem geht, was der Versuchsleiter z. B. als „Studie zu Fernsehnachrichten" vorgestellt hat. Oder sie wollen den vermeintlichen Erwartungen des Versuchsleiters an sie gerecht werden und verhalten sich daher ganz anders als sie es sonst tun würden. Laut Ulf-Dietrich Reips (2002: 245) ist der geringere Aufforderungscharakter einer der Vorteile des Web- bzw. Onlineexperiments.

Definition

Beeinträchtigungen der internen Validität heißen *interne Fehler*.
Ist die externe Validität betroffen, geht es um *externe Fehler*.

Wie erwähnt, sind *Versuchsleitereffekte* eine Beeinträchtigung der internen Validität. Der Begriff wurde von Robert Rosenthal geprägt, der mit Mitarbeitern verschiedene Experimente durchführte, um den *Pygmalion-* bzw. *Rosenthal-Effekt* nachzuweisen. Eine gelungene Zusammenfassung bietet Diekmann (2003: 517ff.). Robert Rosenthal und Leonore Jacobson (1966) untersuchten z. B. den Einfluss der Erwartungen von Lehrern auf die Messergebnisse bei einem IQ-Test unter Schülern. Im Zuge dieser Forschungen wurde der *Doppelblind-Versuch* vorgeschlagen: Um Erwartungseffekte der Versuchsleiter zu vermeiden, sollten weder die Probanden noch die Versuchsleiter wissen, welcher Experimentalbedingung sie als Proband bzw. Versuchsleiter zugewiesen sind. Beide sollten also „blind" sein.

Versuchsleitereffekte

Pygmalion- bzw. Rosenthal-Effekt im „Rattenexperiment"

Robert Rosenthal und Kermit L. Fode (1963) prüften den Effekt in ihrem berühmten „Rattenexperiment": Den Probanden, die davon nichts wussten, wurde gesagt, sie seien die Versuchsleiter bei einem Lernexperiment mit Ratten. Ihre Aufgabe war, die Zeit zu messen, die die Ratten für die erfolgreiche Futtersuche brauchen. Den einen „Versuchsleitern" wurde gesagt, sie würden „kluge" Ratten testen. Die anderen „Versuchsleiter" betreuten angeblich „dumme" Ratten. Tatsächlich schien die jeweils andere Instruktion unterschiedliche Erwartungen bei den „Versuchsleitern" auszulösen, die dazu führte, dass die Dauer der Futtersuche unterschiedlich lang war – obwohl die Ratten aus einem Wurf stammten.

Der Versuchsleiter kann die Messung nicht nur aufgrund seiner eigenen Erwartungen, sondern auch z. B. aufgrund von Dialektfärbung, Geschlecht, Aussehen usw. beeinflussen. Davon lassen sich die Probanden teilweise beeinflussen. Gerade wenn Versuchsleiter viele Einzelsitzungen betreuen, sind aber z. B. auch Gewöhnungseffekte wahrscheinlich. Versuchsleitereffekte müssen jedoch keinen systematischen Fehler darstellen. Wenn wir bei der Abfolge der Einzelversuche die Experimentalbedingungen systematisch rotieren, betreffen die Gewöhnungseffekte alle Versuchsgruppen gleichermaßen und sind damit konstant gehalten. Man kann sich aber auch mit Standardisierung behelfen, etwa indem jeder Versuchsleiter den gleichen Instruktionstext lernen muss.

Ethische und rechtliche Implikationen

Abschließend diskutieren wir ethische und rechtliche Implikationen bei der Planung und Durchführung von Experimenten:

- *Nachträgliche Aufklärung* (engl.: debriefing): Üblicherweise werden Probanden über den wirklichen Zweck des Experiments, also über Design und Treatment, zunächst einmal im Unklaren gelassen. Als Versuchsleiter müssen wir dennoch irgendetwas sagen, also eine Instruktion geben. Diese sollte nicht völlig unglaubwürdig sein. Wir wollen nicht lügen, aber auch nicht zu viel verraten. Die wissenschaftliche Ethik gebietet, dass wir die Probanden nach der Durchführung über das Experiment aufklären. Dabei ist es hilfreich, vorab einen für alle Menschen leicht verständlichen Text zu formulieren, der das Wichtigste auf den Punkt bringt. Bei Einzelsitzungen kann man Probanden, die schon teilgenommen haben, nicht gleich danach aufklären, weil sich

sonst der Zweck des Experiments unter potenziellen Probanden her-
umspricht. Die Probanden sollten dann nach Abschluss aller Einzelsitzungen z. B. per E-Mail aufgeklärt werden.

- *Ethische Bedenken*: Wer ein Experiment plant, sollte sich vorab Gedanken über die ethischen Implikationen machen. Bei einigen Fällen ver-
  bieten sich Laborexperimente von selbst – etwa beim Werther-Effekt
  → vgl. Kap. 3.3.2. Und auch die bereits erwähnten Gewaltexperimente
  zur sozialen Lerntheorie (z. B. Bandura et al. 1963) mit Kindern als
  Probanden wären in dieser Form heute sicher nicht mehr denkbar.
  Denn gerade bei Kindern können wir beispielsweise psychische Schä-
  den durch Gewaltinhalte nicht ausschließen. Aber auch bei Jugendlichen sollten wir höchstens Sequenzen aus Filmen verwenden, die von
  der Freiwilligen Selbstkontrolle (FSK) für die betreffende Altersgruppe
  freigegeben sind.

- *Rechtliche Absicherung:* Sind die Probanden nicht volljährig, brauchen
  wir ohnehin die schriftliche Zustimmung aller Erziehungsberechtig-
  ten. Wenn wir das Experiment z. B. im schulischen Kontext durchführen, benötigen wir zusätzlich die schriftliche Zustimmung der zustän-
  digen Schulleitung sowie der Schulbehörde. Die Erziehungsberechtig-
  ten, die Schulleitung und Schulbehörde sind vor der Durchführung
  über den Zweck des Experiments aufzuklären und können das Design, das Treatmentmaterial und das Untersuchungsinstrument (z. B.
  Fragebogen) einsehen. Diese Schritte sollte man nicht als „unnöti-
  gen Aufwand" empfinden, sondern als Schutz vor etwaigen ethischen,
  aber auch rechtlichen Fallstricken.

Aufgabe 3.1
Welche drei Bedingungen müssen bei nicht experimentellen Untersuchungsanlagen erfüllt sein, um von Kausalität sprechen zu können?

Aufgabe 3.2
Nach welchen drei grundsätzlichen Dimensionen lassen sich Untersuchungsanlagen unterscheiden?

Aufgabe 3.3
Welche der folgenden Aussagen ist/sind richtig?

a) Mit einem 2×2-Design wird der Einfluss von zwei experimentellen Faktoren, beim 3×3-Design der Einfluss von drei experimentellen Faktoren auf eine oder mehrere abhängige Variablen untersucht.

b) Sowohl das Panel- als auch das Trenddesign erlauben Aussagen über Veränderungen.

c) Mit Experimenten lassen sich langfristige Medienwirkungen nachweisen.

Methoden der Datenerhebung | 4

Das Kapitel behandelt die drei zentralen Verfahren, um empirische Daten zu erheben, nämlich die Methoden der Befragung, der Inhaltsanalyse und der Beobachtung. In allen drei Fällen legen wir zwar den Schwerpunkt auf quantitative Vorgehensweisen, also auf die standardisierte Erhebung, besprechen aber auch qualitative Varianten, also die weniger bis kaum standardisierte Erhebung.

Einführung | 4.1

Aufgrund seiner breiten Ausrichtung kann dieses Lehrbuch bei den Methoden nicht derart in die Tiefe gehen, wie es andere Einführungen leisten mögen, die sich jedoch umgekehrt auf experimentelle Designs konzentrieren und Auswertungsverfahren komplett aussparen. In der Kommunikationswissenschaft gibt es mittlerweile gute Monografien zur Befragung (z.B. Scholl 2003, Möhring/Schlütz 2003), zur Inhaltsanalyse (z.B. Früh 1998; Rössler 2005) und zur Beobachtung (Gehrau 2002). Diese empfehlen wir ausdrücklich zur Vertiefung. Denn sie bieten neben der Grundlegung der Methode auch praktische Hinweise und Beispiele aus der Kommunikationsforschung. Unser Schwerpunkt liegt auf quantita-

grundsätzliche Hinweise

tiven Methoden, wir werden aber für jede Methode auch ausgewählte qualitative Varianten vorstellen (vgl. dazu auch Lamnek 1995b; Mikos/Wegener 2005).

Methoden   Welche Einheiten wir aus der Grundgesamtheit ziehen und in unser Sample aufnehmen → vgl. Kap. 2, ist nicht komplett unabhängig von der gewählten *Methode*. Die Entscheidungen über das *Stichprobenverfahren* und über die Methode sind teilweise miteinander verknüpft. Wenn wir z. B. die Politikberichterstattung von Zeitungen untersuchen, werden wir aus pragmatischen Gründen selten eine Zufallsstichprobe aus allen Zeitungen in Deutschland ziehen, sondern bewusst die überregionalen Qualitätszeitungen analysieren. Bei einer Telefonumfrage können wir dagegen leichter eine Zufallsstichprobe realisieren. Gleichwohl sind bei jeder Methode alle Stichprobenverfahren denkbar. Analoges gilt für *Untersuchungsanlagen*: Wenn wir uns z. B. für ein Experiment entscheiden, müssen wir die Probanden nicht befragen, sondern können sie – auch mit physiologischen Messungen – beobachten.

Als *Methoden* hatten wir alle Verfahren zur Erhebung empirischer Daten bezeichnet → vgl. Kap. 1.3. Kromrey (2002: 309) fasst den Begriff weiter und rechnet dazu auch die dimensionale und semantische Analyse → vgl. Kap. 1.4.1 sowie alle Verfahren zur Auswertung empirischer Daten → vgl. Kap. 5. Wir legen einen engen Begriff an und sprechen – noch genauer – von einer Methode nur bei einem Verfahren zur *primären*, also eigenständigen Erhebung empirischer Daten. Eine wie auch immer geartete Sekundäranalyse ist keine Methode – zumal Sekundäranalysen in der Regel statistische Auswertungsverfahren einsetzen.

Definition

Eine *Methode* ist ein Verfahren zur primären Erhebung empirischer Daten. Das dabei jeweils eingesetzte *Instrument* umfasst alle Regeln zur konkreten Durchführung.

einheitliches Betrachtungsraster für Methoden   Im Folgenden besprechen wir die Befragung, die Inhaltsanalyse und die Beobachtung. Wir beginnen mit der Befragung, weil sie für den Laien vermutlich am eingängigsten ist. Im Vergleich dazu lassen sich die Beobachtung und vor allem die Inhaltsanalyse leichter verstehen. Alle drei Methoden werden nach einem weitgehend *einheitlichen Raster* vorgestellt, das vier Bereiche abhandelt:

• Grundlagen der Methode,
• Varianten der Methode,

- Untersuchungsinstrument und
- spezifische Probleme der Methode.

Eine Synopse zentraler Unterscheidungsmerkmale zwischen Befragung, Inhaltsanalyse und Beobachtung bietet → Abb. 4.1.

	Befragung	Inhaltsanalyse	Beobachtung
Instrument	Fragebogen bzw. Leitfaden	Codebuch bzw. Codierleitfaden	Beobachtungs-schema
Merkmalsträger	Befragungseinheiten (meist Personen)	Analyseeinheiten (z. B. Zeitungsartikel, Argumente)	Beobachtungseinheiten (z. B. Personen, Haushalte)
Merkmal	Frage (z. B. TV-Nutzung des Befragten)	Kategorie (z. B. Hauptthema des Artikels)	Kategorie (z. B. journalistische Handlung)
Erhebungsform	Interview	Codierung	Protokollierung

| Abb. 4.1

Synopse von Befragung, Inhaltsanalyse und Beobachtung (modifiziert nach Brosius et al. 2008: 183)

Befragung | 4.2

Grundlagen der Befragung | 4.2.1

Definition

Im Alltagsverständnis gilt das Gespräch eines Journalisten mit einem Politiker als Interview. Und wenn sich der Arzt nach unserem Wohlbefinden erkundigt, stellt er natürlich Fragen. Im sozial- bzw. kommunikationswissenschaftlichen Sinne ist die *Befragung* dagegen eine Methode, bei der *viele* Menschen *systematisch*, also nach vorab festgelegten Regeln, zu *sozial- bzw. kommunikationswissenschaftlich relevanten Merkmalen* – etwa zu ihrer Mediennutzung – befragt werden und über diese Merkmale dann selbst Auskunft geben. Dabei fungieren die vom Interviewer gestellten Fragen als Stimulus, um verbale Reaktionen auszulösen, also Antworten zu erhalten. „Die Befragung ist also eine Art Aufforderung zur Selbstbeschreibung des Befragten" (Scholl 2003: 24).

Definition

Die *Befragung* ist eine Methode, bei der Menschen systematisch, nach festgelegten Regeln zu relevanten Merkmalen befragt werden und über diese Merkmale selbst Auskunft geben.

zentrale Begriffe

Die *Merkmalsträger* heißen *Befragte* oder auch *Interviewte*. Jene Personen, die im Auftrag des Forschers oder eines Meinungsforschungsinstituts die Fragen stellen, heißen *Interviewer*. Das Durchführen der Befragung bei einer Person wird in der Regel als *Interview* bezeichnet – obschon der Begriff im engeren Sinn auch für die persönlich-mündliche Befragung von Angesicht zu Angesicht (engl.: face-to-face) verwendet wird. Die Durchführung vieler Interviews wird auch *Umfrage* genannt. Das Instrument, mit dem wir die Befragung bzw. das Interview durchführen, heißt *Fragebogen* und bei qualitativen Befragungen auch *Leitfaden*.

Die relevanten *Merkmale* der Befragten werden im einfachsten Fall durch eine Frage im Fragebogen abgedeckt. Wenn wir z. B. die Fernsehnutzung ermitteln wollen, stellen wir eine Frage zur durchschnittlichen Sehdauer pro Tag. Die von einem Befragten angegebene Sehdauer (z. B. 145 Minuten) ist die Ausprägung des Merkmals bei diesem Befragten – laut dessen Selbstauskunft. Im einfachsten Fall entsprechen die Antwortvorgaben auf eine geschlossene Frage bzw. die von den Befragten bei der offenen Frage gegebenen Antworten → vgl. Kap 4.2.3 den denkbaren Merkmalsausprägungen. Teilweise ist es notwendig, ein Konstrukt mit mehreren *Indikatorfragen* zu erfassen, die dann später etwa zu einem Index → vgl. Kap 1.5.3 zusammengefasst werden.

Befragungssituation

„Das Gespräch ist kein Gespräch"

Elisabeth Noelle-Neumann und Thomas Petersen (2000: 60) schreiben zutreffend: *„Das Gespräch ist kein Gespräch"*. Die *Befragungssituation* ist also keine Gesprächssituation wie z. B. ein Telefonat zwischen Bekannten oder der Kaffeeplausch unter Kollegen. Die Befragten sind keine Gesprächspartner, sondern Merkmalsträger, die selbst über ihre Merkmale Auskunft geben. Voraussetzung dafür ist laut Diekmann (2003: 377), dass die Befragten dem Interview zustimmen, dass sie aufrichtig sind, also ehrlich antworten und dass Interviewer und Befragte eine „gemeinsame Sprache" finden. Entsprechend definieren Wiebke Möhring und Daniela Schlütz (2003: 14) die standardisierte Befragung auch als „besondere Form der geplanten Kommunikation, die auf einem Fragebogen basiert".

künstliche Situation

Das Interview stellt aus mindestens drei Gründen eine *künstliche Situation* dar (vgl. im Folgenden Kromrey 2002: 351ff.):

- *Fremde*: Interviewer und Befragte sind Fremde füreinander. Beide lassen sich für das Interview auf bestimmte Rollen ein – nämlich die des Interviewers und des Interviewten.
- *Asymmetrie*: Gesprächsführung und Themen eines Interviews sind nicht vergleichbar etwa mit einem persönlichen Gespräch unter Freunden. Der Befragte ist auch kein wirklicher Gesprächspartner, sondern eine Art sprechender Merkmalsträger.

• *Folgenlosigkeit*: Dass jedes Interview anonym sein muss, bedeutet nicht, dass sich die Interviewpartner nicht sehen dürfen, sondern nur, dass die Antworten des Befragten später nicht auf ihn zurückzuführen sein dürfen. Wir wissen dann, welche Antworten etwa eine 48-Jährige mit Hauptschulabschluss gegeben hat, nicht aber, um wen es sich konkret handelt. Im Gegensatz zum normalen Gespräch können die Befragten alles frei äußern. Dass bzw. warum sie das nicht immer tun, wird uns noch beschäftigen.

Ausgewählte Anwendungsbeispiele

Befragungen finden wir in allen Forschungsfeldern der Kommunikationswissenschaft und allen Bereichen der angewandten Kommunikationsforschung. In der *Nutzungsforschung* ermitteln wir im Rahmen des Uses-and-Gratifications-Ansatzes (z. B. Katz et al. 1974) mit einer Befragung, aus welchen Gründen Menschen bestimmte Medienangebote nutzen. In der *Rezeptionsforschung* sollen die Befragten angeben, auf welche Weise sie z. B. Krankenhausserien rezipieren (z. B. Scherer et al. 2005). In der *Journalismusforschung* ermitteln wir mit Befragungen unter anderem, wie Journalisten ihren Beruf auffassen (z. B. Weischenberg et al. 2006). In der *Wahlforschung* werden Menschen etwa zu ihren Vorstellungen und Einstellungen zu Parteien und Kandidaten befragt (z. B. Kepplinger et al. 1994). Und in der *angewandten Markt- und Meinungsforschung* werden Befragungen eingesetzt, um neben Mediennutzung auch Freizeitaktivitäten, Lebensstile oder Kaufverhalten zu ermitteln und damit Zielgruppenanalysen zu realisieren (vgl. z. B. Haas 2007). Eine ausführliche Diskussion weiterer kommunikationswissenschaftlicher Beispiele bietet Armin Scholl (2003: 233ff.).

Beispiel

Befragung zur Informationsdiffusion des 11. September 2001

Martin Emmer, Christoph Kuhlmann, Gerhard Vowe und Jens Wolling (2002) haben eine Telefonumfrage unter 1.460 Personen durchgeführt, die repräsentativ für die Deutsch sprechende Bevölkerung in Deutschland ab 16 Jahre sind. Die Autoren haben diese Menschen danach gefragt, wann und aus welchen Medien sie von den Anschlägen am 11. September 2001 erfuhren, wo sie nach weiteren Informationen suchten und an wen sie wann Informationen weitergaben.

4.2.2 | Varianten der Befragung

Die Varianten der Befragung kann man unterschiedlich klassifizieren (vgl. im Folgenden auch z. B. Scholl 2003; Möhring/Schlütz 2003). Relevant sind aus unserer Sicht vor allem drei Klassifizierungen:

- nach dem Standardisierungsgrad,
- nach der Anzahl der Befragten und
- nach dem Befragungsverfahren bzw. –modus.

Standardisierungsgrad

Neben den bereits diskutierten methodologischen Differenzen → vgl. Kap. 1.2.3 lässt sich der Unterschied zwischen quantitativen und qualitativen Befragungen vor allem am *Standardisierungsgrad* festmachen (vgl. im Folgenden Bortz/Döring 1995: 216ff.; 283ff.; Scholl 2003: 59ff.). Das hat nicht zwingend mit der Unterscheidung in geschlossene und offene Fragen → vgl. Kap. 4.2.3 zu tun:

- *Vollstandardisierte Befragung*: Hier ist der komplette Fragebogen durchstrukturiert, d. h. die Fragen und ihre Abfolge im Fragebogen, aber auch sämtliche andere Regeln für die Durchführung (z. B. Anweisungen für Interviewer) sind vorgegeben und strikt einzuhalten. In der Regel werden für die meisten Fragen auch die Antwortmöglichkeiten vorgegeben, d. h. es handelt sich dann um geschlossene Fragen. Das schließt offene Fragen bei der vollstandardisierten Befragung aber keineswegs aus, sie dominieren nur meist nicht den Fragebogen.
- *Weniger standardisierte Befragung*: Hier wird das Interview entweder halb standardisiert mit einem Leitfaden durchgeführt oder wie beim narrativen Interview kaum standardisiert, was dem Interview den Charakter eines Gesprächs verleiht. Der Interviewer nimmt sich mehr oder minder zurück, und die Themen bzw. der Gesprächsverlauf können mehr oder weniger stark von den Befragten beeinflusst werden. Damit wird das Postulat der Offenheit eingelöst, das im qualitativen „Paradigma" verlangt wird. Geschlossene Fragen sind eher selten.

Vorkenntnisse und Stichprobengröße

Die Entscheidung über den *Standardisierungsgrad* hängt von zwei weiteren Argumenten ab – den Vorkenntnissen und der angestrebten Stichprobengröße. Vollstandardisierte Interviews eignen sich für Themen, über die wir schon viel wissen. Zudem erlauben sie, ein großes Sample an Menschen zu befragen. Ein geringes Maß an Standardisierung bietet sich an, wenn wir wenig Vorwissen haben. Ein solches exploratives Vorgehen ist z. B. sinnvoll, wenn wir die Motive für die Nutzung bestimmter Onlineangebote nicht kennen und mit den bekannten Motiven für die Nutzung „klassischer" Medien nicht weiterkommen. Geringe Standardisierung be-

deutet aber auch, dass wir nur ein begrenztes Sample an Menschen befragen können.

Da wir uns nachfolgend auf die vollstandardisierte, d. h. *quantitative
Befragung* konzentrieren werden, stellen wir an dieser Stelle einige ausgewählte Varianten der halb bzw. nicht standardisierten Befragung, also der *qualitativen Befragung* genauer vor. Für eine ausführliche Diskussion verweisen wir auf Siegfried Lamnek (1995b: 35ff.). Einen kompak-
ten Überblick bieten auch Bortz/Döring (1995: 283ff.). In der Regel arbeiten qualitative Forscher mit mündlich-persönlichen Interviews. Die
Gespräche werden auf Tonband aufgezeichnet und anschließend *tran-
skribiert*, also verschriftlicht. Beim Archivieren dieser Tonbandaufzeich-
nungen sind übrigens entsprechende Datenschutzbestimmungen zu beachten.

ausgewählte Varianten wenig standardisierter Interviews

- *Leitfadeninterview*: Diese Form der Befragung setzt ein teilstandardisier-
  tes Instrument ein – den *Leitfaden*. Er enthält die zentralen Themen
  bzw. Hauptfragen sowie weiterführende Detailfragen. Im Interview
  sollten möglichst alle Themen abgehandelt werden. Die Reihenfolge
  ist aber offen und richtet sich nach dem Gesprächsverlauf. Der Interviewer überlässt es darüber hinaus den Befragten, bei welchen Aspekten man ins Detail geht. Mit Leitfadeninterviews können wir gut Sub-
  kulturen oder soziale Problemgruppen befragen. Allerdings ist das nur
  für ein begrenztes Sample möglich. Denn nicht nur die Durchführung der Leitfadeninterviews beansprucht Zeit, sondern auch deren
  Transkription und Auswertung (vgl. Scholl 2003: 66ff.). Ein Beispiel für
  die Anwendung von Leitfadeninterviews bietet die qualitative Studie
  von Claudia Wegener (2008: 87ff.), in der die Rolle von Stars im Alltag
  Jugendlicher untersucht wurde.
- *Tagebuchbefragung* (engl.: diary method): Diese Technik wird oft Tage-
  buchmethode genannt, was ein etwas unglücklicher Begriff ist, da es
  sich um keine eigenständige Methode handelt. Das Tagebuch ist vielmehr ein eigenständiges Instrument oder der schriftliche Teil einer
  mündlichen Befragung. Die Tagebuchbefragung kann prinzipiell auch
  vollstandardisiert sein, ist aber meist teilstandardisiert: Die Befragten erhalten ein Tagebuch, das den Tagesablauf z. B. in 30-Minuten-
  Schritte unterteilt – das ist der standardisierte Aspekt. Die Befragten
  sollen dann an bestimmten Tagen für jede halbe Stunde alle Aktivitäten, darunter z. B. auch ihr Mediennutzungsverhalten, im Tagebuch
  notieren – das ist der nicht standardisierte Aspekt. Michael Jäckel und
  Sabine Wollscheid (2004: 358ff.) haben z. B. die vom Statistischen Bun-
  desamt mittels Tagebuch erhobenen Aktivitäten von Menschen sekundäranalytisch untersucht.

- *Lautes Denken* (engl.: think aloud technique): Hier sollen die Befragten laut denken, während sie z. B. fernsehen, also alles äußern, was ihnen während der Fernsehrezeption durch den Kopf geht. Für die Rezeptionsforschung ist diese Technik interessant, weil sie sich dem Rezeptionsprozess eher nähert als eine Befragung danach. Helena Bilandzic und Bettina Trapp (2000) haben das Verfahren eingesetzt, um die Gründe zu ermitteln, warum Jugendliche das TV-Programm umschalten. In der Regel müssen wir aber immer wieder nachhaken, wenn die Befragten das laute Denken „vergessen". Zudem ist das Verfahren recht reaktiv, etwa weil sich die Befragten mit der Verbalisierung erst ihrer Gedanken gewahr werden und sich durch das Sprechen der Gedankenfluss verlangsamt (vgl. Scholl 2003: 132ff.).
- *Narratives Interview*: Hier nimmt sich der Interviewer sehr stark zurück und lässt den Befragten etwa über persönliche Erlebnisse erzählen. Der Interviewte soll zunächst völlig frei erzählen (Stehgreiferzählung). Anschließend ermuntert der Interviewer ihn durch Nachfragen, weitere Informationen oder Hintergründe zu berichten. Am Ende wird bilanziert, indem der Befragte eigene Schlussfolgerungen ziehen soll. Man kann zwar eine gewisse „narrative Kompetenz" erwarten, aber der Interviewer muss bei Ungereimtheiten nachfragen. (vgl. Lamnek 1995b: 70ff.) Der Zeitaufwand ist zudem weit höher als beim Leitfadengespräch, weil narrative Interviews länger dauern und die Auswertung nicht durch einen Leitfaden „vorstrukturiert" wird.

Anzahl der Befragten

Darüber hinaus können wir zwischen Einzel- und Gruppeninterview unterscheiden (vgl. im Folgenden z. B. Bortz/Döring 1995: 221ff.):

- *Einzelinterview*: Hierzu gehören etwa das narrative Interview und das Leitfadengespräch, aber auch jedes standardisierte Telefoninterview oder das Interview von Angesicht zu Angesicht. Nicht jedes Einzelinterview ist jedoch de facto ein solches. Wenn wir z. B. Fragebögen postalisch verschicken, haben wir keine Kontrolle darüber, ob die Zielperson den Fragebogen tatsächlich allein oder gemeinsam mit dem Ehepartner ausfüllt.
- *Gruppeninterview*: Hier interviewen wir eine Gruppe, etwa indem wir eine ganze Schulklasse schriftlich befragen und jeder Schüler den gleichen Fragebogen zum Ausfüllen erhält. Wenn wir bei einem Experiment die abhängigen Variablen mittels Befragung erheben und uns für Gruppensitzungen entscheiden → Kap. 3.3.3, führen wir ebenfalls Gruppeninterviews durch.

Eine Sonderform des Gruppeninterviews ist die in der Kleingruppen-
forschung entwickelte *Gruppendiskussion* (engl.: focus groups). Sie wird
auch als Variante der qualitativen Befragung diskutiert (vgl. Bortz/Döring
1995: 294f.), ist aber sinnvoller an dieser Stelle einzuordnen. Bei der Gruppendiskussion gibt es einen Moderator, der die Mitglieder einer natürlichen bzw. künstlichen und homogenen bzw. heterogenen Gruppe mit
rund fünf bis zehn Teilnehmern zu einer Diskussion über ein bestimmtes
Thema anregt (vgl. z. B. Lamnek 1995b: 125ff.). Dabei „wirkt sich die Grup-
pensituation und Gruppendynamik strukturierend auf den Gesprächsverlauf aus" (Scholl 2003: 59). So werden in der Gruppendynamik z. B.
auch abweichende Meinungen zutage gefördert, an die man als Forscher
möglicherweise gar nicht gedacht hat. Das Verfahren ist in der angewandten Markt- und Medienforschung recht beliebt. Allerdings sind die
damit gewonnenen Ergebnisse kritisch zu sehen. Denn sie stützen sich
auf nur wenige Menschen, die selbst bei einer sorgfältigen Stichprobenziehung nur typisierende Aussagen, ganz sicher aber keine Erkenntnisse
z. B. über Marktpotenziale erlauben. Zudem kann es durch die Gruppendynamik zahlreiche Verzerrungen geben, etwa weil sich manche Teilnehmer in den Vordergrund spielen und andere daher schweigen (vgl. Brosius et al. 2008: 116).

Gruppendiskussion
als Sonderform des
Gruppeninterviews

Befragungsverfahren bzw. Befragungsmodi

Schließlich kann man zwischen *mündlicher* und *schriftlicher* Befragung unterscheiden (vgl. im Folgenden z. B. Scholl 2003: Möhring/Schlütz 2003:
129ff.). Wenn wir dabei weiter differenzieren, erhalten wir fünf Befragungsverfahren bzw. *Befragungsmodi*:

- *Mündlich-persönliche Befragung*: Hier werden wir bei den Befragten persönlich z. B. in deren Wohnung vorstellig und befragen sie von Angesicht zu Angesicht.
- *Mündlich-telefonische Befragung*: Hier rufen wir die Befragten an und interviewen sie fernmündlich.
- *Schriftlich-postalische Befragung*: Hier versenden wir per Post einen Fragebogen, den die Befragten selbst ausfüllen und danach mit einem von
  uns frankierten Rückumschlag zurücksenden.
- *Schriftliche Befragung per Austeilen*: Hier teilen wir die Fragebögen in
  einer Gruppe (z. B. im Klassenzimmer) aus und sammeln die ausgefüll-
  ten Fragebögen später wieder ein. Das bietet sich vor allem bei Gruppensitzungen im Experiment an.
- *Onlinebefragung*: Hier versenden wir z. B. den Fragebogen als Anhang
  oder den Link auf den Fragebogen per E-Mail. Die Befragten füllen den
  Fragebogen dann in der Datei oder per Mausklick aus oder tippen Ant-

worten auf offene Frage direkt ein. Die Onlinebefragung kann man als Variante der schriftlichen Befragung sehen, die zudem multimediale Möglichkeiten eröffnet.

Merksatz

Befragungen lassen sich erstens nach dem *Standardisierungsgrad* in voll- und wenig standardisierte Varianten klassifizieren. Zweitens ist nach der *Anzahl der Befragten* zwischen Einzel- und Gruppeninterviews zu unterscheiden. Drittens kann man nach dem *Befragungsverfahren bzw. -modus* mündlich-persönliche und mündlich-telefonische Interviews sowie schriftlich-postalische Befragungen, schriftliche Befragungen per Austeilen und Onlinebefragungen unterscheiden.

Was aber sind die Vorzüge und Probleme dieser Befragungsmodi? (Vgl. im Folgenden auch Scholl 2003: 31ff; Brosius et al. 2008: 116ff.) Wir diskutieren die *Vor- und Nachteile mündlicher und schriftlicher Befragungen* jeweils entlang folgender Aspekte:

- Sampling,
- Kosten und Zeit,
- Fragebogen und
- Fehlerquellen.

Vor- und Nachteile mündlicher Befragungen

Sampling   Im Vergleich zu anderen Befragungsmodi lassen sich beim mündlich-persönlichen Interview alle *Stichprobenverfahren* einsetzen. Die bereits erwähnte Allensbacher Markt- und Werbeträgeranalyse (AWA) arbeitet mit mündlich-persönlichen Interviews und wählt die Befragten z.B. nach dem Quotenverfahren aus. Andere Institute setzen dagegen auf das ADM-Mastersample → vgl. Kap. 2.3 und Kap. 2.4. Darüber hinaus ist die Ausschöpfungsquote bei mündlich-persönlichen Befragungen im Vergleich zu schriftlichen und telefonischen Befragungen am höchsten (vgl. Brosius et al. 2008: 117). Das ist jedoch teilweise zu relativieren. Sicher wird der Befragte schneller den Telefonhörer auflegen als den Interviewer aus der Wohnung werfen. Aber gerade bei einem Quotenverfahren sind einige Hürden zu nehmen, bis man es in die Wohnung des Befragten geschafft hat. Zudem ist die Ausschöpfungsquote auch bei der schriftlichen Befragung per Austeilen recht hoch. Auf die spezifischen Probleme bei Stichproben für Telefonumfragen (z.B. Firmenanschlüsse, Nichterreichbarkeit) sind wir schon bei der Stichprobenbildung → vgl. Kap. 2 eingegangen. Die Ausschöpfungsquote bei telefonischen Interviews hängt auch davon ab, wie schwierig oder heikel die Fragen sind. Was den Befragten unangenehm ist oder was sie nicht verstehen, beantworten sie nicht und legen auf. Gleichwohl ist die durch die Befragten wahrgenommene Anonymität beim Telefoninterview sicher höher als beim Face-to-Face-Interview.

Telefonische Umfragen sind in vergleichsweise geringer *Zeit* zu realisieren. Die geringen *Kosten* für das Telefonieren sind ein weiterer Grund dafür, dass Telefoninterviews heute in der angewandten Kommunikationsforschung wohl dominieren. Etliche Erleichterungen für telefonische wie persönliche Interviews bringt auch die Computerunterstützung mit sich. Wir sprechen dann von *Computer Assisted Telephone/Personal Interview (CATI bzw. CAPI).* Hier vermeiden wir z. B. die ansonsten bei der Übertragung der Antworten vom Fragebogen in den Computer auftretenden Fehler. Zudem können wir die Reihenfolge von Antwortmöglichkeiten am Computer problemlos rotieren. Bei der Telefonumfrage können auch die Stichproben computergestützt gezogen werden. In der angewandten Kommunikationsforschung – etwa bei Evaluationen der Messeauftritte von Firmen – wird heute oft auch schon der *Personal Digital Assistent (PDA)* eingesetzt. Wenn die Befragten selbst den Fragebogen am PC oder PDA ausfüllen, spricht man von einem *Computerized Self-Administrated Questionnaire (CSAQ).* Der Computereinsatz spart Personalkosten, erhöht aber den Einfluss jener Fehler, die dann die wenigen Interviewer machen. Bei der persönlichen Befragung ist dagegen der zeitliche und vor allem personelle Aufwand hoch. Umfrageinstitute haben dafür aber einen festen Interviewerstab oder nutzen den im ADM-Mastersample gegebenen Verbund → vgl. Kap. 2.4.

Kosten und Zeit

Im Hinblick auf den *Fragebogen* und die dabei eingesetzten *Fragen* → vgl. ausführlich Kap. 4.2.3 hat die Telefonbefragung etliche Nachteile gegenüber Face-to-Face-Interviews: Erstens darf der Fragebogen nicht zu lang sein, da die Befragten sonst auflegen. Zweitens scheiden Fragen mit Visualisierung (z. B. Bildblatt-Fragen, Kartenspiel) von vornherein aus. Hier hat die persönliche Befragung klare Vorteile. Allerdings ist sie der Onlinebefragung dahingehend nicht mehr überlegen. Denn mittlerweile lassen sich viele Fragetypen mit Visualisierung schon online umsetzen. Drittens müssen die Fragen beim Telefoninterview möglichst einfach gehalten werden. Wenn wir z. B. eine Liste mit Nutzungsmotiven vorgeben und die Befragten bitten, für jedes Motiv anhand einer Fünf-Punkte-Skala zu antworten, müssen wir die Skala möglichst für jedes Motiv vorlesen.

Fragebogen

Bei mündlichen Befragungen sind vor allem die Interviewer eine *Fehlerquelle.* So kann es gefälschte Interviews geben, d. h. die Interviewer haben Fragebögen komplett oder teilweise selbst ausgefüllt. Solche Interviewer lassen sich aber mit „Fälscherfallen" relativ gut identifizieren (vgl.

Fehlerquellen

Noelle-Neumann/Petersen 2000: 369ff.). Daneben kann es vorkommen, dass der Interviewer Fragen oder Antwortmöglichkeiten nicht vorgelesen oder eine Filterführung übersehen hat. Zudem ist die Anwesenheit des Interviewers selbst teilweise ein Problem. So werden wir wohl kaum einem Interviewer, der uns gegenübersitzt, Auskunft über unser Sexualleben geben.

Vor- und Nachteile von schriftlichen und Onlinebefragungen

Sampling Bei der *schriftlichen Befragung* kommen je nach Grundgesamtheit nicht alle *Stichprobenverfahren* in Frage. So müssen wir bei einer Journalistenumfrage z. B. die Adressen der Journalisten oder eine Kontaktperson in der Redaktion kennen, die wir bitten, den Fragebogen an alle in der Redaktion weiterzuleiten. Bei schriftlichen Bevölkerungsumfragen werden wir dagegen z. B. auf Einwohnermelderegister zurückgreifen. Ein erhebliches Problem bei der schriftlich-postalischen Befragung ist die *Rücklaufquote*. Sie kann zwar durch Nachfassen (z. B. Erinnerungspostkarte) oder andere flankierende Maßnahmen (z. B. frankierter Rückumschlag, Gewinnspiel) erhöht werden. Dennoch ist die Ausschöpfungsquote in aller Regel deutlich geringer als bei mündlichen Befragungen. Umgekehrt erreichen wir mit der schriftlich-postalischen Befragung auch solche Personen, die wir telefonisch oder persönlich gar nicht (z. B. Bundestagsabgeordnete) oder nur zu bestimmten Zeiten erreichen würden. Die Stichprobenziehung bei einer Onlinebefragung ist problematischer: Wir können einen E-Mail-Verteiler nutzen oder einen Link auf eine stark besuchte Internetseite setzen und erhalten binnen weniger Tage eine große Zahl ausgefüllter Fragebögen. Aber selbst wenn wir die Grundgesamtheit kennen würden, wäre die Stichprobe *selbstselektiv* → vgl. Kap. 2.5. Ohnehin werden derzeit noch etliche Menschen – nämlich die „Offliner" – systematisch bei solchen Stichprobenziehungen benachteiligt. Beim Austeilen und Abholen eines Fragebogens sind wir lokal beschränkt oder bei breiterer geografischer Ausrichtung auf einen Interviewerstab angewiesen.

Kosten und Zeit Was die *Kosten* betrifft, ist die schriftliche Befragung per Austeilen und Einsammeln kostengünstig, wenn sie lokal begrenzt ist und als Gruppeninterview realisiert wird. Bei der schriftlich-postalischen Befragung fallen zwar die Personalkosten für Interviewer weg. Aber die Kosten für Porto und flankierende Maßnahmen sind bei größeren Samples nicht zu unterschätzen. Bei der Onlineumfrage sind die Kosten recht gering, zumal die Software oder die Angebote für die Erstellung eines Onlinefragebogens mittlerweile kostengünstiger geworden sind. Das Nachfassen bei schriftlich-postalischen Befragungen nimmt meist einige *Zeit* in Anspruch. Allerdings spart man sich den organisatorischen und damit zeitlichen Aufwand, den mündliche Interviews mit sich bringen. Bei

Onlineumfragen hat man das angestrebte Sample oft binnen weniger Tage erreicht, die Qualität solcher Samples steht aber auf einem anderen Blatt.

Bei der schriftlichen bzw. Onlinebefragung sind der Gestaltung des *Fragebogens* und der eingesetzten *Fragen* kaum Grenzen gesetzt. Gerade im Gegensatz zum Telefoninterview sind auch lange Listen mit Antwortmöglichkeiten – sie heißen auch Itembatterien – sowie komplexere Fragestellungen möglich. Dennoch sollten wir auch hier die Frageformen abwechseln, um die Befragten nicht zu ermüden, sowie darauf achten, dass die Formulierung die Befragten nicht überfordert. Die Onlinebefragung eröffnet vielfältige multimediale Möglichkeiten. So können wir z. B. Videosequenzen in die Befragung einbauen und damit auch quasi-experimentelle Designs realisieren – wir sprechen dann vom *Split-Ballot-Verfahren* (deutsch: Gabelung): Dazu teilen wir die Befragten z. B. in zwei Gruppen auf, indem wir jedem zweiten Befragten die eine Videosequenz zeigen und den übrigen die andere Videosequenz vorspielen. Bei der schriftlich-postalischen Befragung sind Filterführungen → vgl. Kap. 4.2.3 dagegen schwieriger, weil man im Fragebogen erklären muss, bei welcher Antwort die Befragten zu welcher Frage gehen sollen. Insgesamt ist bei schriftlichen und Onlinebefragungen auf das Layout des Fragebogens mehr Sorgfalt zu legen als bei mündlichen Befragungen. Dabei geht es nicht um ein „schickes Design", sondern darum, dass das Layout die Befragten beim Ausfüllen unterstützt und der Fragebogen insgesamt Seriosität ausstrahlt.

Der Interviewer scheidet bei schriftlichen und Onlinebefragungen als *Fehlerquelle* aus. Umgekehrt kann keiner helfen, wenn dem Befragten etwas unklar ist. Beim Postversand wird dem Fragebogen aber zumindest ein Anschreiben beigelegt, das die schriftliche Variante der Einführungsworte des Interviewers beim mündlichen Interview darstellt. Vergleichbar ist bei der Onlinebefragung z. B. ein E-Mail-Anschreiben zu formulieren. In solchen Anschreiben sollte auch eine Kontaktadresse für Fragen der Befragten angegeben sein. Bei der schriftlichen Befragung gibt es dennoch einige Fehlerquellen: So wissen wir nicht, ob tatsächlich die Zielperson geantwortet hat oder ob z. B. der Praktikant in der Redaktion oder die Sekretärin den unwilligen oder abwesenden Journalisten „ersetzt" haben. In anderen Fällen mag der Fragebogen gemeinsam mit dem Ehepartner ausgefüllt werden. Solche Gefahren lassen sich zwar durch entsprechende Hinweise im Anschreiben verringern, aber nicht komplett ausschließen. Umgekehrt sind bei der schriftlichen bzw. Onlinebefragung die Chancen, dass wir Antworten auf heikle Fragen erhalten, zumindest höher als bei der mündlichen Befragung. Dabei dürften jedoch universitäre Einrichtungen und renommierte Umfrageinstitute mehr Erfolg ha-

Fragebogen

Fehlerquellen

ben als kleinere Institute. Da die meisten Befragten nur Institute wie Allensbach, Forsa oder Emnid kennen, ordnen sie andere als unseriös ein und werfen den Fragebogen weg. E-Mails mit Links auf Fragebögen dürften heute oft in den Spamfilter geraten oder von den Befragten selbst gelöscht werden.

Varianten der Befragung in einer Studie zu Framing-Effekten

Jörg Matthes (2007) hat die Wirkung von Medienframes auf die Urteile der Rezipienten zum Thema Arbeitslosigkeit untersucht. Für die Analyse der Berichterstattung wurde ein eigenes Codebuch entwickelt. Zur Analyse der Rezipientenurteile konnte Matthes auf eine zweiwellige Panelbefragung von Matthias Kohring (2004) zurückgreifen. Uns interessiert an dieser Stelle nur die Befragung. Denn sie deckte mehrere der zuvor besprochenen Varianten der Befragung ab: Um den Fragebogen zu entwickeln, wurden 16 Leitfadengespräche durchgeführt. Ein erster Probelauf wurde als schriftliche Befragung mit Austeilen und Einsammeln durchgeführt. Weitere Probeläufe waren CATI-gestützt. Die eigentliche Panelbefragung wurde schließlich in Form computergestützter Telefoninterviews realisiert (vgl. Matthes 2007: 190ff.).

4.2.3 | Fragebogen

Das Herzstück der Befragung ist der *Fragebogen* bzw. *Leitfaden*. Man sollte sich nicht der Illusion hingeben, dass ein Leitfaden für ein qualitatives Interview weniger Arbeit macht als der standardisierte Fragebogen einer quantitativen Befragung. Die Arbeit kommt beim qualitativen Interview während der Durchführung sowie vor allem bei der anschließenden Auswertung der transkribierten Interviews. Im Folgenden beschränken wir uns auf die standardisierte Befragung. Die Konstruktion des Fragebogens verlangt, dass wir uns Gedanken über die Fragen und über den Aufbau des Fragebogens machen.

Wir beginnen zunächst mit den *Fragen*. Mit Friedrichs (1990: 194ff.) geht es dabei um drei Aspekte:

- Warum wird die Frage gestellt?
- Welche Art von Frage ist angemessen?
- Wie ist die Frage zu formulieren?

Warum wird die Frage gestellt?

Unseres Erachtens gibt es zwei Antworten auf die Frage „Warum wird die Frage gestellt?". Die erste Antwort, die auch Friedrich (1990: 204f.) gibt, lautet: Wir stellen Fragen, um Antworten von den Befragten über bestimmte Merkmale zu erhalten. Diese Fragen heißen *Testfragen* (vgl. zum Begriff z. B. Kromrey 2002: 360). Testfragen können z. B. das Ausmaß der Mediennutzung der Befragten betreffen, aber auch ihre Nutzungsmotive, ihr Politikinteresse und vieles andere mehr. Die zweite Antwort lautet: Wir stellen Fragen, weil wir damit etwas bezwecken bzw. weil diese Fragen im Fragebogen eine bestimmte Funktion erfüllen. Diese Fragen heißen dann *Funktionsfragen*. So eröffnen wir z. B. den Fragebogen mit einer einfachen Frage, um erst einmal das Eis beim Befragten zu brechen. *Eisbrecherfragen* dienen der Auflockerung und werden später oft gar nicht ausgewertet (vgl. z. B. Kromrey 2002: 371). Auf beide Typen von Fragen gehen wir gleich ausführlich ein.

Test- und Funktionsfragen

Zunächst ist aber Friedrichs (1990) Antwort noch etwas zu vertiefen: Bei der Entwicklung von Testfragen geht es um das, was wir bereits im Zusammenhang mit der dimensionalen und semantischen Analyse sowie der Operationalisierung kennengelernt haben → vgl. Kap. 1.4.1: Wir „übersetzen" also theoretische Konstrukte in das Untersuchungsinstrument, und zwar in Form von Fragen und Antwortmöglichkeiten. Im einfachsten Fall entspricht dabei eine Frage einem Merkmal. Ein Beispiel ist die Frage nach dem Geschlecht mit „weiblich" und „männlich" als Antwortmöglichkeiten. Viele Konstrukte sind aber erst einmal in einzelne Dimensionen zu zerlegen, für die wir jeweils Indikatoren benötigen. Bei der Befragung stellen die Fragen bzw. die Antwortmöglichkeiten solche Indikatoren dar. Als Beispiel haben wir die Frage zur sozialen Erwünschtheit kennengelernt → vgl. Abb. 1.4, Kap. 1.4.1: Ein Indikator für dieses Konstrukt war die Zustimmung zur Aussage „Ich akzeptiere alle anderen Meinungen, auch wenn sie mit meiner eigenen nicht übereinstimmen". Erst die „Summe" der Zustimmungen zu allen 17 Aussagen bzw. Items der SES-17 gibt uns dann Auskunft über die Neigung des Befragten, sozial erwünscht zu antworten.

Übersetzung theoretischer Konstrukte in Fragen

Definition

Testfragen ermitteln relevante Merkmale (z. B. Mediennutzung) der Befragten. Testfragen sind inhaltliche Fragen und stellen die „methodische Übersetzung" theoretischer Konstrukte dar. *Funktionsfragen* (z. B. Eisbrecherfrage) erfüllen eine bestimmte Funktion im Fragebogen.

Welche Art von Frage ist angemessen?

Die Antwort von Friedrichs (1990: 198ff.) auf die Frage „Welche Art von Frage ist angemessen?" ist eher selektiv und wenig systematisch. Wir folgen Scholl (2003: 143ff.), der unter dem Stichwort „Frageinhalte" ausführlich verschiedene *Testfragen* behandelt und unter der Überschrift „Fragetypen" diverse *Funktionsfragen* anspricht. Einen Überblick dazu bietet → Abb. 4.2. Auf die Auswahl der dort ebenfalls genannten *Fragetechniken* gehen wir bei der Frageformulierung, also dem dritten von Friedrichs (1990) angesprochenen Aspekt ein.

Abb. 4.2

Testfragen, Funktionsfragen und Fragetechniken

Testfragen nach	Funktionsfragen für	Fragetechniken
Fakten	Kontakt	Stapelskala
Wissen	Eisbrechen	Listenfrage
Einschätzungen	Filterung, Trichterung	Kartenspiel
Interessen	Überleitung, Pufferung	Bildblattfrage
Stimmungen, Emotionen	Kontrolle	usw.
Meinungen, Einstellungen	Schluss	
Verhalten(sabsichten)		

Typen von Testfragen

Im Rahmen dieses Lehrbuchs können wir nur knapp auf die verschiedenen Varianten von *Testfragen* eingehen. Für die ganz praktische Arbeit am Fragebogen empfehlen wir daher besonders Noelle-Neumann/Petersen (2000: Kap. II).

- *Sach- bzw. Faktenfragen*: Sie betreffen einfache Fakten bzw. Sachverhalte, die jeder sofort beantworten kann – etwa „Haben Sie eine Zeitung abonniert?". Auch alle Fragen zur Soziodemografie (z. B. Alter, Geschlecht) sind Faktenfragen, die aber erst am Ende des Fragebogens kommen sollten. Sach- bzw. Faktenfragen bieten sich meist zum Eisbrechen oder für den Übergang zwischen thematischen Blöcken im Fragebogen an, also in der Funktion als Überleitungsfragen, da sie leicht zu beantworten sind.

- *Wissensfragen*: Ein Beispiel ist die Frage „Kennen Sie den Namen des derzeitigen Bundeskanzlers?". Eine Wissensfrage verbirgt sich auch hinter der Angabe „Dieser Politiker ist 87 % der Befragten bekannt", die wir z. B. aus dem ZDF-Politbarometer kennen. Die Bürger werden im Politbarometer zunächst gefragt, ob sie z. B. Franz Müntefering kennen. Nur wenn sie das bejahen, werden ihnen weitere Fragen zu Müntefering gestellt. Damit erfüllt diese Wissensfrage die Funktion eines *Filters*: Jene Befragten, die Müntefering nicht kennen, werden nicht weiter zu ihm befragt und damit für die Fragen zu Münte-

fering temporär „herausgefiltert". Ein anderes kommunikationswissenschaftliches Beispiel ist das Abfragen von Fakten- und Strukturwis-
sen im Rahmen der Wissenskluftforschung (vgl. als Überblick Schenk
2002: 568ff.).

- *Einschätzungsfragen*: Ein gutes Beispiel sind die typischen Fragen aus
  der bereits mehrfach erwähnten Kultivierungsforschung. So sollen die
  Befragten z. B. den Prozentsatz derjenigen einschätzen, die beruflich
  mit der Durchsetzung von Recht und Ordnung zu tun haben. Den Befragten werden dafür oftmals zwei Prozentangaben als Antwortmöglichkeiten vorgegeben, von denen die eine den tatsächlichen Verhältnissen entspricht („Realitätsantwort"), während die andere dem entspricht, was das Fernsehen uns vermittelt („Fernsehantwort") (vgl. z. B.
  Schenk 2002: 549). Ob damit tatsächlich die „images of the world", also
  die Vorstellungswelten der Befragten gemessen werden, darf unseres
  Erachtens aber durchaus bezweifelt werden. Ein anderes Beispiel ist
  die Frage nach dem derzeitigen oder nach dem künftigen Meinungsklima im Rahmen der Forschung zur Theorie der Schweigespirale (vgl.
  Noelle-Neumann 1989).
- *Interessensfragen*: Ein typisches Beispiel hierfür ist die Frage nach
  dem Interesse an bestimmten Politikfeldern (z. B. Außenpolitik, Wirtschaftspolitik, Familienpolitik), die den Befragten in Form einer Liste
  vorgelegt oder vorgelesen werden. Ein anderes Beispiel ist diese Frage:
  „Interessieren Sie sich für politische Magazine im Fernsehen?" (Scholl
  2003: 145).
- *Fragen zu Stimmungen und Emotionen*: Darunter verstehen wir Fragen,
  mit denen die Stimmungen, Gefühle bzw. Emotionen der Befragten
  erfasst werden. Ein Beispiel sind die entsprechenden Fragen, die in me-
  dienpsychologisch orientierten Studien eingesetzt werden. Die Befragten sollen dabei meist für eine Liste an Gefühlen (z. B. Freude, Trauer,
  Verachtung) jeweils anhand einer mehrstufigen Skala angeben, wie
  sehr das betreffende Gefühl auf sie zutrifft (vgl. z. B. Mangold et al.
  2001).
- *Meinungs- bzw. Einstellungsfragen*: Sie kommen in der Kommunikationswissenschaft z. B. in der Persuasions- und Wahlforschung zum
  Einsatz (z. B. Hovland et al. 1953). Vermutlich gibt es bei Meinungs-
  und Einstellungsfragen die meisten Varianten, d. h. Meinungen bzw.
  Einstellungen können mit ganz unterschiedlichen Techniken erfasst
  werden. Beispielsweise können wir ein *semantisches Differential* einsetzen, um das Image zu ermitteln, das die Befragten von Franz Müntefering haben → vgl. Kap. 1.5.3 und dies dann später bei der Auswertung
  mit der ebenfalls abgefragten Mediennutzung in Verbindung zu bringen. Ein anderes Beispiel ist die *Stapelskala* in → Abb. 4.3, die in die-

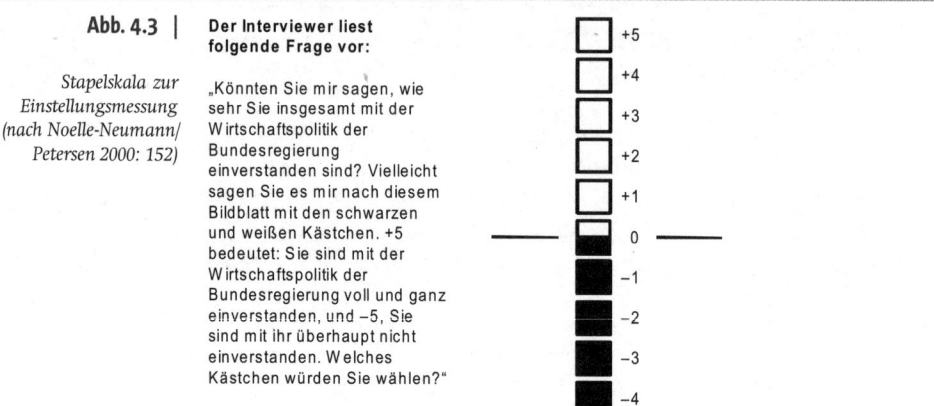

Abb. 4.3 |

Stapelskala zur Einstellungsmessung (nach Noelle-Neumann/ Petersen 2000: 152)

Der Interviewer liest folgende Frage vor:

„Könnten Sie mir sagen, wie sehr Sie insgesamt mit der Wirtschaftspolitik der Bundesregierung einverstanden sind? Vielleicht sagen Sie es mir nach diesem Bildblatt mit den schwarzen und weißen Kästchen. +5 bedeutet: Sie sind mit der Wirtschaftspolitik der Bundesregierung voll und ganz einverstanden, und –5, Sie sind mit ihr überhaupt nicht einverstanden. Welches Kästchen würden Sie wählen?"

ser Form für eine mündliche Befragung vorgesehen ist (vgl. Noelle-Neumann/Petersen 2000: 152). Einstellungen betreffen nicht nur Personen oder Institutionen. Das Einstellungsobjekt können auch Länder oder Medien sein. So wird in der Persuasionsforschung z. B. auch danach gefragt, für wie glaubwürdig Menschen das Fernsehen, die Zeitung, das Radio oder das Internet halten. Wir können aber auch nach der Informationsqualität von Mediengattungen fragen.

- *Fragen zu Verhalten bzw. Verhaltensabsichten*: Streng genommen muss Verhalten beobachtet werden → vgl. Kap. 4.4. Denn erstens können Fragen nur vergangenes Verhalten – wie etwa bei der Tagebuchbefragung – oder nur zukünftiges Verhalten, also Verhaltensabsichten, ermitteln. Ein Beispiel dafür ist die Sonntagsfrage: „Wenn schon am nächsten Sonntag Bundestagswahl wäre, welche Partei würden Sie dann wählen?" (Noelle-Neumann/Petersen, 2000: 293). Zweitens sind wir auch bei Verhaltensfragen auf die Selbstauskunft der Befragten angewiesen, die teilweise ein Problem darstellt. So fällt es den Befragten in der Regel leichter, eine Meinung abzugeben, als ihr eigenes Verhalten zu beschreiben bzw. zu reflektieren. Zudem wird mancher nicht zugeben, nach welchen Angeboten er eigentlich im World Wide Web sucht. Relativ zuverlässig funktionieren dagegen viele Fragen zum normalen Mediennutzungsverhalten. Ein Beispiel zeigt → Abb. 4.4. Die Befragten tragen hier selbst die durchschnittliche Sehdauer ein, es handelt sich also um eine offene Frage.

„Wenn Sie an eine ganz normale Woche denken: Wie lange
Sie sehen da im Durchschnitt fern?"

An einem normalen Werktag (Montag bis Freitag)

    Ca. ____ Std. ____ Min / Tag

An einem normalen Wochenende (Samstag/Sonntag)

    Ca. ____ Std. ____ Min / Tag

| Abb. 4.4

*Verhaltensfrage zur
TV-Sehdauer*

In → Abb. 4.2 sind die wichtigsten Funktionsfragen gelistet. Wie erwähnt, erfüllen solche Fragen vorrangig eine Funktion für den Fragebogen und sind inhaltlich weniger relevant. Allerdings kann eine Frage zugleich eine Test- und eine Funktionsfrage sein.

Typen von Funktionsfragen

- *Kontaktfragen*: Sie dienen dazu, zu einem potenziellen Befragten Kontakt aufzunehmen und ihn für das Interview zu gewinnen. Gerade beim Telefoninterview ist das entscheidend. Daneben klären solche Fragen, ob der Befragte zum Sample gehört – etwa bei einer Quotenvorgabe für die Interviewer.
- *Eisbrecherfragen*: Die Funktion einer solchen Frage können die erwähnten Sach- oder Faktenfragen erfüllen. Eisbrecherfragen sollten keine negativen Sachverhalte beinhalten, eher unterhaltsam oder zumindest harmlos sein und sich positiv beantworten lassen. In der Kommunikationsforschung können wir z. B. nach der TV-Lieblingsserie fragen.
- *Filterfragen*: Eine Filterführung haben wir mit dem ZDF-Politbarometer kennengelernt. Wir fragen z. B. zunächst die Interviewten, ob sie Franz Müntefering kennen. Wer das bejaht, erhält weitere Fragen zu Müntefering. Alle anderen werden um diese Frage herumgeleitet, also für diesen Teil des Fragebogens herausgefiltert – das heißt *Auskopplung*. Wenn dagegen die einen Befragten diese Frage und die anderen jene Frage erhalten, sprechen wir von *Gabelung*. Das hatten wir für Onlinebefragungen mit dem Beispiel zu Videosequenzen bereits vorgestellt → vgl. Abb. 4.5. Mit einer Auskopplung vermeiden wir auch das Problem der *Non-Opinions*, also die Tatsache, dass einige Befragten zu allem eine Meinung abgeben, auch wenn sie davon noch nie etwas gehört haben → vgl. Kap. 4.2.4.
- *Trichterfragen*: Bei einem inhaltlichen Trichter handelt es sich um eine thematische Engführung: Die Befragten werden durch eine allgemeine und danach dann immer spezifischere Fragen sukzessive auf die relevante Frage vorbereitet → vgl. Abb. 4.5. So können wir zunächst nach

Abb. 4.5 |

Schematische Darstellung von Filterungen und Trichterung

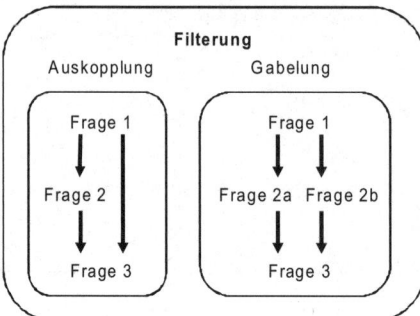

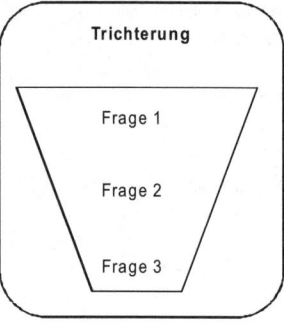

der Nutzung von Printmedien, dann nach der Nutzung von Zeitungen und schließlich nach der Nutzung einer regionalen Tageszeitung fragen. Auf diese Weise arbeitet z. B. die Langzeitstudie Massenkommunikation (vgl. aktuell Reitze/Ridder 2006) ganze Kataloge an Nutzungsfragen zu allen Mediengattungen ab.

- *Überleitungs- und Pufferfragen*: Überleitungsfragendienen dazu, von einem zum nächsten thematischen Block im Fragebogen überzuleiten – etwa wenn wir zunächst Fragen zur Zeitungsnutzung, dann zur Fernsehnutzung und schließlich noch Fragen zu den Konsumgewohnheiten stellen. Überleitungsfragen haben teilweise auch die Funktion, dass sich die Befragten erholen können. Gerade bei längeren Interviews wie etwa der Allensbacher Markt- und Werbeträgeranalyse (AWA) sind solche Überleitungs- und Erholungsfragen von zentraler Bedeutung. Mit *Pufferfragen* werden Fragen voneinander getrennt, um z. B. Ausstrahlungseffekte → vgl. Kap. 4.2.4 zu vermeiden.
- *Kontrollfragen*: Hierzu gehören beispielsweise Fragen, die zu einem späteren Zeitpunkt im Interview bzw. an späterer Stelle im Fragebogen nochmals, nur in anderer Form gestellt werden. Damit lassen sich Inkonsistenzen im Antwortverhalten ermitteln. Unter die Kontrollfragen fällt auch die SES-17 → vgl. Abb. 1.4, Kap. 1.4.1, also jene Frage, mit der sich die Neigung der Befragten zu sozial erwünschten Antworten ermitteln lässt. Entscheidend ist jedoch, dass Kontrollfragen – wie der Name schon sagt – nur kontrollieren, also das „problematische" Antwortverhalten zwar ermitteln, es aber nicht vermeiden oder beseitigen. Wenn wir z. B. soziale Erwünschtheit feststellen, müssen wir Befragte mit hohen SES-17-Werten entweder aus der Auswertung ausschließen oder die Ergebnisse für Befragte mit höheren und niedrigeren SES-17-Werten kontrastieren.

- *Schlussfragen*: Am Ende stehen meist *soziodemografische Fragen* zu Alter und Geschlecht, zum Bildungsgrad, zur Selbsteinstufung der Schichtzugehörigkeit oder zum Einkommen. Da einige dieser Fragen für die Befragten unangenehm oder heikel sind, werden sie erst spät im Fragebogen bzw. Interview gestellt. Wenn dann jemand z. B. bei der Frage nach dem Einkommen das Interview abbricht, kann man die übrigen Antworten dennoch nutzen. Zudem langweilen sich die Befragten bei soziodemografischen Fragen. Würde man sie früher stellen, würde sich das auf die Antworten bei den eigentlichen Testfragen auswirken. (vgl. Brosius et al. 2008: 112)

Wie ist die Frage zu formulieren?

Kommen wir zur dritten der von Friedrichs (1990: 194ff.) gestellten Fragen: „Wie ist die Frage zu formulieren?". Die Antwort darauf betrifft unseres Erachtens drei Aspekte:

- offene oder geschlossene Fragen,
- allgemeine Aspekte der Frageformulierung,
- generelle und spezielle Fragetechniken.

Offene und geschlossene Fragen haben wir bereits mehrfach angesprochen. Die Verhaltensfrage zur TV-Sehdauer in → Abb. 4.4 ist eine *offene Frage*, wie alle Fragen, bei denen die Befragten frei antworten können und die Antworten dann aufgezeichnet werden oder die Befragten die Antworten selbst im Fragebogen an der betreffenden Stelle aufschreiben. Bei *geschlossenen Fragen* werden den Befragten die Antwortmöglichkeiten vorgegeben, d. h. sie kreuzen eine oder mehrere Antwortmöglichkeiten an oder der Interviewer erledigt das beim mündlichen Interview für sie. Für den Laien erscheinen offene Fragen erstens besser, weil man sich als Befragter freier äußern kann. Das ist durchaus richtig. Die geschlossene Frage beschränkt die Antwortmöglichkeiten. Der Befragte kann nur das antworten, was als Alternative vorgegeben ist. Zweitens werden offene Fragen den jeweiligen kognitiven Niveaus der Befragten oder ihrer unterschiedlichen Eloquenz besser gerecht. Drittens bedeuten offene Fragen aber auch einen größeren Aufwand bei der Datenauswertung. Dabei stehen wir vor allem vor der Schwierigkeit, die unterschiedlichen Antwortstile auf ein für alle Befragten vergleichbares Niveau zu bringen (vgl. Brosius et al. 2008: 94ff.). Offene Fragen werden meist mit einer Inhaltsanalyse ausgewertet → vgl. Kap. 4.3. Viertens fühlen sich manche Befragte durch offene Fragen überfordert oder antworten kurz, um keine Rechtschreibfehler zu machen (vgl. Bortz/Döring 1995: 233).

offene und
geschlossene Fragen

allgemeine Aspekte
der Frageformulierung

Die Frageformulierung ist eine Kunst für sich. Es gibt aber einige hilf-reiche Hinweise. Dazu gehören unter anderem (vgl. im Folgenden z.B. Kromrey 2002: 363f.; Schnell et al. 1999: 312ff.):

- Fragen sollten möglichst *kurz* und *einfach* formuliert werden und keine abstrakten Begriffe oder Fremdwörter enthalten. Zu vermeiden sind auch doppelte Negationen oder belastete bzw. diskriminierende Begriffe wie „Kommunist" oder „Neger".
- Die Beantwortung der Fragen sollte sich von selbst *erklären* oder erklärt werden. Ein gelungenes Beispiel dafür ist die Anweisung bei der Sta-pelskala zur Einstellungsmessung nach Noelle-Neumann und Peter-sen (2000: 152) in → Abb. 4.3.
- *Suggestive* Formulierungen sind zu vermeiden. Die Frage „Sie sind doch sicher nicht glücklich mit ... als Ministerpräsidenten?" ist beispiels-weise suggestiv formuliert und würde zu verzerrten Ergebnissen füh-ren → vgl. Kap. 1.2.2.
- Fragen sollten *ausbalanciert* sein, also sowohl positive wie negative Ant-wortmöglichkeiten enthalten. Bei der eben erwähnten Stapelskala ist diese Bedingung mit der Formulierung erfüllt „+5 bedeutet: Sie sind mit der Wirtschaftspolitik der Bundesregierung voll und ganz ein-verstanden, und −5, Sie sind mit ihr überhaupt nicht einverstanden". Zudem sollte den Befragten die Antwortmöglichkeit „Ich weiß nicht" gegeben werden. Allerdings bringt das seinerseits Probleme mit sich (vgl. ausführlicher z.B. Schnell et al. 1999: 314ff.).
- Fragen müssen *eindimensional* sein. Erstens sollten sich Fragen nur auf ein Merkmal, also eine Dimension beziehen. Die Frage „Wie lange ha-ben Sie gestern ferngesehen und Radio gehört?" wäre zweidimensio-nal, weil sie die Nutzungsdauer für zwei Mediengattungen „in einem Abwasch" ermitteln will. Zweitens müssen die Ausprägungen, also die Antwortmöglichkeiten, jeweils eindimensional bzw. trennscharf sein. Das bedeutet: Sie dürfen sich nicht in ihrem Bedeutungsgehalt über-schneiden. Eine vergleichbare Anforderung wird uns übrigens bei der Inhaltsanalyse wieder begegnen → vgl. Kap. 4.3.4.
- Bei heiklen Themen können wir *indirekte* bzw. *Projektionsfragen* stellen – etwa indem wir fragen, was ein Verwandter oder guter Freund in einer bestimmten Situation tun würde (vgl. Kromrey 2002: 369). Bei Verhal-tensfragen sind situative Formulierungen angeraten: Wir geben also eine *konkrete Situation* vor, unter der sich die Befragten etwas vorstellen können.
- Bei der Frageformulierung raten wir dazu, sich immer auch Gedan-ken über die *Auswertung* zu machen. Wenn wir z.B. eine Liste mit Motiven für die TV-Nutzung (z.B. „Ich sehe fern, um mich zu infor-

mieren") vorgeben, so sollten die Antwortmöglichkeiten nicht „trifft
zu" und „trifft nicht zu" sein. Denn vermutlich wollen wir die Item-
batterie, also die Motive bei der Auswertung mittels Faktorenanalyse
→ vgl. Kap. 5.4.1, zu Motivgruppen verdichten. Faktorenanalysen erfordern aber metrisches Skalenniveau. Wir sollten die Befragten pro Motiv auf einer fünfstufigen Skala ankreuzen lassen, wie sehr das jeweilige Motiv auf sie zutrifft. Die Endpunkte der Skala wären dann „trifft
überhaupt nicht zu" und „trifft voll und ganz zu".

Generell betreffen Fragetechniken das Skalenniveau → vgl. Kap. 1.5.2. Bei
der Befragung können wir alle Skalenniveaus einsetzen. Die Frage nach
dem Geschlecht ist z. B. nominal skaliert, weil es nur die Antwortmöglichkeiten „weiblich" und „männlich" gibt. Das Alter wird metrisch erfasst,
wenn die Befragten einfach ihr Alter nennen oder im Fragebogen an der
betreffenden Leerstelle eintragen. Auch die Unterscheidung in uni- und
bipolare Skalen haben wir bereits diskutiert. Bei *semantischen Differentialen*
→ vgl. Kap. 1.5.2 sollte der positive Pol nicht durchweg auf einer Seite stehen,
sondern von Eigenschaft zu Eigenschaft mal links, mal rechts. Auch viele Einstellungsfragen sind *bipolar* formuliert. Die Stapelskala in → Abb. 4.3
ist dafür ein gutes Beispiel. Hat eine *bipolare Skala* einen Mittelpunkt, so
neigen manche Befragten dazu, die Mitte anzukreuzen – das heißt Tendenz zur Mitte. Ohne Mittelpunkt müssen sich die Befragten dagegen für
eine Richtung entscheiden. Ob wir eine Frage mit oder ohne Mittelpunkt
wählen, müssen wir von Fall zu Fall klären. Bei *unipolaren* Fragen gibt es
nur einen Endpunkt und eine Richtung. Solche Fragen werden z. B. eingesetzt, um die Mediennutzung abzufragen. Die Befragten sollen dann angeben, ob sie z. B. „(fast) immer", „oft", „manchmal", „selten" oder „nie"
Radio hören. Eine ausführliche Diskussion vieler weiterer Varianten für
Antwortmöglichkeiten bietet Scholl (2003: 159ff.).

> generelle
> Fragetechniken

Auch von *speziellen Fragetechniken* können wir nur eine Auswahl vorstellen und verweisen für weitere Techniken vor allem auf Noelle-
Neumann/Petersen (2000: 130ff.). Neben der *Stapelskala* sind folgende spezielle Fragetechniken erwähnenswert:

> spezielle
> Fragetechniken

- *Listenfrage*: Hier wird den Befragten eine Liste z. B. mit diversen Zeit-
  schriftentiteln vorgelegt. Die Befragten sollen dann alle Titel ankreuzen, die sie in den letzten vier Wochen wenigstens durchgeblättert
  haben. Da die Befragten mehrfach ankreuzen können, spricht man
  von der Möglichkeit zu *Mehrfachantworten*. Das gilt aber nicht für jede Listenfrage. Warum man die Reihenfolge der gelisteten Items über
  die Befragten hinweg wechseln sollte, wird uns später noch beschäftigen → vgl. Kap. 4.2.4. Handelt es sich bei der Liste um Aussagen wie
  z. B. „Ich schaue fern, um mich zu informieren", dann sollten diese

Aussagen so einfach und knapp wie möglich gehalten sein (vgl. Friedrichs 1990: 206f.). Am Ende der Liste kann für die Befragten zudem die Möglichkeit zu eigenen Ergänzungen eröffnet werden (z. B. mit „Sonstiges – und zwar ...“). Listenfragen bieten sich vor allem für schriftliche Befragungen an. Dagegen sollten sie bei Telefoninterviews eher sparsam eingesetzt werden. Wenn wir sie nutzen, sollten wir eher kurze Listen verwenden und die Antwortvorgaben für jedes Item wiederholen.

- *Kartenspiel*: Statt einer Liste kann man die Zeitschriftentitel auch auf Kärtchen drucken. Das Kartenspiel mischt der Interviewer vor jedem Interview gut durch und bittet die Befragten, den Stapel durchzugehen und die Karte jeder Zeitschrift, die sie in den letzten vier Wochen wenigstens durchgeblättert haben, beiseite zu legen. Der Interviewer notiert anschließend die Nummern dieser Kärtchen. Kartenspiele eignen sich auch zur Abfrage des Einkommens: Auf farbigen Kärtchen stehen bestimmte Einkommensklassen, und der Befragte sagt dem Interviewer nur die Farbe des Kärtchens, auf dem „seine“ Einkommensklasse steht. Kartenspiele lassen sich am sinnvollsten bei Face-to-Face-Interviews einsetzen. Prinzipiell sind sie aber auch für Onlineumfragen realisierbar. Der entsprechende Aufwand dürfte dafür aber – zumindest derzeit – noch höher sein als beim persönlichen Interview.
- *Bildblattfrage*: Für Meinungs- und Einstellungsfragen bieten sich auch Bildblattfragen an. Eine solche Frage wurde in einer Studie (Scheufele 2008) eingesetzt, die den Einfluss der Medienberichterstattung über Kriminalität auf die Zustimmung zur Videoüberwachung auf öffentlichen Plätzen in Thüringen untersuchte. Die Zustimmung der Befragten war ein Konstrukt, das in mehrere Indikatoren zerlegt wurde. Die Bildblattfrage in → Abb. 4.6 war einer dieser Indikatoren. Den Befragten wurden die gegenteiligen Meinungen von zwei Personen A und B vorgelegt, die sich über die Videoüberwachung unterhalten. Die beiden Statements repräsentieren unterschiedliche Positionen: Person A verweist auf die Privatsphären- und Datenschutzproblematik. Person B eröffnet dagegen den Bezugsrahmen der inneren Sicherheit.

Aufbau des Fragebogens   Abschließend noch einige Bemerkungen zum *Aufbau des Fragebogens* (vgl. im Folgenden z. B. Scholl 2003: 170ff.; Kromrey 2002: 372ff.). Mit den Funktionsfragen dürfte bereits deutlich geworden sein, dass wir Testfragen nicht beliebig zusammenstellen, sondern dem Fragebogen eine Ordnung geben. Mit Ausnahme der Kontrollfragen fassen wir inhaltlich zusammengehörende Fragen zu thematischen Blöcken zusammen, zwischen denen Überleitungsfragen vermitteln. Das bedeutet aber nicht etwa, dass wir den Fragebogen logisch ordnen, sondern ihn für den Be-

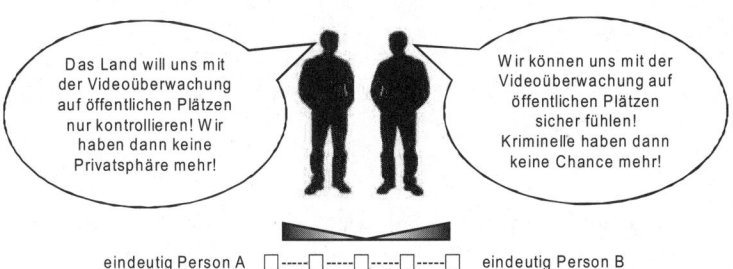

| **Abb. 4.6**

Bildblattfrage zur Einstellungsmessung (vgl. Scheufele 2008)

fragten nachvollziehbar aufbauen. Noelle-Neumann und Petersen (2000: 120ff.) sind der Auffassung, man solle Fragen zu verschiedenen Themen möglichst abwechseln und dazwischen z. B. mit „jetzt eine ganz andere Frage" überleiten. Ein allzu „wilder" Wechsel scheint uns aber kontraproduktiv zu sein.

Der Fragebogen beginnt mit der Eisbrecherfrage, worauf einfachere inhaltliche Fragen folgen. Den Abschluss bilden soziodemografische Fragen. Auch sensible Fragen sind ans Ende zu stellen, weil sie die Gefahr des Interviewabbruchs in sich bergen. Generell sollten wir die Fragetechniken abwechseln, also z. B. nicht mehrere Itembatterien hintereinander schalten, sondern ein Kartenspiel oder eine Bildblattfrage dazwischenschieben. Wenn der Fragebogen in einer experimentellen Studie eingesetzt wird, können wir beispielsweise – bei einer schriftlichen Befragung – einen Zeitungsartikel oder – bei einer Onlinebefragung – eine Videosequenz als Treatment integrieren. Sinnvollerweise sollten die Fragen zu den abhängigen Variablen erst danach kommen.

Spezifische Probleme der Befragung

| 4.2.4

Wie jedes Untersuchungsinstrument muss auch der Fragebogen den Gütekriterien der Reliabilität und Validität genügen → vgl. Kap. 1.5.4. Daneben gibt es einige spezifische Probleme der Befragung, auf die wir nun eingehen.

Die bereits diskutierte Interviewsituation → vgl. Kap. 4.2.1 wird oft unter dem Gesichtspunkt der *Reaktivität* diskutiert. Dieser Begriff „besagt, dass das Forschungsobjekt, bei der Befragung also der Befragte, aufgrund der tatsächlichen oder der vorgestellten Anwesenheit des Forschers bzw.

Befragung als reaktive Methode

bei der Befragung des Interviewers anders reagiert, als er in sonstigen alltäglichen Situationen reagieren bzw. sich verhalten würde" (Scholl 2003: 196).

Die Befragung ist eine reaktive Methode, weil sich Menschen anders verhalten als in einer alltäglichen Situation.

Allerdings kann nicht nur die Interviewsituation, sondern auch das Instrument unerwünschte Effekte auslösen. Wir unterscheiden:

• Probleme der Methode und
• Probleme des Instruments (des Fragebogens).

Probleme der Methode

Die Probleme der Methode haben mit dem Aufbau des Fragebogens oder den Fragen in der Regel erst einmal nichts zu tun. Zu den Problemen der Befragung gehören vielmehr folgende Phänomene (vgl. im Folgenden Brosius et al. 2008: 130ff.; Schnell et al. 1999: 330ff.):

• *Interviewer- und Anwesenheitseffekte*: Interviewereffekte sind vergleichbar mit den Versuchsleitereffekten beim Experiment → vgl. Kap. 3.3.3. Das Verhalten der Interviewer kann auf vielfältige Weise das Antwortverhalten der Befragten beeinflussen (vgl. dazu Bortz/Döring 1995: 225f.). Entscheidend ist, ob es sich um systematische oder zufällige Effekte handelt. Den Anwesenheitseffekt haben wir schon bei der schriftlichen Befragung diskutiert. Ein Beispiel dafür ist, wenn der Fragebogen gemeinsam mit dem Ehepartner ausgefüllt wird.
• *Soziale Erwünschtheit*: Die Neigung zu sozial erwünschten Antworten kann ein Persönlichkeitsmerkmal sein, d. h. manche Befragte antworten generell auf Fragen sozial erwünscht. Teilweise sind solche Antworten aber auch das Resultat der Frageformulierung. Auf die direkt gestellte Frage „Nehmen Sie Drogen?" werden wir kaum ehrliche Antworten erhalten. Darüber hinaus kann soziale Erwünschtheit mit dem Thema zu tun haben. In der Kommunikationsforschung provozieren laut Scholl (2003: 211f.) z. B. Fragen nach der Nutzung politisch extremistischer oder pornografischer Medienangebote sowie Fragen nach Kollegen und Vorgesetzen im journalistischen Sektor sozial erwünschte Antworten. In diesen Fällen helfen entsprechende Frageformulierungen. So fragen wir z. B. nicht erst, ob der Befragte etwas tut, sondern gleich, wie häufig das vorkommt (z. B. „Wie oft besuchen Sie In-

ternetseiten mit erotischen Inhalten?"). Oder wir leiten die Frage damit ein, dass wir das Verhalten als normgerecht bzw. häufig darstellen (z. B. „Viele Menschen besuchen ab und zu auch einmal Internetseiten mit erotischen Inhalten. Wie ist das bei Ihnen?"). Wir können aber auch nach dem Verhalten von Freunden oder guten Bekannten fragen und aus den Antworten auf das Verhalten des Befragten schließen.

- *Sponsorshipeffekt*: Er ist eine Sonderform der Tendenz zu sozial erwünschten Antworten. Wenn der Befragte den Auftraggeber kennt, wird er sich anders verhalten. Die Reaktionen können dabei in die positive oder negative Richtung gehen. Wenn wir von einem Mobilfunkanbieter angerufen werden und an einer „Blitzumfrage" teilnehmen sollen, werden wir eher auflegen. Wenn wir dagegen von einem Interviewer befragt werden, der von einer universitären Einrichtung stammt, werden wir eher teilnehmen. Solche Sponsorshipeffekte lassen sich teilweise vermeiden. So können wir als Auftraggeber z.B. einen *Omnibus* nutzen. Bei einer solchen Mehrthemenumfrage bezahlen wir dafür, dass wir mit eigenen Fragen gleichsam als „Fahrgast" in dem Omnibus „mitfahren" dürfen. Welcher Auftraggeber hinter welchen Fragen steckt, wissen die Befragten dann nicht.
- *Response-Set*: Mit diesem Begriff „werden systematische Antwortmuster von Befragten bezeichnet, die unabhängig vom Inhalt der Fragen zustande kommen" (Diekmann 2003: 386). Dazu gehört die *Zustimmungstendenz (Akquieszenz)*. d. h. die Tatsache, dass manche Befragte bei allem zustimmen, auch wenn sie sich dann widersprechen. Das kann besonders bei langen Listenfragen vorkommen. Ein weiterer formaler Antwortstil ist die bereits erwähnte *Tendenz zur Mitte*: Bei Itembatterien, die Skalen mit Mittelpunkt einsetzen, neigen Befragte dazu, immer die Mitte anzukreuzen. Eine Lösung kann sein, auf den Mittelpunkt zu verzichten. Antworten wie „Das kann ich nicht entscheiden" zuzulassen, verlagert unseres Erachtens nur das Problem auf diese Antwortmöglichkeit. Eine andere Antworttendenz sind die *Non-Opinions*: Befragte geben eine Meinung ab, obwohl sie z.B. von Müntefering noch nie etwas gehört haben. Das Problem bekommen wir mit der erwähnten Auskopplung in den Griff.

Merksatz

Zu den *Problemen der Methode* gehören bei der Befragung Interviewereffekte, Anwesenheitseffekte, die Neigung zu sozial erwünschten Antworten, der Sponsorshipeffekt sowie das Response-Set, zu dem man unter anderem die Zustimmungstendenz zählt.

Probleme des Instruments (des Fragebogens)

Aus der Reihenfolge und der Formulierung der Fragen im Fragebogen resultieren unter anderem folgende Probleme (vgl. im Folgenden ausführlich Brosius et al. 2008: 99ff.):

- *Kognitive und affektive Ausstrahlungseffekte*: Fragen können in einer Reihenfolge angeordnet sein, die Ausstrahlungseffekte begünstigt. Dazu folgendes Beispiel: Wir ermitteln zunächst, ob der Befragte schon einmal von „Guantanamo" gehört hat. Das ist eine Wissensfrage. Anschließend ermitteln wir, ob sich der Befragte – unabhängig von seiner finanziellen Situation – prinzipiell vorstellen kann, seinen nächsten Urlaub in den USA zu verbringen. Dazu geben wir eine Skala von 1 („Das kann ich mir überhaupt nicht vorstellen") bis 5 („Das kann ich mir sehr gut vorstellen") vor. Die zuvor gestellte Wissensfrage dürfte nun bei den Befragten entsprechende Vorstellungen und vermutlich auch Gefühle hervorrufen, die ihre Antworten auf die Frage nach dem nächsten Urlaub beeinflussen. Von kognitiven Ausstrahlungseffekten sprechen wir, wenn die Befragten zwischen zwei Fragen eine inhaltliche Verknüpfung herstellen. Affektive Ausstrahlungseffekte treten auf, wenn eine Frage Emotionen oder Gefühle weckt, die sich in der Antwort auf die nächste Frage niederschlagen. Wenn wir z. B. fragen, ob die Befragten von einem umfangreich in den Medien thematisierten Missbrauchsfall gehört haben und danach die Meinung der Befragten zur Todesstrafe ermitteln, werden wir im Durchschnitt eine höhere Zustimmung zur Todesstrafe ermitteln, als wenn wir die Frage nach dem Missbrauchsfall nicht gestellt hätten. Wie gehen wir nun mit Ausstrahlungseffekten um? In der Regel stellen wir die Fragen im Fragebogen weiter auseinander, d. h. wir schieben Pufferfragen dazwischen. Zudem sollte man die Reihenfolge ändern, also z. B. zuerst nach der Todesstrafe fragen. Teilweise sind solche Ausstrahlungseffekte aber auch gewollt. Das ist etwa bei der Trichterung der Fall (vgl. Kromrey 2002: 375).

- *Konsistenzeffekte*: Befragte wollen ein konsistentes Bild von sich selbst abgeben. Daher werden sie bei manchen Fragen so antworten, dass die Antwort – aus ihrer Sicht – zur Antwort auf eine andere Frage „passt". Das nennen wir einen Konsistenz- oder Assimilationseffekt. Er ist schwächer, wenn wir zuerst eine Frage zu einem allgemeinen und dann eine Frage zu einem spezifischen Sachverhalt stellen. Denn dann stufen die Befragten den spezifischen Sachverhalt als Sonderfall des allgemeinen Sachverhalts ein. Im umgekehrten Fall betrachten sie den spezifischen Sachverhalt dagegen als Indikator für den allgemeinen Sachverhalt (vgl. Scholl 2003: 204).

- *Kontrasteffekte*: Hier nehmen die Befragten einen Gegensatz zwischen zwei Fragen wahr, der aber gar nicht besteht. Sie glauben also, dass sie auf die beiden Fragen unterschiedlich antworten sollen. Dazu folgendes Beispiel: Mit einer ersten Frage bitten wir die Befragten, auf einer Fünf-Punkte-Skala anzugeben, für wie sympathisch sie Angela Merkel halten. Anschließend sollen die Befragten auf der gleichen Skala angeben, für wie sympathisch sie Frank-Walter Steinmeier halten. Es ist durchaus denkbar, dass etliche Menschen beide Politiker gleich sympathisch finden. Sie werden aber denken, dass sie auf die beiden Fragen unterschiedlich antworten sollen. Auch hier können wir die Fragen im Fragebogen durch Pufferfragen voneinander trennen. Allerdings sollte man zum einen die Erinnerungsfähigkeit der Befragten nicht unterschätzen. Zum anderen sollte man Themenblöcke nicht zu sehr entzerren.

Beispiel

Nutzung von Kontrasteffekten bei Einstellungsfragen

Wir können Kontrasteffekte auch bewusst einsetzen. In der bereits erwähnten Wahlstudie von Kepplinger et al. (1994: 96) sollten die Befragten im Vorfeld der Bundestagswahl 1990 für diverse politische Ziele angeben, ob sie eher dem damaligen Bundeskanzler Helmut Kohl oder eher dem damaligen SPD-Herausforderer Oskar Lafontaine zutrauen, das jeweilige politische Ziel (z. B. „ … dass der politische Aufschwung anhält") zu verwirklichen. Als Antworten wurden den Befragten vier Möglichkeiten vorgegeben: „Kohl", „Lafontaine", „beide" und „keiner". Damit wurde bewusst in Kauf genommen, dass die Befragten sich entscheiden müssen. Das entspricht allerdings auch der realen Situation in der Wahlkabine am Wahlsonntag und ergibt damit sehr wohl Sinn. Zugleich wurden den Befragten mit „beide" und „keiner" durchaus auch Antwortalternativen für jenen Fall eröffnet, dass sie beiden Kandidaten oder keinem davon die Verwirklichung des betreffenden politischen Ziels zutrauen.

- *Primacy- und Recency-Effekte*: Sie haben mit der Aufmerksamkeit der Befragten zu tun und treten bei langen Listenfragen auf. Hier werden die Befragten die ersten Items noch aufmerksam lesen, die Items danach dann immer flüchtiger und erst die letzten Items wieder aufmerksamer. Somit nennen die Befragten Items vom Anfang (Primacy) und vom Ende (Recency) häufiger als andere Items. Daher sollten wir keine zu langen Listen entwerfen und die Reihenfolge der Items systematisch rotieren. Am einfachsten geht das bei der computergestützten mündlichen Befragung und bei der Onlinebefragung. Recency-Effekte können auch bei Bildblattfragen → vgl. Abb. 4.6 auftreten. Laut Scholl (2003: 205) wird die zuletzt genannte Position von den Befragten häufiger angekreuzt als die anderen Positionen. Um das zu vermeiden, sollten wir bei jedem zweiten Interview die „Sprechblasen" vertauschen. In forschungspraktischer Hinsicht entwerfen wir z. B. bei einer schriftlich-postalischen Befragung einfach zwei Fragebogenversionen und stecken in den Umschlag an den ersten Befragten die eine Version, in den Umschlag an den zweiten Befragten die zweite usw.

Merksatz

Aus der Reihenfolge der Fragen und ihrer Formulierung resultieren unter anderem kognitive und affektive Ausstrahlungseffekte, Konsistenz- und Kontrasteffekte sowie Primacy-/Recency-Effekte.

4.3 | Inhaltsanalyse

4.3.1 | Grundlagen der Inhaltsanalyse

Definition   Wir lesen Zeitungen oder Zeitschriften, schauen fern oder surfen im World Wide Web und machen uns Gedanken über die Inhalte bzw. über das, was wir dabei erfahren. All diese Tätigkeiten haben aber nichts mit dem zu tun, was wir hier als *Inhaltsanalyse* bezeichnen. Denn als Rezipienten nehmen wir Medieninhalte subjektiv wahr, verstehen vielleicht nicht alle Mitteilungen oder hören nur beiläufig dem zu, was der Radiomoderator sagt. Im Gegensatz dazu ist die Inhaltsanalyse eine wissenschaftliche Methode, mit der wir *systematisch* und *intersubjektiv nachvollziehbar* kommunikationswissenschaftlich relevante Merkmale von Mitteilungen beschreiben – „häufig mit dem Ziel einer darauf gestützten interpretativen Inferenz" (Früh 1998: 25). Ausgehend von unserer Fragestellung interessieren dabei meist nur ganz bestimmte Merkmale – etwa die Themen in den Abendnachrichten des Fernsehens oder die in der Zeitungsberichterstattung genannten Argumente für oder gegen ein Gesetz. Die Inhaltsanalyse kann man als die kommunikationswissenschaftliche Methode schlechthin bezeichnen. In anderen Disziplinen spielt sie bei Weitem nicht die zentrale Rolle wie für unser Fach.

Die *Inhaltsanalyse* ist eine empirische Methode, um relevante Merkmale von Mitteilungen systematisch, intersubjektiv nachvollziehbar zu beschreiben.

Das Instrument, mit dem wir die Inhaltsanalyse durchführen, heißt *Codebuch* → vgl. im Folgenden auch Abb. 4.1, Kap. 4.1. Bei der qualitativen Inhaltsanalyse sprechen wir auch von einem *Codierleitfaden*. Im Codebuch sind alle Regeln festgehalten, nach denen wir die relevanten Merkmale von Mitteilungen erfassen. Im Codebuch werden auch die Merkmalsträger benannt, die untersucht werden sollen – also z. B. Zeitungsartikel oder Fernsehbeiträge. Sie heißen bei der Inhaltsanalyse auch *Analyseeinheiten*. Jene Personen, die mit Hilfe des Codebuchs z. B. Zeitungsartikel oder Fernsehbeiträge untersuchen, nennen wir *Codierer*.

zentrale Begriffe

Die *Merkmale* (z. B. Thema des Zeitungsartikels) eines *Merkmalsträgers* (z. B. Zeitungsartikel) werden bei der Inhaltsanalyse als *Kategorien* bezeichnet. Kategorien können auch als die Fragen verstanden werden, die wir z. B an einen Zeitungsartikel richten, oder als Schubladen, in die vergleichbare Inhalte gesteckt werden. Jene Kategorien, die für unsere Fragestellung relevant sind, bilden das *Kategoriensystem*, das den zentralen Bestandteil des Codebuchs darstellt. Im einfachsten Fall entspricht einem theoretischen Konstrukt nur eine Kategorie im Codebuch. In anderen Fällen werden wir mehrere Kategorien für ein Konstrukt vorsehen müssen. Jede Kategorie hat mindestens zwei, meist aber zahlreiche *Ausprägungen*. So hat etwa die Kategorie „Thema des Zeitungsartikels" Ausprägungen wie „Politik", „Wirtschaft", „Kultur" oder „Sport". Jeder Ausprägung wird im Codebuch ein numerischer Wert, der so genannte *Code* zugeordnet (z. B. 1 für „Politik", 2 für „Wirtschaft" usw.). Das ist nichts anderes als Messen → vgl. Kap. 1.5.1: Das jeweilige Thema des Zeitungsartikels (z. B. Politik) ist in diesem Fall das empirische Relativ, während der Code für das betreffende Thema das numerische Relativ darstellt. Wenn ein Zeitungsartikel einen politischen Sachverhalt thematisiert, dann notieren die Codierer auf dem *Codebogen* den Code für das Thema „Politik". Dieser Vorgang wird als Verschlüsseln oder Codieren bezeichnet. Der Codebogen selbst ist gleichsam der Fragebogen der Inhaltsanalyse. Die Gesamtheit aller Codes für die jeweiligen Ausprägungen der Kategorie wird oft als *Schlüsselplan* für die betreffende Kategorie bezeichnet.

Nach einer älteren Definition von Bernard Berelson (1952) erfasst die Inhaltsanalyse nur *manifeste Inhalte*. Demnach müssen Bedeutungen offenkundig sein und dürfen nicht „zwischen den Zeilen" stehen. Aber

manifeste Inhalte

selbst eine noch so offenkundige Botschaft wird nicht von jedem erkannt. Letztlich sind manche Inhalte offenkundiger, andere dagegen weniger. Bei der Inhaltsanalyse besteht das Ziel also vielmehr darin, für die Codierer die relevanten Merkmale (z. B. Themen von Zeitungsartikeln) *manifest zu machen* (vgl. Früh 1998: 101). Dazu werden im Codebuch Regeln vorgegeben, wann z. B. welches Thema codiert wird. Wenn zwei Codierer denselben Artikel codieren, sollten sie das gleiche Thema erfassen, also ein übereinstimmendes Verständnis davon haben, was man etwa unter einem politischen Thema versteht. Wenn wir so genau und umfassend wie möglich definieren, wann was codiert wird, können wir mit einer Inhaltsanalyse z. B. auch Bewertungen oder ironische Bemerkungen erfassen.

Ziele der Inhaltsanalyse

Mit einer Inhaltsanalyse können wir zwei grundsätzliche Ziele verfolgen:

- Beschreibung von Mitteilungen, z. B. Onlinebeiträgen sowie
- Schlussfolgerungen z. B. auf Journalisten, Rezipienten oder gesellschaftliche Verhältnisse.

Wenn wir lediglich Mitteilungen beschreiben, sprechen wir vom *formaldeskriptiven Ansatz*. Dabei bleibt es aber fast nie. Selbst wenn wir die Themenstruktur der Berichterstattung der Qualitäts- und Boulevardpresse nur beschreiben, haben wir im Hinterkopf immer die These, dass Qualitäts- und Boulevardpresse andere Leserschaften ansprechen wollen und daher auch andere Themen behandeln – und das ist bereits eine weitergehende Schlussfolgerung.

Schlussfolgerungen

Von inhaltsanalytischen Befunden ausgehende Schlussfolgerungen werden auch *Inferenzen* genannt. Mit Patrick Rössler (2005: 29) unterscheiden wir dabei drei Inferenzen:

- Der *diagnostische Ansatz* der Inhaltsanalyse strebt Rückschlüsse auf den Kommunikator an. Dabei kann es sich um Schlussfolgerungen auf die individuellen Einstellungen von Journalisten oder politischen Akteuren handeln, aber auch um Inferenzen auf die redaktionelle Linie von Zeitungen.
- Der *prognostische Ansatz* zieht Rückschlüsse auf Rezipienten von Medienmitteilungen. Beispielsweise unterstellt der Agenda-Setting-Ansatz → vgl. Kap. 3.1.2, dass sich die Medienagenda in der Bevölkerungsagenda niederschlägt.
- Schließlich lassen sich mit einer Inhaltsanalyse auch Inferenzen auf *historische, politische* oder *soziale Situationen* ziehen. Wir können z. B. aufgrund einer Inhaltsanalyse aller Protokolle der Plenarsitzungen des Deutschen Bundestags seit der Gründung der Bundesrepublik sagen,

welche Missstände zu welchen Zeiten das Potenzial zu einem politischen Skandal hatten.

Um solche Inferenzen zu ziehen, reicht es streng genommen aber nicht aus, dass wir nur eine Inhaltsanalyse durchführen. So wissen wir beispielsweise ohne Befragung der Rezipienten gar nicht, ob sie die Berichterstattung, die wir inhaltsanalytisch untersucht haben, überhaupt rezipiert haben. Zudem haben Rezipienten zu vielen Themen schon Voreinstellungen oder Vorwissen, die ihre Rezeption der Medieninhalte beeinflussen. Während der eine Rezipient z. B. alle Argumente in einem Zeitungsartikel rezipiert, wird ein anderer nur jene Argumente wahrnehmen, die seinen Einstellungen entsprechen.

Ausgewählte Anwendungsbeispiele

Inhaltsanalysen finden wir in allen Forschungsfeldern der Kommunikationswissenschaft und der angewandten Kommunikationsforschung. In der *Journalismusforschung* schließen wir z. B. anhand der Themen, Argumente oder Aussagen in Nachrichtensendungen oder Zeitungen auf die Einstellungen von Fernsehjournalisten oder auf die redaktionelle Linie der untersuchten Zeitungen (z. B. Kepplinger et al. 1989). Im Rahmen der *Medienwirkungsforschung* untersuchen wir beispielsweise, welches Bild die Medien von Kriminalität zeichnen. Laut Kultivierungshypothese → vgl. Kap. 1.2.2 prägen solche Medienbotschaften, insbesondere des Fernsehens, mittel- bis langfristig die Vorstellungen und Einstellungen der Rezipienten (z. B. Gerbner et al. 1994). Und in der *angewandten Kommunikationsforschung* wird z. B. mit Hilfe so genannter Medienresonanzanalysen untersucht, inwiefern sich etwa die Botschaften in Pressemitteilungen von Unternehmen in Zeitungs- oder Fernsehbeiträgen niederschlagen – also ob Öffentlichkeitsarbeit bzw. PR erfolgreich war (z. B. Roelke 1995).

Beispiel

Inhaltsanalyse von Tageszeitungen

Christiane Eilders, Friedhelm Neidhardt und Barbara Pfetsch (2004) analysierten 8.946 Kommentare, die von 1994 bis 1998 in den überregionalen Tageszeitungen „taz", FR, SZ, FAZ und „Welt" erschienen. Die fünf Zeitungen repräsentieren das publizistische Links-Rechts-Spektrum. Um die redaktionelle Linie der Zeitungen zu identifizieren, wurden unter anderem die expliziten Urteile der Kommentatoren über politische Parteien ermittelt.

4.3.2 | Varianten der Inhaltsanalyse

Varianten der Inhaltsanalyse lassen sich nach drei Kriterien klassifizieren (vgl. im Folgenden Kromrey 2002: 333ff.; Schnell et al. 1999: 375):

- nach dem Standardisierungsgrad,
- nach dem Skalenniveau der Kategorien,
- nach der Komplexität der Codierung.

Standardisierungsgrad

Wie Befragungen lassen sich auch Inhaltsanalysen zunächst nach ihrem *Standardisierungsgrad* in quantitative und qualitative Verfahren unterteilen. Zur *quantitativen Inhaltsanalyse* rechnen wir alle inhaltsanalytischen Verfahren, die empirische Relative in numerische Relative (Codes) überführen, also quantifizierend bzw. messend vorgehen. Die *qualitative Inhaltsanalyse* geht nicht messend vor. Sie überführt empirische Relative in nicht numerische Relative. So lassen sich z. B. die Auskünfte der Nutzer von Weblogs zu Nutzertypen verdichten → vgl. Kap. 1.2.3. An diesem Beispiel wird auch eines der zentralen Einsatzgebiete qualitativer Inhaltsanalysen deutlich: Sie werden oft eingesetzt, um Transskripte von Leitfadengesprächen auszuwerten → vgl. Kap. 4.2.2. Ergänzend sei erwähnt, dass einige Autoren die Unterscheidung zwischen quantitativer und qualitativer Inhaltsanalyse ablehnen. So argumentiert Werner Früh (1998: 35f., 225f.), dass jedem quantifizierenden Vorgehen immer ein qualitatives Verstehen vorausgehe. Zudem gibt es komplexe Inhaltsanalysen, die eine Kombination qualitativer und quantitativer Schritte vorsehen.

quantitative versus qualitative Inhaltsanalyse   Die quantitative und die qualitative Inhaltsanalyse weisen einige Parallelen auf, haben aber auch klare Unterschiede vor allem in der Entwicklungs- und Anwendungsphase → vgl. Abb. 4.7:

- *Quantitative Inhaltsanalyse*: Ausgehend von der Fragestellung der Untersuchung wird hier zunächst eine semantische Analyse → vgl. Kap. 1.4.1 bzw. eine theoriegeleitete Kategorienbildung durchgeführt. Wenn wir z. B. in einer Agenda-Setting-Studie die Themenagenda der Fernsehnachrichten untersuchen wollen, werden wir erst einmal theoretische Überlegungen darüber anstellen, was überhaupt ein Thema ist und wie sich Themen z. B. von Ereignissen abgrenzen lassen. Diese theoriegeleitete Kategorienbildung wird aber durch eine empiriegeleitete Kategorienbildung ergänzt → vgl. Kap. 4.3.3. Dazu greifen wir auf eine Stichprobe des späteren Untersuchungsmaterials zurück – in diesem Fall auf ein kleines Sample an Fernsehnachrichten aus dem gesamten Untersuchungszeitraum. Alle Themen, die in diesen Nachrichtensendungen vorkommen, werden als Ausprägungen in die Katego-

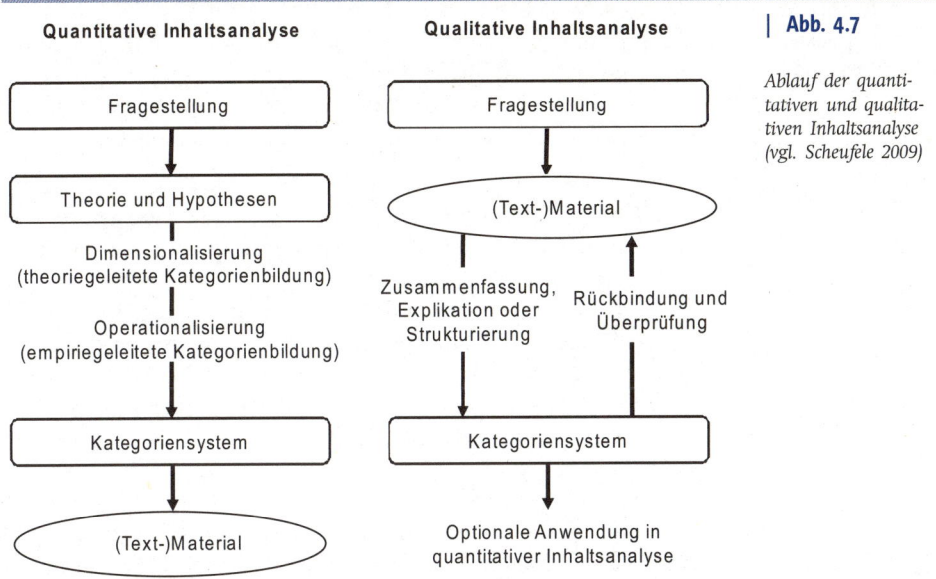

Abb. 4.7

Ablauf der quantitativen und qualitativen Inhaltsanalyse (vgl. Scheufele 2009)

rie „Thema" aufgenommen – sofern sie nicht schon theoretisch deduziert wurden. Das auf diese Weise entwickelte Kategoriensystem wird anschließend auf das gesamte Untersuchungsmaterial angewendet.

- *Qualitative Inhaltsanalyse*: Hier stellt die Kategorienbildung den eigentlichen und zentralen Analyseschritt dar. Vorab haben wir zwar ebenfalls einige theoretische Überlegungen angestellt. Aber wir gehen erst einmal vom Untersuchungsmaterial aus, das z. B. mit Hilfe eines Codierleitfadens untersucht wird. Der Codierleitfaden stellt dabei Fragen an das Material. Wir notieren dann jene (Text-)Passagen aus dem Untersuchungsmaterial, mit denen sich die Codierfrage beantworten lässt. Bei der Codierfrage „Welche Argumente erwähnt der Zeitungsartikel?" werden z. B. alle Argumente notiert, die im Zeitungsartikel vorkommen. Die so erfassten (Text-)Passagen werden anschließend mit Hilfe verschiedener Techniken, auf die wir gleich zu sprechen kommen, zu Kategorien verdichtet. Im Gegensatz zur quantitativen Inhaltsanalyse werden Rückbindung und Überprüfung am Untersuchungsmaterial immer wieder im Zuge der Kategorienbildung durchgeführt. Das auf diese Weise entwickelte Kategoriensystem lässt sich später freilich wieder im Rahmen einer quantitativen Inhaltsanalyse einsetzen.

Techniken der qualitativen Inhaltsanalyse

Da wir uns anschließend auf die quantitative Inhaltsanalyse konzentrieren, stellen wir an dieser Stelle zumindest jene drei Techniken der *qualitativen Inhaltsanalyse* vor, die Philipp Mayring (2000: 56ff.) vorgeschlagen hat. Sie sind allerdings eher als allgemeine Vorschläge zu verstehen, die für die eigene Studie erst zu konkretisieren und zu kombinieren sind:

- *Zusammenfassung*: Hier werden die mit dem Codierleitfaden erfassten (Text-)Passagen aus dem Untersuchungsmaterial (z. B. Argumente) in mehreren Schritten zusammengefasst, gebündelt, und auf ein festgelegtes Abstraktionsniveau generalisiert.
- *Explikation*: Hier gehen wir umgekehrt vor und ziehen Material heran, um die Bedeutung problematischer (Text-)Passagen zu klären. Bei der engen Kontextanalyse wird das direkte Umfeld der (Text-)Passage analysiert. Bei der weiten Kontextanalyse werden Quellen jenseits des Untersuchungsmaterials berücksichtigt.
- *Strukturierung*: Hier besteht das Ziel darin, „unter vorher festgelegten Ordnungskriterien einen Querschnitt durch das Material zu legen oder das Material auf Grund bestimmter Kriterien einzuschätzen" (Mayring 2000: 54). Wir können diese Technik auch als eine Art theoriegeleiteter, dynamischer Codierung begreifen. Denn begonnen wird mit einem groben Codierleitfaden, der immer weiter modifiziert wird. Das Ergebnis können z. B. Typen von Rezeptionsmodalitäten sein, die aus den Gedankenprotokollen von Fernsehzuschauern extrahiert wurden.

Beispiel

Qualitative Inhaltsanalyse in der politischen Kommunikation

Barbara Pfetsch (2003: 119ff.) hat 112 Leitfadeninterviews mit politischen Sprechern und Journalisten aus Deutschland und den USA durchgeführt. Diese Interviews wurden mit Hilfe einer komplexen qualitativen Inhaltsanalyse ausgewertet, für die letztlich alle Techniken der qualitativen Inhaltsanalyse eingesetzt wurden, um die Aussagen der Sprecher und Journalisten zu Typen der politischen Kommunikationskultur zu verdichten.

quantitative oder qualitative Inhaltsanalyse

Die Entscheidung darüber, ob wir eine *quantitative* oder *qualitative Inhaltsanalyse* wählen, hängt von mehreren Kriterien ab. Wenn wir einmal von Grundsatzdiskussionen absehen → vgl. Kap. 1.2.3, sind vor allem folgende Faktoren relevant:

- *Erhebungs- oder Auswertungstechnik*: Wenn wir z. B. Leitfadengespräche mit Weblog-Nutzern durchgeführt haben, so müssen wir die transkribierten Interviews auswerten. Hier fungiert die qualitative Inhaltsanalyse als Auswertungstechnik, um Typen von Weblog-Nutzern zu generieren – etwa „der Netzwerker" oder „der Selbstdarsteller" (vgl. Haas et al. 2007). Wenn wir von vornherein Zeitungsartikel, Fernsehnachrichten, Radio- oder Onlinebeiträge untersuchen, nutzen wir die Inhaltsanalyse dagegen als Erhebungstechnik.

- *Vorkenntnisse*: Wenn wir bereits aus anderen Studien etwas über den Untersuchungsgegenstand wissen, ist eine theoriegeleitete Kategorienbildung problemlos möglich. Fehlt uns dagegen das Vorwissen z.B. darüber, welche Argumente zur Osterweiterung der Europäischen Union in der Medienberichterstattung vorkommen können, dann bietet sich eine qualitative Inhaltsanalyse an, um erst einmal die relevanten Argumente zu explorieren. Wie häufig diese Argumente dann in der Berichterstattung vorkommen, können wir wiederum nur mit Hilfe einer quantitativen Inhaltsanalyse klären.

- *Umfang der Stichprobe*: Wir müssen uns darüber im Klaren sein, dass eine qualitative Inhaltsanalyse nur an einem begrenzten Sample einsetzbar ist. Allerdings wollen wir auch nichts über die Häufigkeit z.B. von Argumenten in den Fernsehnachrichten sagen. Quantitative Inhaltsanalysen basieren meistens auf weit größeren Stichproben als qualitative Inhaltsanalysen.

- *Art der Stichprobenziehung*: Wir hatten bereits erwähnt, dass quantitative Inhaltsanalysen oft eine mehrstufige Sampleziehung erfordern → vgl. Kap. 2.4. Dabei sind alle Arten der Stichprobenbildung denkbar → vgl. dazu auch Kap. 4.3.3. Qualitative Inhaltsanalysen nutzen dagegen meist Techniken der bewussten Auswahl. Neben dem Theoretical Sampling → vgl. Kap. 2.3 ist oft auch vom so genannten Selective Sampling (z.B. Kelle/Kluge 1999: 51ff.) die Rede. Es entspricht aber im Grunde der bewussten Auswahl. Meist werden dabei Extremfälle oder besonders typische Fälle (z.B. TV-Sendungen) ausgewählt.

Neben der qualitativen Inhaltsanalyse gibt es zahlreiche weitere Verfahren, um Mitteilungen auf qualitative oder hermeneutische Weise zu untersuchen (vgl. im Folgenden Scheufele 2009). Dazu gehört z.B. die bereits erwähnte *Grounded Theory* → vgl. Kap. 2.3, aber auch *Diskursanalysen*, die auch Medieninhalte als Indikatoren etwa für einen antisemitischen Diskurs in der Gesellschaft (z.B. Wodak et al. 1990) nutzen. Im Gegensatz zur qualitativen Inhaltsanalyse werden Stichprobenbildung oder einzelne Verfahrensschritte aber bei vielen Studien nicht hinreichend expliziert – das widerspricht dem Postulat der Intersubjektivität → vgl. Kap. 1.2.2.

weitere qualitative Verfahren

Skalenniveau der Kategorien

Mit Helmut Kromrey (2002: 335ff.) können wir inhaltsanalytische Ansätze auch nach dem *Skalenniveau* → vgl. Kap. 1.5.2 der Kategorien klassifizieren. Allerdings ist dabei zu beachten, dass die meisten Inhaltsanalysen nicht nur eine, sondern oftmals mehrere der nachfolgenden Varianten einsetzen. Wie bei den Techniken der qualitativen Inhaltsanalyse handelt es sich also um *Grundformen*, die in der Regel miteinander kombiniert werden:

- *Frequenzanalyse*: Hier codieren wir auf Nominalskalenniveau. Beispielsweise können wir zählen, wie häufig welche Themen oder Akteure in den TV-Abendnachrichten vorkommen.
- *Valenzanalyse*: Hier codieren wir auf Ordinalniveau. Wenn wir in unserem Codebuch nicht nur eine Kategorie für Akteure, sondern auch eine Kategorie für deren Bewertung vorsehen, dann wissen wir nicht nur, wie häufig welche Akteure in den Nachrichten der reichweitenstärksten TV-Sender vorkommen, sondern auch, ob diese Akteure positiv, negativ oder neutral dargestellt werden.
- *Intensitätsanalyse*: Hier codieren wir auf Intervallskalenniveau. Denn wir erfassen nicht nur die Richtung, sondern auch die Intensität der Bewertung. Für eine Inhaltsanalyse der Argumente in der Berichterstattung über Kernenergie schlägt Früh (1998: 211) eine siebenstufige Skala vor, um stärkere und schwächere Argumente für oder gegen Kernenergie zu erfassen.

Komplexität der Codierung

Die so genannte *Kontingenzanalyse* wird oft in einem Atemzug mit der Frequenz-, Valenz- und Intensitätsanalyse genannt (z. B. Schnell et al. 1999: 375). Allerdings geht es bei der Kontingenzanalyse nicht um die „Differenziertheit" der Codierung einer einzigen Kategorie. Vielmehr will die Kontingenzanalyse die semantischen und syntaktischen Strukturen – also die inhaltlichen und sprachlichen Zusammenhänge (Kontingenzen) – von Mitteilungen adäquat erfassen. Beispielsweise sollen nicht nur Themen, sondern Argumente und deren Urheber sowie Verweise auf Argumente anderer Urheber erfasst werden. Damit kann die Kontingenzanalyse den mitunter vorgebrachten Vorwurf entkräften, die quantitative Inhaltsanalyse betreibe nur „Fliegenbeinzählerei", weil sie Mitteilungen in isolierte Kategorien („Fliegenbeine") zerlege (vgl. Früh 1998: 120).

Varianten der Kontingenzanalyse   Auch für die *Kontingenzanalyse* lassen sich verschiedene Varianten unterscheiden:

- *Argumentationsanalyse*: Diese Art der Kontingenzanalyse erfasst keine isolierten Aussagen, sondern Argumentationsstrukturen. Es wird also untersucht, welche Akteure z. B. in Zeitungsartikeln mit welchen Argumenten zu Wort kommen und auf welche anderen Akteure, die ihrerseits mit ihren Argumenten zitiert werden, sie dabei Bezug nehmen (vgl. z. B. Weiß 1989).

- *Modultechnik*: Mit dieser Variante lassen sich Mitteilungen mehrdimensional codieren. Dafür sieht das Codebuch mehrere Module vor, denen wiederum mehrere Kategorien zugeordnet sind (vgl. z. B. Kepplinger 1989).
- *Semantische Struktur- und Inhaltsanalyse (SSI)*: Stark vereinfacht werden bei dieser Art der Kontingenzanalyse kleinste Bedeutungs- bzw. Sinneinheiten – so genannte Mikropropositionen – und die Relationen dazwischen erfasst. Die Auswertung erfordert eine spezielle Software (vgl. Früh 1989).

Inhaltsanalyse in der Forschungspraxis

In der Forschungspraxis werden wir uns selten nur für eine der bislang vorgestellten Ansätze der Inhaltsanalyse entscheiden. Vielmehr kombinieren Codebücher oft mehrere Varianten. Wenn wir beispielsweise die Argumente in der Zeitungsberichterstattung über die EU-Osterweiterung untersuchen, werden wir mit einer ersten Kategorie die Argumente codieren, mit einer zweiten Kategorie deren Richtung und Stärke (z. B. von „stark pro" bis „stark contra") und mit einer dritten Kategorie die Urheber der in den Zeitungsartikeln vorkommenden Argumente codieren. Die erste und dritte Kategorie entsprechen jeweils einer Frequenzanalyse, die zweite Kategorie dagegen einer Intensitätsanalyse. Wenn verschiedene Techniken in einem Codebuch kombiniert werden, können wir mit Früh (1998: 192) von einem *synthetischen Kategoriensystem* sprechen.

Kombination inhaltsanalytischer Varianten

Merksatz

Inhaltsanalysen lassen sich erstens nach dem *Standardisierungsgrad* in quantitative und qualitative Verfahren klassifizieren. Zweitens können wir nach dem *Skalenniveau der Kategorien* zwischen Frequenz-, Valenz- und Intensitätsanalysen unterscheiden. Drittens gibt es verschiedene Varianten von *Kontingenzanalysen*, die auch die komplexen semantischen bzw. syntaktischen Strukturen von Mitteilungen erfassen.

Mit der *automatisierten Inhaltsanalyse* ersetzt eine entsprechende Software die menschlichen Codierer. Dazu wird im Kern ein Wörterbuch angelegt, mit dessen Hilfe die Software z. B. Zeitungsbeiträge nach Begriffen oder Wortkombinationen durchforstet. In gewisser Hinsicht ist das mit einer Datenbankabfrage oder der Suchfunktion von CD-ROMs mit allen Hef-

automatisierte Inhaltsanalyse

ten z. B. von Nachrichtenmagazin vergleichbar. Der Vorteil dieser Form der automatisierten Inhaltsanalyse besteht darin, dass wir nicht auf die Interpretationsleistung von Codierern angewiesen sind. Der Nachteil ist jedoch darin zu sehen, dass es einen enormen Aufwand im Vorfeld darstellt, die notwendigen syntaktischen Regeln und semantischen Vorgaben zu erstellen (vgl. dazu auch Brosius et al. 2008: 172ff.). Der Ertrag kann dagegen bis heute nicht wirklich überzeugen. Tatsächlich ist die *Reliabilität* computergestützter Inhaltsanalysen enorm, die *Validität* dagegen eher fraglich. Den Problemen solcher Inhaltsanalyse widmen sich ausführlicher drei Aufsätze in einem aktuellen Sammelband zur Inhaltsanalyse (Wirth/Lauf 2001).

4.3.3 | Codebuch

Aufbau des Codebuchs und des Codebogens

Die Qualität einer Inhaltsanalyse hängt erheblich von der Qualität des Codebuchs und dabei vor allem vom Kategoriensystem ab. Wir beschränken uns im Folgenden auf das standardisierte Codebuch einer quantitativen Inhaltsanalyse (vgl. im Folgenden Früh 1998: 150ff.; Rössler 2005: 87ff.). Wer sich einen Eindruck von einem gelungenen Codierleitfaden für qualitative Inhaltsanalysen machen will, dem sei die Studie von Gerhard Vowe und Klaus Beck (1995) empfohlen.

definatorischer Rahmen

Das *Codebuch* einer quantitativen Inhaltsanalyse besteht in der Regel aus drei Hauptteilen, die sich jeweils in weitere Teile untergliedern lassen → vgl. Abb. 4.8:

- *Definitorischer Rahmen*: Das Codebuch beginnt mit Informationen zum Untersuchungsziel, mit der zentralen Forschungsfrage und gegebenenfalls mit den Hypothesen. Danach werden zentrale Begriffe definiert, damit alle Codierer ein einheitliches Verständnis vom Untersuchungsgegenstand entwickeln. Wenn wir z. B. die Wahlberichterstattung untersuchen wollen, muss klar sein, ob es um Bundes-, Landtags- oder Kommunalwahlen gehen soll. Anschließend werden die verschiedenen Einheiten definiert. Darauf gehen wir gleich ausführlicher ein. Schließlich werden allgemeine *Codieranweisungen* gegeben. Hier werden die generelle Vorgehensweise und die Codierlogik erläutert. Dazu gehören die Hinweise, dass der Zeitungsartikel im Sample oder jede Nachrichtensendung des Fernsehens erst einmal ganz durchzulesen oder komplett anzuschauen ist, dass danach die formalen Kategorien codiert werden, anschließend die inhaltlichen Kategorien erfasst werden usw.

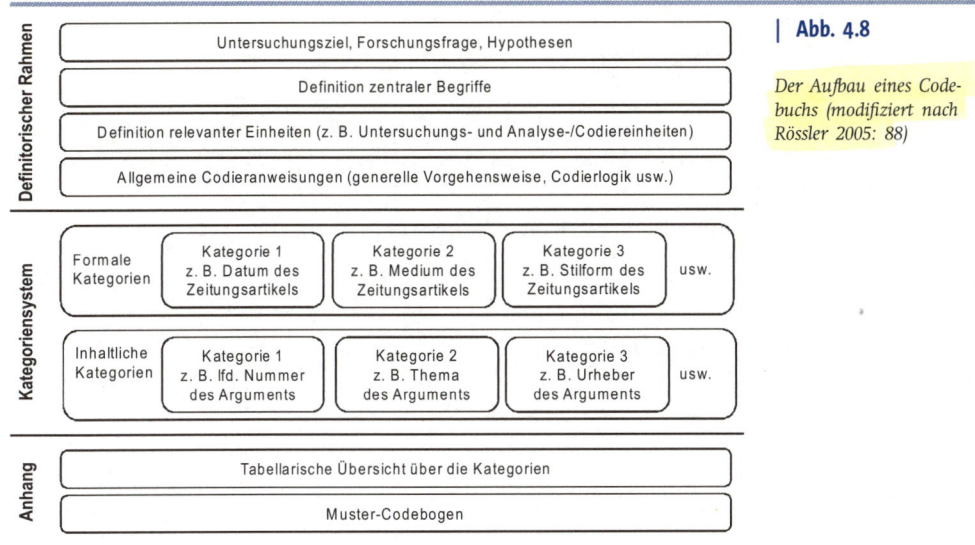

| Abb. 4.8

Der Aufbau eines Codebuchs (modifiziert nach Rössler 2005: 88)

- *Kategoriensystem*: Den Hauptteil des Codebuchs bildet das Kategoriensystem. Es entspricht der Gesamtheit aller Fragen im Fragebogen. Das Kategoriensystem enthält einerseits formale, andererseits inhaltliche Kategorien. Durch die Erfassung von formalen Kategorien können wir später unter anderem angeben, welches Medium in welcher Phase des Untersuchungszeitraums welche Inhalte veröffentlicht hat. Wenn wir z. B. die Zeitungsberichterstattung untersuchen, vergeben wir für jeden Zeitungsbeitrag eine laufende Nummer (Kategorie 1 in → Abb. 4.8). Zudem erfassen wir, aus welcher Zeitung der Beitrag stammt (Kategorie 2) und zu welcher Stilform (z. B. Kommentar, Glosse, Kurzbericht) er gehört (Kategorie 3). Die inhaltlichen Kategorien entsprechen den Testfragen im Fragebogen → vgl. Kap. 4.2.3. Wenn wir z. B. die Argumente in der Zeitungsberichterstattung zu einer politische Streifrage untersuchen, werden wir für jedes Argument eine laufende Nummer vergeben (Kategorie 1), das Thema des Arguments (Kategorie 2) und den Urheber codieren (Kategorie 3). Natürlich sind noch weitere inhaltliche Kategorien denkbar. Wie Kategorien zu definieren und deren Ausprägungen mit Codes zu versehen sind, erläutern wir noch ausführlich.
- *Anhang*: Der dritte Teil des Codebuchs enthält einen Mustercodebogen → vgl. Abb. 4.9. Weitere Angaben sind optional und teilweise vorsichtig einzusetzen. So können wir im Anhang die Schlüsselpläne aller Kategorien auflisten. Das birgt jedoch die Gefahr, dass die Codierer nur

Kategoriensystem

Abb. 4.9 |

*Beispiel für den
Codebogen einer
Inhaltsanalyse auf
Beitrags- und
Aussagenebene*

Lfd. Nr.	Codierer

Analyse-/Codiereinheit „Zeitungsbeitrag" – Formale Kategorien

| Medium | Datum | Quelle | Umfang | Platzierung | Ressort | Stilform | usw. |

Analyse-/Codiereinheit „Wertende Aussage" – Inhaltliche Kategorien

| Lfd. Nr. | Urheber | Objekt | Thema | Bewertung |

| Lfd. Nr. | Urheber | Objekt | Thema | Bewertung |

| Lfd. Nr. | Urheber | Objekt | Thema | Bewertung |

usw.

noch diese Schlüsselpläne für die Codierung heranziehen und die relevanten Kategoriendefinitionen aus dem Kategoriensystem „vorne im
Codebuch" nicht mehr berücksichtigen.

Codebogen Für das weitere Verständnis bietet es sich bereits an dieser Stelle an,
auf den *Codebogen* einzugehen. Ein vereinfachtes Beispiel für einen Codebogen bietet → Abb. 4.9. Das Ziel der Inhaltsanalyse besteht in diesem Fall
darin, alle wertenden Aussagen in der Zeitungsberichterstattung über
eine politische Streitfrage zu erfassen.

- Zunächst tragen die Codierer für jeden Codebogen die laufende Nummer in das dafür vorgesehene Codierfeld bzw. Kästchen ein. Im Beispiel verwenden wir für jeden neuen Zeitungsbeitrag einen neuen
  Codebogen. Beim ersten Beitrag, der codiert wird, trägt der betreffende Codierer eine 1 in das Kästchen ein. Im nächsten Kästchen trägt er
  seine Codierernummer ein.
- Dann werden alle formalen Kategorien erfasst. Dazu gehören das Medium, also die Zeitung, in der der Beitrag erschienen ist, Publikations-
  datum, Umfang, Platzierung (z. B. Titelseite), Ressort (z. B. Politikteil)
  sowie Stilform (z. B. Kommentar). Welchen Code der Codierer für die
  jeweilige Ausprägung der Kategorie in die Kästchen eintragen muss,
  steht im jeweiligen Schlüsselplan der betreffenden Kategorie. Wie erwähnt, enthält ein Schlüsselplan alle Ausprägungen der Kategorie mit
  ihren Codes. Auf der ersten Codierebene werden die Kategorien pro
  Beitrag jeweils einmal verschlüsselt.

> Die Analyse-/Codiereinheit ist die wertende Aussage. Eine wertende Aussage setzt sich zusammen aus vier Elementen: (1) aus einem Urheber („Wer sagt"), (2) einem Thema („was"), (3) einem Objekt („über wen"), und einer (4) Bewertungsrichtung („mit welcher Bewertung"?). Eine Aussage kann einen, aber auch mehrere grammatikalische Sätze oder nur einen Halbsatz umfassen. Eine neue Analyse-/Codiereinheit liegt immer dann vor, wenn sich mindestens eines dieser vier Elemente ändert. Wenn z. B. zwei Personen das gleiche sagen, dann liegen zwei Aussagen vor. Pro Beitrag werden alle wertenden Aussagen codiert.

| **Abb. 4.10**

4.10 Beispiel für eine Definition der Analyse-/ Codiereinheit „wertende Aussage"

- Schließlich werden alle wertenden Aussagen im Zeitungsbeitrag codiert. Damit wird eine neue Codeebene eröffnet. Da für jede Aussage die laufende Nummer codiert wird, muss die Anzahl der codierten Aussagen der höchsten laufenden Nummer entsprechen. Für jede Aussage werden vier Kategorien codiert: der Urheber, das Objekt, das Thema und die Bewertungsrichtung der Aussage. Die zugehörige Definition der Analyse- bzw. Codiereinheit „wertende Aussage" zeigt → Abb. 4.10.

Der Codebogen sollte Logik und Ebenen der Codierung auf einen Blick erkennen lassen → vgl. Abb. 4.9. Für die Auswertung werden die auf den Codebögen erfassten Codes in den Computer eingegeben (vgl. Rössler 2005: 175ff.). Wie bei computergestützten Interviews können wir Codierern auch eine Maske für die „Codierung am PC" geben. Das spart Zeit und Kosten und vermeidet Dateneingabefehler. Auf einem ausgedruckten Codebogen können dagegen Problemfälle markiert oder notiert werden.

manuelle und computergestützte Codierung

Welche Einheiten sind im Codebuch zu unterscheiden?
- Ausgehend von dem eben erläuterten Aufbau eines Codebuchs müssen wir uns vor allem drei Fragen stellen:
- Welche Einheiten sind im Codebuch zu unterscheiden?
- Wie lassen sich Kategorien bilden und wie sind sie zu definieren?
- Welche Typen von Kategorien lassen sich unterscheiden?

Bei der Befragung sind die Merkmalsträger in der Regel Personen und damit einfach bestimmbar. Bei der Inhaltsanalyse ist es weit schwieriger, das Untersuchungsmaterial festzulegen. Dies geschieht über die Definition der Einheiten der Inhaltsanalyse. Meist werden drei *Einheiten der Inhaltsanalyse* unterschieden:

- Untersuchungs-/Auswahleinheit,
- Analyse-/Codiereinheit,
- Kontexteinheit.

Diese Bezeichnungen werden aber nicht einheitlich verwendet. So wird die Analyse- bzw. Codiereinheit teilweise auch Zähleinheit genannt (z. B. Kromrey 2002: 329). Oder es wird weiter zwischen Analyse- und Codiereinheit differenziert (z. B. Rössler 2005: 39).

Untersuchungs- oder Auswahleinheiten

Die *Untersuchungs- oder Auswahleinheit* legt fest, welches Material inhaltsanalytisch untersucht werden soll. Es handelt sich also um jene Einheiten, die aus der Grundgesamtheit gezogen und in das Sample aufgenommen werden. Wie bereits erwähnt, erfordern Inhaltsanalysen meist *mehrstufige Stichproben* → vgl. Kap. 2.4.1. Mit Rössler (2005: 51ff.) lassen sich fünf bzw. sechs Stufen unterscheiden:

- *Untersuchungszeitraum*: Die Begründung des Untersuchungszeitraums hängt vom Forschungsinteresse ab. Wenn wir uns z. B. für die Veränderung der Berichterstattung über Terrorismus und Muslime im Zuge des 11. September 2001 interessieren, wird unser Zeitraum möglicherweise das Jahr davor und das Jahr danach umfassen. Wenn wir die Fernsehberichterstattung über eine Bundestagswahl untersuchen, werden wir z. B. den Zeitpunkt der Ernennung des ersten Spitzenkandidaten oder den Wahlkampfauftakt einer der beiden Volksparteien als Beginn und den Wahltag als Ende des Untersuchungszeitraums wählen. Wollen wir den Anteil von Sport und Kultur in den Programmen aller Fernsehsender untersuchen, werden wir dem Prinzip der „künstlichen Woche" folgen: Wir beginnen am Jahresanfang und wählen in der ersten Woche den Montag, in der zweiten den Dienstag, in der dritten den Mittwoch usw. aus, bis wir eine oder mehrere künstliche Wochen zusammengestellt haben. Würden wir irgendeine Woche willkürlich herausgreifen, kann in dieser Woche ein bedeutsames Sportereignis stattgefunden haben, so dass der Anteil von Sport am Gesamtprogramm allein aufgrund der willkürlichen Stichprobenziehung höher als sonst ausfällt.
- *Räumlicher Geltungsbereich*: Zudem müssen wir festlegen, welcher räumliche bzw. geografische Geltungsbereich uns interessiert: Geht es um das Fernsehen in Deutschland? Geht es um Lokalzeitungen oder um alle in Deutschland erscheinenden Tageszeitungen? Oder wollen wir die Darstellung des Klimawandels in deutschen und US-amerikanischen Medien vergleichen? Dabei sind auch scheinbar nebensächliche Fragen zu klären – etwa ob „deutschsprachige Medien" auf den Erscheinungsort oder das Verbreitungsgebiet zielt.
- *Mediengattung*: Anschließend muss festgelegt werden, um welche Mediengattung es gehen soll. Dabei dürften vielfach auch forschungspraktische Erwägungen eine Rolle spielen. Das lässt sich am Beispiel der bereits erwähnten Studie von Scheufele/Haas (2008) erläutern

→ vgl. Kap. 1.5.1. Die Autoren haben die Berichterstattung über ausgewählte börsennotierte Unternehmen in zwei Qualitätszeitungen, zwei Börsensendungen im Fernsehen und zwei Onlinefinanzportalen inhaltsanalysiert. Für den ersten, zu Beginn der Untersuchung aktuellen Zeitraum im Jahr 2005 konnten täglich die Börsensendungen aufgezeichnet und die Inhalte der Finanzportale gespeichert werden. Für den zweiten, weiter zurückliegenden Zeitraum im Jahr 2000 konnten die Autoren nur auf die in Archiven verfügbaren Tageszeitungen zurückgreifen. Die Börsensendungen und Onlinebeiträge waren nachträglich nicht mehr zu beschaffen.

- *Medienangebote*: Wir untersuchen selten alle Angebote einer Mediengattung, sondern wählen einige aus. Aus pragmatischen Gründen wird oft eine bewusste Auswahl → vgl. Kap.2.3 vorgenommen, die sich am Vergleichsprinzip orientiert. So können wir öffentlich-rechtliche und private Fernsehsender vergleichen. Oder wir kontrastieren die Hörfunkangebote verschiedener Verbreitungsregionen. Wir können aber auch die Qualitäts- und Boulevardpresse oder Zeitungen mit unterschiedlicher redaktioneller Linie gegenüberstellen.
- *Ressorts, Formate usw.*: Auch bei einem Medienangebot werden wir nicht alles untersuchen, sondern uns auf bestimmte Ressorts der Zeitung, auf bestimmte TV-Genres oder Formate bzw. auf bestimmte Rubriken und Links bei Onlineangeboten konzentrieren. So finden wir z. B. Zeitungsbeiträge über eine Bundestagswahl eher im Politik- als im Sportteil. Auch innerhalb des politischen Teils können wir weiter spezifizieren und etwa nur Kommentare untersuchen.
- *Aufgreifkriterium*: Wenn uns z. B. nur die Berichterstattung über Gentechnik interessiert, werden wir nicht alle Beiträge in TV-Wissenschaftsmagazinen untersuchen, sondern nur Beiträge über Gentechnik. Dazu müssen wir ein *Aufgreifkriterium* definieren. Es umfasst eine Liste an möglichst eindeutigen und aussagekräftigen Suchbegriffen sowie eine Suchstrategie. Im Beispiel werden z. B. alle Beiträge in den ausgewählten Wissenschaftsmagazinen berücksichtigt, die in der Anmoderation Begriffe wie „Gentechnik" oder „Gentechnologie" erwähnen.

Die *Analyse- oder Codiereinheit* definiert den *Merkmalsträger*, dessen Merkmale erfasst bzw. für den die Kategorien codiert werden sollen. Das können z. B. Zeitungsartikel, TV-Sendungen, Radiobeiträge Fotos, Aussagen, Argumente, Akteure oder Filmsequenzen sein. Die Analyse- oder Codiereinheit legt zugleich die *Codierebene* fest. Wenn wir etwa das Medienimage von Kanzlerin Angela Merkel in der Qualitätspresse untersuchen, sind beispielsweise zwei Analyse- bzw. Codiereinheiten denkbar:

Analyse-/
Codiereinheiten

- *Analyse-/Codiereinheit „Zeitungsbeitrag"*: In diesem Fall codieren wir die inhaltlichen Kategorien auf der Ebene des Zeitungsbeitrags. Die Kategorie „Bewertung" mit den Ausprägungen „pro Merkel" (Code 1), „contra Merkel" (Code 2) und „ambivalent" (Code 0) kann hier nur einmal – und zwar für den gesamten Zeitungsbeitrag – erfasst werden.
- *Analyse-/Codiereinheit „Wertende Aussage"*: In diesem Fall codieren wir die inhaltlichen Kategorien auf der Ebene der einzelnen wertenden Aussage. Die Definition für diese Analyse- bzw. Codiereinheit zeigt → Abb. 4.10. Die Kategorie „Bewertung" kann hier so oft codiert werden, wie es wertende Aussagen über Angela Merkel im jeweiligen Zeitungsbeitrag gibt.

Spezifische Analyse- bzw. Codiereinheiten wie „wertende Aussage" bedeuten einen höheren Aufwand. Wenn wir z. B. 100 Zeitungsbeiträge untersuchen und pro Beitrag im Durchschnitt 10 wertende Aussagen vorkommen, macht das bereits rund 1.000 Analyse- bzw. Codiereinheiten. Umgekehrt können wir bei der Datenauswertung nicht genauer auswerten als wir codiert haben. Dagegen lassen sich „feinere" Codierungen bei der Datenauswertung immer auf einer höheren Ebene zusammenfassen – man sagt dann: aggregieren. Wie fein die Analyse- bzw. Codiereinheit sein sollte, ist im Einzelfall zu entscheiden. Bei der Codierung von Fernsehmaterial sind meist mehrere Analyse- bzw. Codiereinheiten und somit Codierebenen sinnvoll. Das betrifft vielfach aber auch Printmaterial. Die Inhaltsanalyse, deren Codebogen wir in → Abb. 4.9 gesehen haben, sieht zwei Codierebenen vor. Bei mehr als einer Codierebene sprechen wir oft auch von einer *hierarchischen Codierung*.

Analyse- bzw. Codiereinheiten kann man unterschiedlich definieren (vgl. ausführlicher auch Früh 1998: 86ff.). Die wertende Aussage in → Abb. 4.10 wurde formal über vier Elemente definiert. Andere Analyse- bzw. Codiereinheiten wie z. B. „Sinneinheit" werden semantisch definiert, d. h. es wird inhaltlich umschrieben, was eine solche Einheit ist und ab wann eine neue Einheit im Material vorliegt.

Kontexteinheit   Die *Kontexteinheit* ist für Zweifelsfälle bei der Codierung vorgesehen. Wenn wir z. B. die Aussage „Sie glaubt, Kernkraft sei die Energie der Zukunft" codieren wollen, müssen wir einen weiteren Kontext heranziehen, um zu erkennen, dass mit „Sie" die Bundeskanzlerin Angela Merkel gemeint ist. Sieht das Codebuch mehrere Analyse- bzw. Codiereinheiten vor, dann bildet in der Regel die jeweils nächsthöhere die Kontexteinheit. Die Kontexteinheit ist vergleichbar mit der engen Kontextanalyse bei der qualitativen Inhaltsanalyse.

Die *Untersuchungs-* bzw. *Auswahleinheit* legt fest, welches Material inhaltsanalytisch untersucht werden soll. Sie wird in der Regel mehrstufig angelegt. Die *Analyse-* bzw. *Codiereinheit* legt fest, für welchen Merkmalsträger
bzw. auf welcher Ebene die Kategorien codiert werden sollen. Die *Kontexteinheit* dient dazu, Zweifelsfälle bei der Codierung zu klären.

Wie lassen sich Kategorien bilden und definieren?

Bevor wir verschiedene Typen von Kategorien vorstellen, gehen wir auf
die beiden schon kurz erwähnten Möglichkeiten der *Kategorienbildung* ein.
Früh (1998: 132ff.) erläutert beide ausführlich und anschaulich an einem
Beispiel:

Kategorienbildung

- *Theoriegeleitete Kategorienbildung:* Die aus unseren theoretischen Überlegungen abgeleiteten Hypothesen enthalten bestimmte Begriffe bzw.
Konstrukte. Diese unterziehen wir einer dimensionalen und vor allem semantischen Analyse → vgl. Kap. 1.4.1. Aus den Dimensionen ergeben sich meist schon die groben Kategorien und deren Sinngehalt.
Wenn wir etwa eine Inhaltsanalyse durchführen, um das Ausmaß der
im Fernsehen gezeigten Gewalt zu ermitteln, werden wir dieses Konstrukt theoriegeleitet in Dimensionen wie „Art der Gewalt", „Stärke
der Gewalt", „Typ des Täters" usw. zerlegen (vgl. Früh 2001: 36ff.). Diese Dimensionen bilden die Kategorien, die dann z. B. für jede neue
Kameraeinstellung codiert werden. Auch die Ausprägungen von Kategorien lassen sich bis zu einem gewissen Grad theoretisch festlegen.
Für die Kategorie „Art der Gewalt" werden wir z. B. die Ausprägungen
„physische Gewalt", „psychische Gewalt" und „strukturelle Gewalt"
unterscheiden, die sich noch in spezifische Ausprägungen unterteilen
lassen.
- *Empiriegeleitete Kategorienbildung:* Sie entspricht in gewisser Hinsicht
dem Vorgehen bei der qualitativen Inhaltsanalyse → vgl. Kap.4.3.2: Die
theoretisch festgelegten und vorläufig definierten Kategorien und
Ausprägungen werden nun mit einer kleineren Stichprobe des späteren Untersuchungsmaterials konfrontiert. Anhand dieses empirischen Materials lassen sich Problem- und Zweifelsfälle erkennen, die
eine Modifizierung der Kategoriendefinition erforderlich machen. Zudem lassen sich Beispiele und Indikatoren für die Kategorie und ihre
Ausprägungen finden. Darüber hinaus treten im empirischen Material meist weitere Ausprägungen der Kategorie auf, an die wir bei der
theoriegeleiteten Kategorienbildung noch gar nicht gedacht haben –
etwa eine weitere Art der Gewalt.

Theorie- und empiriegeleitete Kategorienbildung

In ihrer Inhaltsanalyse der Berichterstattung über den EU-Beitritt Polens und Tschechiens sowie Rumäniens und Bulgariens in den beiden Qualitätszeitungen FR und „Welt" hat Ines Engelmann (2009) als Analyse- bzw. Codiereinheit das einzelne Argument gewählt. Für die theoriegeleitete Kategorienbildung griff die Autorin auf politikwissenschaftliche Analysen von Europawahlprogrammen der im Bundestag vertretenen Parteien zurück. Daraus ergaben sich entsprechende Politikfelder und Diskursbereiche. Diese bildeten das Grundgerüst bzw. die Hauptausprägungen im Schlüsselplan für die Kategorie „Argumente". Die Argumente selbst wurden empiriegeleitet im Rahmen einer qualitativen Inhaltsanalyse relevanter Beiträge anhand des Nachrichtenmagazins „Der Spiegel" und der Wochenzeitung „Die Zeit" extrahiert.

Kategoriendefinition

Bei der Kategorienbildung dürfte bereits deutlich geworden sein, was alles zu einer *Kategoriendefinition* gehört:

- *Beschreibung des semantischen Gehalts*: Zunächst einmal wird beschrieben, was unter der Kategorie inhaltlich zu verstehen ist (vgl. etwa die Kategorie „Thema" in → Abb. 4.11 unten).
- *Problem- und Zweifelsfälle*: Daneben werden Problem- und Zweifelsfälle vorgestellt, wobei auch erläutert werden muss, wie Codierer bei solchen Fällen vorgehen sollen.
- *Schlüsselplan*: Danach folgt der Schlüsselplan mit allen Ausprägungen der Kategorien und deren Codes.
- *Indikatoren und Beispiele*: Sowohl für die Kategorie als auch für deren Ausprägungen werden Indikatoren und Beispiele gegeben.

Kategoriendefinition für den Nachrichtenfaktor „Prominenz"

Nachrichtenfaktoren (z. B. Schaden) sind Merkmale von Ereignissen oder Meldungen bzw. Zuschreibungen solcher Merkmale durch Journalisten (vgl. z. B. Staab 1990). Mit Hilfe von Inhaltsanalysen kann man untersuchen, welche Nachrichtenfaktoren in der Medienberichterstattung vorkommen. Nachrichtenfaktoren werden in der Regel auf Beitragsebene codiert. Ein Nachrichtenfaktor ist die Prominenz der in ein Ereignis involvierten Akteure. Die Kategoriendefinition umschreibt zunächst, dass es sich bei Prominenz um den „Grad der Bekanntheit einer Person [...] (unabhängig von ihrem Einfluß)" (Staab 1990: 220) handelt und dass für jeden Medienbeitrag einmal codiert wird, wie prominent die darin vorkommenden Akteure sind. Zudem betont die Kategoriendefinition, dass im Zweifelsfall – etwa bei Akteuren unterschiedlicher Prominenz – immer die größte Prominenz bei diesen Akteuren codiert wird. Danach folgt der Schlüsselplan mit allen Ausprägungen und Codes. Für die höchste Ausprägung „größte Prominenz, internationale Prominenz" wird z. B. die 3 codiert. Die Indikatoren dafür lauten: „Politiker, Unternehmer, Wirtschaftsführer, Künstler, Religionsführer, Sportler, Adel, die vorwiegend auf internationaler Ebene bekannt sind". Als Beispiele lassen sich etwa George W. Bush, der Papst, Bill Gates und Madonna anführen.

Welche Typen von Kategorien lassen sich unterscheiden?

In der Regel werden zwei grundsätzliche Typen von Kategorien unterschieden:

*   formale Kategorien und
*   inhaltliche Kategorien.

Rössler (2005: 104ff.) nennt als dritten Typ *wertende Kategorien*. Wir fassen sie aber unter inhaltliche Kategorien. Wertende Kategorien zielen auf eine Valenz- und Intensitätsanalyse, während das, was Rössler als inhaltliche Kategorien bezeichnet, auf eine Klassifikation und damit eine Frequenzanalyse zielt → vgl. Kap. 4.3.2. Er macht aber selbst auf diese Feinheiten aufmerksam.

Formale Kategorien lassen sich leicht codieren, da es sich in der Regel um **formale Kategorien** Sachverhalte von geringerer Komplexität handelt. Daher sollte hier die Übereinstimmung zwischen mehreren Codierern – also die Reliabilität → vgl. Kap. 4.3.4 – relativ hoch sein. Der Codebogen in → Abb. 4.9 zeigt etliche formale Kategorien. Die Bezeichnung „formal" ist aber missverständlich, da diese Kategorien bei der späteren Auswertung oft eine wichtige inhaltliche Funktion haben. Wenn wir beispielsweise – im Sinne des diagnostischen Ansatzes der Inhaltsanalyse – die Berichterstattung von Qualitätszeitungen mit unterschiedlicher redaktioneller Linie vergleichen, dann können wir nur aufgrund der Kategorie „Medium" ermitteln, welche Beiträge aus welcher Zeitung stammen. Wenn wir ermitteln wollen, ob die Nachrichtengebung – also die tatsachenorientierten Beiträge (z. B. Nachricht, Bericht) – der Kommentierung – also den meinungsorientierten Beiträgen (z. B. Kommentar, Glosse) – folgt, dann brauchen wir die Kategorie „Stilform". Die Kategorien „Platzierung" und „Umfang" sind wie-

inhaltliche Kategorien

derum Indikatoren für den Nachrichtenwert, also die Publikationswürdigkeit in vielen Nachrichtenwertstudien (vgl. z. B. Schulz 1976: 80).

Den zentralen Teil des Kategoriensystems bilden freilich die *inhaltlichen Kategorien*. Dabei hängt vom Forschungsinteresse ab, welche Kategorien wir erfassen. Wir codieren selten das Material in allen Aspekten oder Details, sondern erfassen nur die für uns relevanten Merkmale. Das kann im konkreten Fall bedeuten, dass einige Passagen in Zeitungsartikeln oder einige Sequenzen in Fernsehbeiträgen nicht codiert werden (müssen). Aus der Vielzahl an denkbaren Kategorien greifen wir drei Typen heraus, die in vielen Codebüchern auftauchen. Es sind die Kategorien „Thema", „Akteur" und „Bewertung". Zu diesen und weiteren Kategorien mit vielen Beispielen sei auch auf Früh (1998: 132ff., 155ff., 208ff.) und Rössler (2005: 120ff., 145ff.) verwiesen.

- *Thematische Kategorien*: Themen können auf unterschiedlichem Abstraktionsniveau erfasst werden. Die Ausprägungen mancher Kategorien machen an tagesaktuellen Ereignissen fest, während die Ausprägungen anderer Themenkategorien abstraktere Themenbereiche abstecken. → Abb. 4.11 zeigt auszugsweise die Kategorie „Thema" aus einem Codebuch von Hans Mathias Kepplinger und Marcus Maurer (2005). Die Autoren untersuchten damit die Berichterstattung über den Bundestagswahlkampf 2002 in den Hauptnachrichtensendungen

Abb. 4.11 |

Beispiel für eine Kategorie „Thema" (vgl. Kepplinger/Maurer 2005) – Auszüge

Unter Thema wird der Bereich verstanden, zu dem der Beitragsgegenstand gehört. Kann das Thema eines Beitrages nur allgemein einer Kategorie zugeordnet werden, ist die jeweils fett gedruckte Oberkategorie zu verwenden. Auch Personen und Parteien können Themen sein.

100 Kandidaten	**190 Staatsverschuldung/Finanzkrise**
101 Stoiber	191 Löcher im Bundeshaushalt
102 Schröder	192 Löcher in den Länderhaushalten
110 Parteien	193 Schuldenstand der Bundesrepublik
111 Union (gemeinsam)	194 Schuldenstand der Länder
112 CDU	195 Sparmaßnahmen/-zwänge
113 CSU	**200 Standort Deutschland**
...	...
120 Regierung und Opposition	**210 Innere Sicherheit**
...	...
130 Verhältnis der Parteien untereinander	**220 Menschenverursachte Risiken**
...	...
150 Wahlkampf	**230 Ausländer/Asylanten**
...	**900 Sonstiges**
160 Arbeitsmarkt	...
...	
180 Sozialabgaben/Sozialleistungen	
...	

von ARD, ZDF, RTL und SAT.1. Die Analyse- bzw. Codiereinheit war der einzelne Beitrag in einer Hauptnachrichtensendung. Damit wurde das Thema einmal für jeden Beitrag codiert. Oftmals haben wir es mit einem *hierarchischen Schlüsselplan* zu tun. d. h. es gibt Hauptausprägungen und untergeordnete Ausprägungen. Die Codeziffern sollten diese Hierarchie im Schlüsselplan reflektieren. Das lässt sich ebenfalls an → Abb. 4.11 illustrieren: So ist etwa „Staatsverschuldung/Finanzkrise" eine Hauptausprägung und daher fett markiert (Code 190). Die Codeziffern für alle darunter fallenden spezifischeren Themen beginnen ebenfalls mit „19" (z. B. Code 191 für „Löcher im Bundeshalt"). Mit der Ausprägung „Sonstiges" (Code 900) werden jene Themen in den Beiträgen erfasst, die sich nicht unter eines der gelisteten Themen subsumieren lassen. Diese Ausprägung heißt *Residualausprägung* oder oft auch – etwas unpräzise – Restkategorie.

- *Akteursbezogene Kategorien*: An diesem Typ von Kategorie lässt sich nochmals der Unterschied zwischen verschiedenen Analyse- bzw. Codiereinheiten rekapitulieren: Wenn wir Akteure z. B. auf der Beitragsebene erfassen, dann ist zu bedenken, dass in einem Beitrag zahlreiche Akteure vorkommen können und wir die Codierung möglicherweise begrenzen müssen. Wir können dafür formal festlegen, dass z. B. nur die ersten fünf im Beitrag erwähnten Akteure erfasst werden. Oder wir können nach inhaltlichen Kriterien beispielsweise die fünf bedeutsamsten Akteure im Beitrag codieren – wobei dann aber zu definieren ist, was „bedeutsam" meint. Oftmals ist es auch sinnvoll, Akteure als eigene Analyse- bzw. Codiereinheit anzulegen (vgl. Rössler 2005: 133ff.). So haben beispielsweise Eilders et al. (2004: 74ff.) in ihrer bereits erwähnten Studie eine Kategorie „Akteure" mit einem sehr differenzierten Schlüsselplan erstellt, den → Abb. 4.12 in Auszügen zeigt. Auch dieses Beispiel illustriert gut den Aufbau eines hierarchischen Schlüsselplans. Ähnlich sieht im Übrigen auch die Kategorie „Urheber" für die Codierung von wertenden Aussagen oder Argumenten aus.

- *Bewertungskategorien*: Im Gegensatz zu den bisher besprochenen inhaltlichen Kategorien wird bei Bewertungskategorien keine Klassifikation vorgenommen, indem Beiträge gleichsam nach Themen geordnet werden. Vielmehr werden Tendenzen oder Bewertungen z. B. von Themen oder Akteuren erfasst. Damit bewegen sich solche Kategorien mindestens auf Ordinalniveau. Aber auch hier müssen wir uns fragen, auf welcher *Codierebene* bzw. für welche Analyse- bzw. Codiereinheit wir Bewertungen erfassen. Auf der Beitragsebene wird nur eine Globalbewertung über den gesamten Beitrag hinweg im Sinne einer Gesamttendenz des Beitrags erfasst. Ist dagegen das einzelne Ar-

Abb. 4.12 |

Beispiel für eine Kategorie „Akteure" (vgl. Eilders et al. 2004) – Auszüge

Überstaatliche und internationale Ebene
11000   Internationale Organisationen allgemein
12000   UNO und Tochterorganisationen (z.B. UNESCO)
13000   NATO
14000   EG, EU, EWG, WEU
       14100   Europäisches Parlament
       14200   Ministerrat
       14300   Kommission
       14400   Europäischer Gerichtshof
       14500   Andere europäische Institutionen, Zusammenschlüsse
15000   Andere Ländergruppen und Zusammenschlüsse

Bundesebene
21000   (Bundes-)Präsident, (Bundes-)Präsidialamt
22000   (Bundes-)Regierung allgemein
       22100   Kanzler, Regierungschef
       22200   (Bundes-)Ministerien, (Bundes-)Minister
              22210   Staatssekretäre
              22220   Untergeordnete Regierungsmitglieder
...

usw.

gument oder die wertende Aussage die Analyse- bzw. Codiereinheit, dann wird für jedes Argument dessen Bewertungsrichtung (z. B. pro und contra) bzw. für jede Aussage deren Tendenz (z. B. positiv oder negativ) verschlüsselt. Bewertungskategorien erfordern jedenfalls besondere Sorgfalt bei der Definition, um ein akzeptables Maß an Reliabilität → vgl. Kap. 4.3.4 zu erzielen. Dabei müssen wir auch festlegen, woran die Bewertung festmacht. Teilweise wird der so genannte Common Sense herangezogen. Oder die Codierer erhalten einen *Anker* für die Bewertung. Im ersten Fall wird unterstellt, dass die meisten Menschen bestimmte Sachverhalte gleichförmig bewerten – etwa Naturkatastrophen als etwas Negatives sehen. Im zweiten Fall wird den Codierern ein Bezugspunkt vorgegeben. So ist etwa der EU-Beitritt eines Landes per se weder positiv noch negativ. Während einige ihn begrüßen, werden ihn andere ablehnen. Mit dem Common Sense kommen wir also nicht weiter. Hier müssen wir Beispiele für alle Ausprägungen der Bewertungskategorie vorgeben. Und wir müssen deutlich machen, im Hinblick auf was (z. B. aus Sicht der EU) etwas positiv oder negativ sein kann.

**Bewertungskategorie bei einer Argumentanalyse
(vgl. Engelmann 2009)**

In ihrer bereits erwähnten Studie zur Berichterstattung über die EU-Beitrittskandidaten Polen und Tschechien sowie Rumänien und Bulgarien hat Engelmann (2009) unter anderem die in den untersuchten Zeitungen vorkommenden Argumente für und gegen den EU-Beitritt der vier Länder codiert. Da es Pro- und Contra-Argumente gibt, wurde eine Kategorie „Tendenz des Arguments" notwendig. Diese Kategorie zielte auf die Tendenz, also die Bewertungsrichtung des Arguments. Dabei interessierte der explizite oder implizite Vergleich des Zustands eines Landes vor und nach dem EU-Beitritt. So konnte im Beitrag z. B. davon die Rede sein, dass sich etwa die politische oder die wirtschaftliche Situation eines Beitrittskandidaten verbessert hat oder verbessern könnte. Die Kategoriendefinition gab mehrere Beispiele für explizite und implizite Vergleiche. Der Schlüsselplan unterschied vier Ausprägungen: „positiv, positiver als vorher, weniger negativ als vorher" (Code 1), „negativ, negativer als vorher, weniger positiv als vorher" (Code 2), „neutral" (Code 3) sowie „ambivalent" (Code 4). Für jede der vier Ausprägungen wurden Codieranweisungen, Zweifelsfälle und Indikatoren beschrieben. Bei der positiven Tendenz (Code 1) wurden z. B. folgende Indikatoren gelistet: Chancen, Boom, Aufschwung, Vorteile, Erfolg, Potenzial, Wachstum, besser, befürworten usw.". Der Unterschied zwischen ambivalent und neutral besteht darin, dass sich im ersten Fall Positives und Negatives die Waage halten, während im zweiten Fall keine Tendenz erkennbar ist. Als Beispiel für eine ambivalente Tendenz wurde „Obwohl die Kriminalität seit den Beitrittsverhandlungen zurückgegangen ist, gibt es noch immer Auftragsmorde" vorgegeben.

Für das Kategoriensystem lassen sich *formale* und *inhaltliche* Kategorien unterscheiden. Bei inhaltlichen Kategorien können wir zwischen *klassifizierenden Kategorien* (z. B. Thema) und *Bewertungskategorien* (z. B. Tendenz) differenzieren.

4.3.4 | Spezifische Probleme der Inhaltsanalyse

Inhaltsanalyse als (nicht) reaktive Methode

Wie die Befragung hat auch die Inhaltsanalyse ihre ganz spezifischen Probleme. Vielfach aber heißt es, die Inhaltsanalyse sei im Gegensatz zur Befragung eine nicht reaktive Methode. Schließlich verändere sich das Untersuchungsmaterial der Inhaltsanalyse nicht – egal, wer es wann, mit welchem Forschungsinteresse und welchem Codebuch auch immer untersucht (vgl. z. B. Friedrichs 1990: 317; Brosius et al. 2008: 152). *Reaktivität* tritt jedoch dort auf, wo Menschen eingesetzt werden – in diesem Fall sind das die Codierer. Sie haben zu dem untersuchten Thema bestimmte Vorstellungen, Einstellungen und Emotionen. Insofern ist prinzipiell denkbar, dass Codierer die gleichen Mitteilungen unterschiedlich codieren (vgl. Rössler 2005: 21). Es gibt drei Möglichkeiten, mit diesem Problem umzugehen.

- *Sicherung der Reliabilität*→ vgl. Kap. 1.5.4: Zum einen werden Codierer ohne ihre Vorerfahrungen und ohne eigene Interpretationsleistungen kaum die zu untersuchenden Mitteilungen verstehen. Bei der Inhaltsanalyse ist letztlich entscheidend, dass wir die Vorprägung der Codierer in eine Richtung „kanalisieren". Das bedeutet, dass wir durch unsere Definitionen und Erläuterungen im Codebuch die Bandbreite der denkbaren Interpretationen auf ein einheitliches Verständnis reduzieren, „damit möglichst viele Interpreten dieselben Textmerkmale mit denselben Bedeutungen verknüpfen und sie dann denselben Kategorien zuordnen" (Früh 1998: 101).
- *Befragung der Codierer*: Klaus Merten (1995: 94) betrachtet die Einflüsse der Codierer als größeres Problem. Er schlägt daher vor, die Einstellungen der Codierer z. B. zur Bundeskanzlerin Angela Merkel vorab mittels einer Befragung zu erheben und diese Einstellungen mit den von den Codierern erfassten Tendenzen abzugleichen, um die Reaktivität der Codierer zu kontrollieren (vgl. z. B. auch Wirth 2001). Allerdings werden die Einflüsse der Codierer so nur festgestellt.
- *Rotation der Codierer*: Als flankierende Maßnahme empfiehlt sich die Rotation der Codierer (vgl. Früh 1998: 175). Wenn wir z. B. die Berichterstattung in „Taz", FR, SZ, FAZ und „Welt" von Januar bis Dezember 2008 untersuchen und fünf Codierer einsetzen, dann erhält der erste Codierer die „Taz" vom 1. Januar, die FR vom 2. Januar, die SZ vom 3. Januar usw., der zweite Codierer erhält die FR vom 1. Januar, die SZ vom 2. Januar, die FAZ vom 3. Januar usw. Auf diese Weise werden die fünf Codierer systematisch über das Material verteilt. Einflüsse etwa aufgrund ihrer Voreinstellungen werden dann zwar nicht beseitigt, aber konstant gehalten – das ist vergleichbar mit dem Randomisieren beim Experiment → vgl. Kap. 2.2.1.

Die Inhaltsanalyse ist insofern eine *nicht reaktive Methode*, weil sich das Untersuchungs-material selbst nicht verändert. Die Inhaltsanalyse ist aber insofern eine *reaktive Methode*, weil die Codierer Interpretationsleistungen vollbringen müssen, die prinzipiell unter-schiedlich ausfallen können. Dieses Problem zu minimieren, also die *Reliabilität* zu erhöhen, ist eine zentrale Herausforderung der Inhaltsanalyse.

Analog zur Befragung unterscheiden wir auch für die Inhaltsanalyse zwischen den

- Problemen der Methode und den
- Problemen des Instruments (hier: des Codebuchs).

Probleme der Methode

Wie erwähnt, stellt die Reliabilität → vgl. auch Kap. 1.5.4 die zentrale Herausforderung jedes Codebuchs dar. Allerdings lässt sich die Reliabilität mit Codiererschulung, Pretest und Reliabilitätstest in den Griff bekommen (vgl. im Folgenden Friedrichs 1990: 332f.; Rössler 2005: 166ff.).

Die *Codiererschulung* verfolgt vor allem zwei Ziele: Codiererschulung

- Erstens sollen alle Codierer das Codebuch auf dieselbe Art und Weise anwenden, also für dasselbe Material dieselben Kategorien und Ausprägungen codieren.
- Zweitens soll die Codierung auch dem entsprechen, was wir als Forscher intendiert haben. Denn hohe Reliabilität sichert noch lange nicht die Validität des Instruments.

Die Codierer werden in der Regel in mehreren mehrstündigen Sitzungen geschult: Nachdem die Codierer das Codebuch in Grundzügen kennengelernt haben, werden die Kategorien anhand von Beispielen im Detail besprochen. Zudem werden Unklarheiten beseitigt. Schließlich folgen gemeinsame Probecodierungen, wobei wir hier möglichst nicht das spätere Untersuchungsmaterial verwenden. Für Schulungszwecke berücksichtigen wir aber zumindest vergleichbares Material. Je nach Umfang und Komplexität des Codebuchs kann der Schulungsprozess einige Zeit beanspruchen.

Die Codiererschulung endet mit dem *Pretest*. Dafür erhalten alle Co-   Pretest
dierer das gleiche Testmaterial und wenden das Codebuch darauf an. Der Pretest zeigt uns zum einen, ob unsere Kategorien dem empirischen Material hinreichend gerecht werden. Zum anderen können wir die Codierungen aller Codierer vergleichen, also einen Reliabilitätstest durch-

führen. Auf dessen Grundlage entscheiden wir, ob eine weitere Schulung oder Änderungen am Codebuch notwendig sind, die einen weiteren Reliabilitätstest erfordern. Erst dann kann die eigentliche Codierung beginnen.

Reliabilitätstest bei der Inhaltsanalyse

Für einen *Reliabilitätstest* sind mit Rössler (2005: 186ff.) drei Fragen zu klären, denen wir hier eine weitere Frage hinzufügen:

- *Was gilt als Übereinstimmung/Abweichung?* Der einfache Fall lässt sich z. B. für eine Bewertungskategorie mit vier Ausprägungen illustrieren: Haben zwei Codierer für die gleiche Aussage jeweils die Ausprägung „positive Tendenz" codiert, dann liegt Übereinstimmung vor. Hat ein Codierer eine positive, der andere dagegen eine negative Tendenz erfasst, dann liegt Abweichung vor. Etwas differenzierter muss man das bei Kategorien mit hierarchischen Schlüsselplänen sehen → vgl. Kap. 4.3.3. Wenn zwei Codierer auf der Ebene der Einzelausprägungen (z. B. Subthemen) unterschiedlich codiert, aber die gleiche Hauptausprägung erfasst haben, dann ist das als *graduelle* und nicht als *generelle Abweichung* zu werten. Problematischer ist der Fall, wenn die Codierer unterschiedliche bzw. unterschiedlich viele Analyse- bzw. Codiereinheiten identifiziert haben. Wenn etwa nur einer der Codierer ein Argument erkannt hat, brauchen wir keine Überstimmung in der Codierung für den Urheber des Arguments zu prüfen. Vielmehr berücksichtigen wir nur jene Argumente, die auch alle Codierer übereinstimmend erkannt haben. Die für die Kategorie „Urheber des Arguments" berechnete Reliabilität ist daher eine *bedingte Reliabilität* – denn sie hängt davon ab, ob zuvor auch von allen Codierern dieselben Argumente codiert wurden.

- *Wie berechnet sich der Grad der Übereinstimmung?* Unter den verschiedenen Reliabilitätsmaßen → vgl. Kap. 1.5.4 wird die so genannte „Holsti-Formel" sicher mit am häufigsten verwendet → vgl. Abb. 4.13. Hier setzen wir – und zwar immer paarweise, also für zwei Codierer – die Anzahl der übereinstimmenden Codierungen ins Verhältnis zu allen Codierungen der beiden Codierer. Wie andere *Reliabilitätskoeffizienten* hat auch das Holsti-Maß einen Wertebereich von 0 bis 1. Ein in US-amerikanischen Studien oft verwendetes Reliabilitätsmaß ist *Krippendorffs* α. Dieser auf Klaus Krippendorff (1978) zurückgehende Koeffizient hat gegenüber der Holsti-Formel einige Vorteile. So berücksichtigt er unter anderem die Anzahl der Ausprägungen einer Kategorie. Damit wird zugleich die Wahrscheinlichkeit einer rein zufälligen Übereinstimmung erfasst. Sie beträgt z. B. bei einer Kategorie mit drei Ausprägungen 33 %, bei einer Kategorie mit 10 Ausprägungen nur 10 %. Allerdings können wir auch bei der Holsti-Formel neben dem Reliabili-

$$R = 2 * C_{\ddot{U}} / (C_A + C_B)$$

mit: R = Reliabilitätskoeffizient der Codierung

   $C_{\ddot{U}}$ = Zahl übereinstimmender Codierungen

   C_A = Zahl der Codierungen von Codierer A

   C_B = Zahl der Codierungen von Codierer B

| Abb. 4.13

„Holsti-Formel"
zur Berechnung der
Reliabilität

tätswert die Anzahl der Ausprägungen pro Kategorie dokumentieren. Mittlerweile gibt es verschiedene „Programme", um Reliabilitätswerte zu berechnen. Allerdings sind viele davon nur für Codierungen auf Beitragsebene zugeschnitten. Bei Codierungen mit mehreren gestaffelten Analyse- bzw. Codiereinheiten ist es daher immer noch einfacher, die Reliabilität per Hand auf dem Papier auszurechnen. Und dafür ist die Holsti-Formel dann doch einfacher als Krippendorffs α. Allerdings ist bei mehreren Codierebenen stets die bereits erwähnte bedingte Reliabilität in die Berechnungen einzubeziehen. Aus allen Paarvergleichen zwischen den Codierern wird am Ende ein Durchschnitt gebildet. Wir können aber auch als Forscher selbst am Reliabilitätstest teilnehmen und diese *Mastercodierung* mit den Codierungen jedes Codierers vergleichen (vgl. als Beispiel Scheufele/Haas 2008: 153f.).

- *Wie viel Material muss bearbeitet werden?* Für den Reliabilitätstest genügt es nicht, nur fünf Beiträge von allen Codierern bearbeiten zu lassen. Als Minimum hat Früh (1998: 166) 30 bis 50 Codierungen pro Kategorie vorgeschlagen. Wie viel Testmaterial das im Einzelnen erfordert, hängt von der Analyse- bzw. Codiereinheit ab. Werden alle Kategorien auf der Ebene eines Beitrags in den Fernsehnachrichten codiert, dann brauchen wir mindestens 30 bis 50 solcher TV-Beiträge. Dabei sollten wir darauf achten, dass diese Beiträge einigermaßen unterschiedlich sind, d. h. sie sollten z. B. nicht alle das gleiche behandeln. Wenn die wertende Aussage die Analyse- bzw. Codiereinheit darstellt, dann müssen wir so viele TV-Beiträge als Testmaterial heranziehen, dass mindestens 30 bis 50 wertende Aussagen darin vorkommen. Wenn wir pro TV-Beitrag die wichtigsten fünf Aussagen codieren, brauchen wir also mindestens sechs bis zehn TV-Beiträge.

- *Welcher Reliabilitätswert ist zufriedenstellend?* Diese Frage kann man nicht pauschal beantworten. Welcher Reliabilitätswert als gut bezeichnet werden kann, hängt auch vom Schwierigkeitsgrad der Kategorie ab. Für formale Kategorien (z. B. Medium, Datum), die einfach zu codieren sind, sollten wir eine Reliabilität möglichst nahe 1 ermitteln. Bei komplizierteren Kategorien (z. B. Bewertungskategorien) oder bei der

Identifikation von Argumenten können bereits Reliabilitätswerte von 0,70 bis 0,75 als zufriedenstellend gewertet werden. Als grobe Faustregel gilt, dass wir mit der eigentlichen Codierung beginnen können, wenn die Reliabilitätswerte mindestens 0,80 betragen.

Probleme des Instruments (hier: des Codebuchs)

So wie an die Fragen eines Fragebogens werden auch an die Kategorien eines *Codebuchs* verschiedene Anforderungen gestellt (vgl. im Folgenden Früh 1998: 79ff.; Rössler 2005: 93ff.):

- *Vollständigkeit:* Diese Anforderung betrifft sowohl das Kategoriensystem insgesamt als auch die einzelnen Kategorien mit ihren Ausprägungen. Im Grunde zielt das Postulat der Vollständigkeit auf *Validität* → vgl. Kap. 1.5.4. Denn nur wenn wir alle theoretisch bedeutsamen Dimensionen vollständig in entsprechende Kategorien umgesetzt haben, wird das, was wir messen wollen, auch tatsächlich gemessen. Beispielsweise müssen alle für unsere Forschungsfrage relevanten Aspekte eines Bundestagswahlkampfs in unserem Codebuch zur Untersuchung der Fernsehberichterstattung über den Bundestagswahlkampf 2009 repräsentiert sein. Wenn wir uns dabei auf Personalisierung konzentrieren, dann kann unser Codebuch alle anderen Aspekte eines Bundestagswahlkampfs vernachlässigen – und dennoch dem Postulat der Vollständigkeit genügen, solange es entsprechende Kategorien gibt, um Personalisierung zu erfassen. Vollständigkeit meint also immer *selektive Vollständigkeit* im Hinblick auf unser Forschungsinteresse. Was die einzelnen Kategorien betrifft, wird Vollständigkeit gewährleistet, indem jeder Schlüsselplan die schon erwähnte Residualausprägung (z. B. „sonstige Themen") enthält. Wird diese Ausprägung zu oft codiert, ist das jedoch ein sicheres Zeichen dafür, dass der Schlüsselplan nicht hinreichend differenziert ist.
- *Trennschärfe:* Auch das Postulat der Trennschärfe betrifft sowohl die Kategorien als auch deren Ausprägungen. Zum einen sollten sich die Kategorien in ihren Bedeutungen nicht überschneiden. Vielmehr sollten sie jeweils eine eindeutige, klar umgrenzte Bedeutung haben. Indikatoren und Beispiele bei der Kategoriendefinition helfen vielfach, die Trennschärfe herzustellen bzw. zu gewährleisten. Zum anderen sollten sich die Ausprägungen innerhalb des Schlüsselplans einer Kategorie nicht in ihren Bedeutungen überschneiden. So wären z. B. bei der Kategorie „Thema" die Ausprägungen „Politik" und „Wirtschaftspolitik" nicht trennscharf.
- *Exklusivität:* Schließlich sollten nur jene Aspekte erfasst werden, die auch für das theoretische Konstrukt relevant sind. Wenn wir z. B. das

Ausmaß der Gewaltdarstellungen im Fernsehen untersuchen und vorab festgelegt haben, dass wir uns nur für physische Gewalt interessieren, dann muss die Kategorie „Art der Gewalt" zwar verschiedene Ausprägungen für physische Gewalt, aber keine für psychische oder strukturelle Gewalt vorsehen (vgl. Früh 2001: 64). Enthält der Schlüsselplan der Kategorie „Art der Gewalt" alle Formen der Gewalt, dann erhöht sich im günstigsten Fall der Aufwand (vgl. Früh 1998: 80). Aber selbst dann ist die Validität in Frage zu stellen.

Merksatz

Die *Kategorien* eines Codebuchs müssen vollständig, trennscharf und exklusiv sein.

Beobachtung | 4.4

Grundlagen der Beobachtung | 4.4.1

Als dritte Methode stellen wir die Beobachtung vor. Sie ist in der Kommunikationswissenschaft sicher nicht so prominent vertreten wie etwa die Inhaltsanalyse. In den letzten Jahren kommt sie aber verstärkt z. B. in der Journalismusforschung zum Einsatz. Viele Beispiele werden daher aus diesem Bereich stammen.

Definition und zentrale Begriffe
Wie bei der Befragung und der Inhaltsanalyse beginnen wir auch für die Beobachtung mit alltäglichen Vorgängen: Wenn wir im Sommer in einem Cafésitzen, beobachten wir vermutlich Passanten. Und möglicherweise beobachtet uns dabei ein Sozialwissenschaftler, der in dem gleichen Cafésitzt, wie wir diese Passanten beobachten. Unsere Beobachtung der Passanten ist sehr subjektiv und teilweise sogar vorurteilsbehaftet. Dagegen geht die Beobachtung des Sozialwissenschaftlers *systematisch*, regelgeleitet und *intersubjektiv nachvollziehbar* vor. Welche Arten von Handlungen oder Verhalten uns bei der wissenschaftlichen Beobachtung interessieren und was diese Methode von der Befragung und Inhaltsanalyse unterscheidet, lässt sich mit einem auf den ersten Blick vielleicht amüsanten, aber hoffentlich instruktiven Beispiel erklären.

**Beobachtung, Befragung und Inhaltsanalyse
bei der „Sendung mit der Maus"**

Die „Sendung mit der Maus" zeigt bekanntlich kurze Filme, die Kindern und auch Erwachsenen erklären, wie z. B. ein Haus gebaut oder Wurst hergestellt wird. Als Zuschauer sehen wir etwa, wie Handwerker die Wände des Hauses hochziehen und der Vorarbeiter am Telefon eine Bestellung für die Dachziegel aufgibt. Zudem wird ein Bauarbeiter aus dem Off gefragt, wie er den Mörtel herstellt. Wenn wir untersuchen wollen, welche Dinge in allen bisherigen Sendungen erklärt worden sind, werden wir eine Inhaltsanalyse durchführen. Als Zuschauer beobachten wir die Handwerker in dem Lehrfilm. Allerdings ist das weder eine alltägliche noch eine sozialwissenschaftliche Beobachtung, sondern schlicht die Rezeption der Sendung. Wenn der Bauarbeiter von einem Mitarbeiter der Sendung aus dem Off nach der Herstellung von Mörtel gefragt wird, dann ist das kein sozialwissenschaftliches, sondern ein „journalistisches" Interview. Wenn wir aber als Forscher bei der Aufzeichnung der Sendung dabei sind und den Mitarbeiter bei dem „Interview aus dem Off" und die Tätigkeiten aller anderen an der Sendung beteiligten Personen nach einem einheitlichen Schema beobachten, dann handelt es sich um eine kommunikationswissenschaftliche Beobachtung.

Definitionen von Beobachtungen

„In einem allgemeinen Sinne sind sämtliche empirische Methoden Beobachtungsverfahren. [...] Ist von der Erhebungsmethode der Beobachtung in der Sozialforschung die Rede, so wird darunter jedoch spezifischer die direkte Beobachtung menschlicher Handlungen, sprachlicher Äußerungen, nonverbaler Reaktionen (Mimik, Gestik, Körpersprache) und anderer sozialer Merkmale (Kleidung, Symbole, Gebräuche, Wohnformen usw.) verstanden" (Diekmann 2003: 456). Volker Gehrau, der das für unser Fach zentrale Buch zur Beobachtung verfasst hat und das wir zur Vertiefung empfehlen, hat im Vergleich dazu eine teils engere, teils breitere *Definition* vorgelegt: „Die wissenschaftliche Beobachtung ist die systematische Erfassung und Protokollierung von sinnlich oder apparativ wahrnehmbaren Aspekten menschlicher Handlungen und Reaktionen, solange sie weder sprachlich vermittelt sind noch auf Dokumenten basieren. Sie dient einem wissenschaftlichen Ziel, dokumentiert ihr Vorgehen und legt alle relevanten Aspekte offen" (Gehrau 2002: 25f.). Diese Definition stützt sich auf eine umfassende Aufarbeitung zahlreicher anderer Definitionen von sozialwissenschaftlichen Beobachtungen. Im Gegensatz zu Diekmann (2003) schließt Gehrau (2002) einerseits sprachliche Äußerungen als Untersuchungsgegenstand der Beobachtung aus. Andererseits berücksichtigt er aber auch „apparativ wahrnehmbare Aspekte" (z. B. Blutdruck).

Schon anhand dieser beiden Definitionsvorschläge lassen sich die Schwierigkeiten einer befriedigenden Definition von Beobachtungen erahnen. Im Einzelnen geht es um folgende *spezifische Definitionsprobleme*, von denen Brosius et al. (2008: 180ff.) zwei bereits entfalten, wobei wir manches im Detail anders sehen:

spezifische Probleme
einer Definition von
Beobachtungen

- *Handeln, Verhalten und Reaktionen*: Nach Gehrau (2002) interessieren wir uns bei der Beobachtung nicht nur für sichtbare und direkt beobachtbare *Handlungen* wie etwa die journalistische Auswahl von Agenturmeldungen, sondern auch für nicht direkt sichtbares *Verhalten* und unbewusste Reaktionen wie z. B. einen erhöhten Puls bei Fernsehzuschauern. Unseres Erachtens ist dabei zwischen zwei Aspekten zu differenzieren – zwischen der Frage, wie direkt das Verhalten beobachtbar ist, und der Frage, wie bewusst es ist. Die erste Frage diskutieren wir später ausführlicher → vgl. Kap. 4.4.2. Die Frage der Bewusstheit lässt sich mit Weber (1984) beantworten: Handeln grenzt sich vom bloßen Verhalten durch seine Intentionalität ab, wobei es erst dann zum sozialen Handeln wird, wenn es auf andere Menschen ausgerichtet ist. Stark vereinfacht ist Verhalten also weniger bewusst als (soziales) Handeln. Noch weniger bewusst sind viele *physiologische Reaktionen*, die Brosius et al. (2008: 182) daher als Untersuchungsgegenstand der Beobachtung ausschließen. Nach unserer Auffassung sind physiologischeReaktionen aber dann zu berücksichtigen, wenn sie durch kommunikationswissenschaftlich relevante Stimuli (z. B. Unterhaltungsprogramme) hervorgerufen wurden. Dass dabei die Frage, was z. B. der Puls misst, schwer zu beantworten ist, steht auf einem anderen Blatt → vgl. Kap. 4.4.4.
- *Sprechhandlungen*: Bei der Befragung liegt der Schwerpunkt auf den sprachlichen Selbstauskünften der Befragten. Ob die Befragten so handeln wie sie behaupten, stellt bei der Befragung ein Problem dar → vgl. Kap. 4.2.3. Anders bei der Beobachtung: Wenn wir die Beobachtung auch auf so genannte Sprechakte (vgl. z. B. Austin 2002) oder Sprechhandlungen ausweiten, dann würden wir z. B. den Vorgang, dass ein Journalist am Telefon mit einem Politiker einen Interviewtermin vereinbart, als Handlung „Interviewvereinbarung" erfassen. Aus dieser Sicht gehören sprachliche Äußerungen sehr wohl zu den Untersuchungsgegenständen der Beobachtung – sofern sie eben nicht auf Selbstauskunft der beobachteten Personen beruhen.

- *Dokumentation*: Brosius et al. (2008: 182) betonen, dass viele Medieninhalte auch das Verhalten von Menschen zeigen. So analysieren wir mit einer Inhaltsanalyse der Fernsehnachrichten zugleich auch die Handlungen der Polizei und der Demonstranten bei einem G7/8-Gipfel. Und eine Inhaltsanalyse von TV-Shows wie „Schlag den Raab" wird auch Spielhandlungen erfassen. Wir halten daher die Festlegung Gehraus (2002), dass die Beobachtung nicht auf Dokumenten basieren dürfe, für präzisierungsbedürftig. In der Tat ist die Aufzeichnung von Handlungen, Verhaltensweisen oder Reaktionen mit einer Videokamera auch eine Form der Dokumentation. Aber das sagt auch Gehrau (2002: 26): „Wurde die Aufzeichnung zur besseren Erfassung und Protokollierung von Handlungen und Reaktionen erstellt, so handelt es sich um eine Beobachtung. Wenn das Material aber aus Archiven stammt oder in den Massenmedien veröffentlicht wurde, so handelt es sich um Dokumente."

Mit den bisherigen Überlegungen kommen wir zu folgender Definition von sozialwissenschaftlichen Beobachtungen:

Definition

Die *Beobachtung* ist eine Methode zur systematischen Erfassung und Protokollierung von sinnlich oder apparativ wahrnehmbaren Aspekten menschlicher (Sprech-)Handlungen und Reaktionen, solange diese weder auf Selbstauskünften noch auf massenmedial erzeugten Dokumenten basieren.

zentrale Begriffe   In Anlehnung an das Codebuch und das Kategoriensystem der Inhaltsanalyse sprechen wir beim Instrument der standardisierten, quantitativen Beobachtung von einem *Beobachtungsinstrument* bzw. *Beobachtungssystem* (Schnell et al. 1999: 361). Bei der qualitativen Beobachtung können wir das Instrument als *Beobachtungsleitfaden* bezeichnen. Was bei der Inhaltsanalyse Codebogen heißt, wird bei der quantitativen Beobachtung *Beobachtungsbogen* genannt und bei qualitativen Beobachtungen auch *Beobachtungskladde* (Gehrau 2002: 54). An anderer Stelle verwendet Gehrau (2002: 72ff.) aber auch die Begriffe des standardisierten und des freien *Beobachtungsprotokolls*. Die meisten dieser Begriffe werden nicht einheitlich verwendet. So meint z. B. Friedrichs (1990: 294ff.) mit „Beobachtungsschema" den Beobachtungsbogen, während Diekmann (2003: 472) damit das Beobachtungsinstrument bezeichnet.

Die *Merkmalsträger* können bei der Beobachtung nicht nur Einzelpersonen (z. B. Journalisten, Fernsehzuschauer) oder Gruppen (z. B. Redaktionen, Haushalte), sondern auch Objekte (z. B. Zeitintervall, Agentur-meldung) sein. Das Objekt als Merkmalsträger ist vermutlich erst ein-mal nicht leicht zu verstehen, lässt sich aber anhand von zwei Beispie-len erklären: Wir können z. B. Zeitintervalle von einer Minute festlegen und pro Minute beobachten bzw. protokollieren, bei welchem Sender ein Fernsehzuschauer gerade verweilt. Oder wir können eine Agentur-meldung als Merkmalsträger festlegen und dafür bestimmte Merkmale erfassen – etwa die Zeit, die ein Journalist für das Redigieren und Kürzen einer Meldung braucht. Die für die Merkmalsträger beobachteten Merk-male heißen auch *Kategorien* und können verschiedene Ausprägungen annehmen. So kann z. B. bei einer Redaktionsbeobachtung die Kategorie „Handlungstyp" die Ausprägungen „Recherchieren", „Schreiben", „Inter-viewen", „Produzieren" usw. umfassen. Den Prozess der Datenerhebung nennen wir *Codierung* oder *Protokollierung*. Was bei Befragungen die Inter-viewer und bei Inhaltsanalysen die Codierer sind, sind bei Beobachtungen die *Beobachter*.

Ausgewählte Anwendungsbeispiele
Auch Beobachtungen kommen in unterschiedlichen Bereichen der Kom-munikationswissenschaft zum Einsatz. In der *Journalismusforschung* beob-achten wir z. B. journalistische Tätigkeiten wie Redigieren und Recher-chieren oder den Ablauf einer Redaktionskonferenz (z. B. Altmeppen 1999). In der *Nutzungsforschung* beobachten wir mit Hilfe entsprechender Aufzeichnungsgeräte → vgl. ausführlich Kap. 4.4.3 etwa das Umschaltverhal-ten von Fernsehzuschauern (z. B. Bilandzic/Trapp 2000). Wir können mit einer Beobachtung aber auch untersuchen, wie Menschen Medien in ih-ren Alltag integrieren. In der *Medienwirkungsforschung* untersuchen wir mittels Beobachtung beispielsweise, welche Auswirkungen gewalthalti-ge Medieninhalte auf das Verhalten der Rezipienten haben. Beim Experi-ment → vgl. Kap. 3.3.3 hatten wir mit der Studie von Bandura et al. (1963) ein Beispiel dafür vorgestellt: Die Autoren beleuchteten das Verhalten von Kindern nach der Rezeption experimentell variierter Gewaltinhalte. In der *angewandten Werbewirkungsforschung* können wir wiederum beobach-ten, welche Produkte Menschen in simulierten Testmärkten einkaufen (z. B. Engelhardt 1999). Zahlreiche weitere Beispiele für unser Fach bietet Gehrau (2002).

Beobachtung in Onlineredaktionen

Thorsten Quandt (2005) hat eine Beobachtung von fünf Onlineredakteu-ren in ihren jeweiligen Redaktionen durchgeführt. Die Redaktionen wur-den aufgrund verschiedener Kriterien (z. B. Größe, Dauer des Bestehens, Muttermedien verschiedener Gattungen) bewusst ausgewählt. Der Autor hat beobachtet, welche journalistischen Handlungen Onlineredakteure ausführen, welche Ressourcen ihnen zur Verfügung stehen, an welchen Orten sie tätig sind usw.

4.4.2 | Varianten der Beobachtung

Beobachtungen lassen sich nach verschiedenen Kriterien klassifizieren. Mit Gehrau (2002: 27ff.) können wir grob nach dem Beobachter, der Situa-tion und dem Erhebungsverfahren unterscheiden, wobei jeweils weiter zu differenzieren ist.

Beobachter

Im Hinblick auf den *Beobachter* kann man weiter differenzieren nach drei wichtigen Dimensionen:

- Forscherperspektive des Beobachters,
- Reflexivitätsgrad des Beobachters,
- Partizipationsgrad des Beobachters.

Forscherperspektive des Beobachters

Im Hinblick auf die *Forscherperspektive des Beobachters* geht es um die Frage, ob Forscher zugleich auch als Beobachter aktiv werden oder andere Per-sonen mit der Beobachtung beauftragen. Beides hat Vor- und Nachteile. Wenn der Forscher selbst die Beobachtung vornimmt, kann er die Pro-tokollierung schneller und vermutlich im Hinblick auf Reliabilität und Validität angemessener umsetzen, weil er mit dem Beobachtungsinstru-ment bestens vertraut ist. Zudem sparen wir auf diese Weise den zeitli-chen Aufwand der Beobachterschulung sowie den finanziellen Aufwand, weil wir keine Beobachter bezahlen müssen. In seiner bereits erwähn-ten Studie hat Quandt (2005) die fünf Onlinejournalisten selbst beobach-tet. Bei einer geringen Zahl an Beobachtungsobjekten ist das problemlos möglich. Bei einem größeren Sample ist es aber kaum zu realisieren, so dass wir Beobachter beauftragen müssen. Das hat durchaus Vorteile: Be-obachter kennen das Untersuchungsinteresse in der Regel nicht (in allen

Details) und gehen daher unvoreingenommener an den Untersuchungsgegenstand heran. Der Einsatz von Beobachtern zwingt den Forscher zudem zu einer ausführlichen Dokumentation der *Beobachtungsregeln* (vgl.
Friedrichs/Lüdtke 1971: 26).

Im Hinblick auf die *Reflexivität des Beobachters* geht es um die Unterscheidung zwischen *Selbst-* und *Fremdbeobachtung.* Bei der Selbstbeobachtung – auch Introspektion genannt – sollen die Beobachter sich selbst
beobachten und die Ergebnisse dokumentieren oder sie dem Forscher
berichten. Wenn es sich beim Beobachter um den Forscher handelt, fällt
das forschende Subjekt mit dem beforschten Objekt zusammen, was eine
mangelnde Distanz zum Untersuchungsgegenstand bedeutet. Anders dagegen, wenn sich die beobachteten Subjekte selbst beobachten sollen.
Gehrau (2002: 32) merkt zu Recht an, dass eine generelle Ablehnung solcher Beobachtungen im Grunde auch der Befragung die Berechtigung
entziehe. Denn diese beruhten ebenfalls auf Selbstauskunft.

In der kommunikationswissenschaftlichen Rezeptionsforschung
kommt zumindest eine Art Selbstbeobachtung zum Einsatz: Rezipienten
erhalten einen Dreh- oder Schieberegler, mit dem sie z. B. ihre emotio-
nalen Zustände während der Rezeption eines Fernsehkrimis anzeigen.
Dieses Vorgehen wird auch als „*Continuous-Response-Measurement (CRM)*"
(deutsch: kontinuierliche Messung von Reaktionen, Antworten) oder
„*Real Time-Response(RTR)*" (deutsch: Reaktionen, Antworten in Echtzeit)
bezeichnet. Allerdings ist bei solchen Messungen der Übergang zur
Befragung fließend – schon weil sie oft im Rahmen einer Befragung
eingesetzt werden.

Der *Partizipationsgrad* des Beobachters betrifft die Frage zwischen *teilnehmender* und *nicht teilnehmender Beobachtung*, wobei verschiedene Abstu-
fungen denkbar sind (vgl. Lamnek 1995b: 251ff.). Im Grunde spielt hier
auch schon die Frage einer verdeckten oder offenen Beobachtung mit
hinein, die wir aber noch ausklammern. Eine nicht teilnehmende Beobachtung hat Klaus-Dieter Altmeppen (1999) in fünf Hörfunkredaktionen durchgeführt, um herauszufinden, wie viel ihrer täglichen Arbeits-
zeit Journalisten für koordinierende und für journalistische Tätigkeiten
aufwenden. Auch als passiver „Zuschauer" kann ein Beobachter aber stö-
rend wirken, so dass die Beobachteten nicht ihr natürliches Verhalten
zeigen. Wenn wir z. B. Kinder bei der Aneignung von Medien beobachten (z. B. Aufenanger 1994), werden sich einige Kinder unwohl fühlen,
wenn ein Erwachsener stumm in der Ecke sitzt, sie beobachtet und dabei etwas schreibt. Bei einer teilnehmenden Beobachtung kann wiederum das Problem auftreten, dass die Beobachter das, was sie eigentlich
tun sollen, nämlich zu beobachten, aufgrund der Teilnahme nicht mehr
angemessen tun können. Das ist ein umso größeres Problem, je akti-

Reflexivitätsgrad des Beobachters

Partizipationsgrad des Beobachters

ver der Beobachter teilnimmt und je komplizierter das Beobachtungsinstrument ist. Darüber hinaus bedeutet eine Teilnahme, dass wir die Beobachtungssituation mehr oder minder beeinflussen. Das kann aus experimenteller Perspektive sinnvoll sein – etwa um im kindlichen Spiel eine Mediennutzung bei Kindern herbeizuführen (z. B. Charlton 1993). Allerdings müssen wir uns darüber im Klaren sein, dass wir den Untersuchungsgegenstand damit auch verändern.

Situation

Für die *Beobachtungssituation* kann man zwei Dimensionen unterscheiden, die aber eng miteinander zusammenhängen:

- Transparenz für die Beobachteten und
- Natürlichkeit der Situation.

Transparenz für die Beobachteten

Mit Gehrau (2002: 34ff.) ist im Hinblick auf das, was wir in Anlehnung an Lamnek (1995b: 254) als *Transparenz für die Beobachteten* bezeichnen, weiter zu differenzieren:

- *Wissentliche und unwissentliche Beobachtung*: Diese Unterscheidung geht von den beobachteten Personen aus. Wenn der Beobachtete weiß, dass er beobachtet wird, kann das Problem auftreten, dass er sich „unnatürlich" verhält. Vor dieser Schwierigkeit steht auch die so genannte *telemetrische Zuschauerforschung* → Kap. 4.4.3. Die an dieser Erhebung teilnehmenden Zuschauer wissen, dass zu Hause an ihrem Fernsehgerät eine Art Vorrichtung angebracht ist, die ihr Fernsehverhalten aufzeichnet. Möglicherweise werden sie also manche Sendungen, die als sozial nicht erwünscht gelten, bewusst vermeiden – obwohl sie diese vielleicht regelmäßig anschauen würden, wenn sie nicht an der Beobachtung teilnehmen würden. Nach einer gewissen Zeit dürften aber Gewöhnungseffekte auftreten, so dass sich das Problem verringert.
- *Offene und verdeckte Beobachtung*: Diese Unterscheidung geht vom Beobachter aus. Bei offenen Beobachtungen ist er sichtbar, bei verdeckten Beobachtungen „versteckt". In einer Zeitungsredaktion ist eine verdeckte Beobachtung beispielsweise kaum denkbar. Das bedeutet aber nicht, dass die Beobachteten davon wissen, dass sie beobachtet werden: Wenn wir z. B. bei einer Redaktionsbeobachtung einen Beobachter – natürlich erst nach vorheriger Absprache mit der Redaktionsleitung und weiteren Verantwortlichen – als angeblichen Volontär in die Redaktion „einschleusen", dann wissen die Redakteure nichts von der Beobachtung, obwohl der Beobachter sichtbar ist. Umgekehrt ist eine verdeckte Beobachtung nicht zwingend nicht teilnehmend und auch nicht zwingend unwissentlich: Ein Beobachter kann etwa hinter einer

verspiegelten Scheibe sitzen – das kennen wir von Polizeiverhören in US-Fernsehserien. Dabei kann der Beobachtete wissen oder vermuten, dass er beobachtet wird. Und der Beobachter kann mit ihm etwa über ein Mikrofon interagieren. Mit einer verdeckten Beobachtung untersuchten beispielsweise Hans Mathias Kepplinger und Verena Martin (1986) die Funktion, die Medien in persönlichen Gesprächen in Gaststätten, Universitäten, Wohnungen usw. erfüllen.

Die Dimension der *Natürlichkeit der Situation* (Lamnek 1995b: 254) zielt auf die Frage, ob die Beobachtung in einer natürlichen oder künstlichen Situation stattfindet. Im ersten Fall werden wir etwa einen Journalisten an seinem Arbeitsplatz in der Redaktion beobachten. Ein anderes Beispiel sind die *telemetrischen Messungen*, bei denen Fernsehzuschauer in ihrer natürlichen Umgebung bleiben. Im zweiten Fall werden wir die betreffenden Personen in einer „künstlich hergestellten" Situation etwa in universitären Räumlichkeiten beobachten. Als Beispiel hatten wir die *„Bobo doll"-Experimente* (Bandura et al. 1963) kennengelernt → vgl. Kap. 3.3. Ein Argument für eine solche Beobachtung ist die bessere Kontrolle denkbarer Störfaktoren. Zudem können wir dann (quasi-)experimentelle Designs realisieren → vgl. Kap. 3.3. Oft geben wir aber der Authentizität der Erhebungssituation den Vorrang. Denn letztlich verhalten sich Menschen nur in der ihnen bekannten Umgebung wirklich natürlich.

Natürlichkeit der Situation

Erhebungsverfahren

Schließlich können wir Beobachtungen nach der Art der Erhebung klassifizieren. Dabei spielen drei Dimensionen eine Rolle:

* Grad der Standardisierung,
* Grad der Vermittlung des beobachteten Verhaltens,
* Grad der Automatisierung.

Der *Standardisierungsgrad* zielt auf die Unterscheidung zwischen quantitativer und qualitativer Beobachtung im Sinne einer stärkeren oder schwächeren Strukturierung bzw. Standardisierung (vgl. im Folgenden z. B. auch Diekmann 2003: 474ff.):

Grad der Standardisierung

* *Quantitative Beobachtung*: Hier verwenden wir ein strukturiertes bzw. standardisiertes Beobachtungsinstrument, das mit dem Codebuch der quantitativen Inhaltsanalyse vergleichbar ist. Wir protokollieren, indem wir auf einem Beobachtungsbogen die Codeziffern eintragen, die z. B. in einem Schlüsselplan für journalistische Tätigkeiten gelistet sind. Darüber hinaus hält das Beobachtungsinstrument genaue *Protokollierungsregeln* fest, die den Codieranweisungen der Inhaltsanalyse entsprechen. Bei einem derart strukturierten Vorgehen muss sich die

Beobachtung oft auf wenige Kategorien beschränken. Ohne Aufzeichnung auf Video – bei einer Redaktionsbeobachtung ist das beispielsweise kaum möglich – können wir als Beobachter nicht ständig in einem umfangreichen Beobachtungsinstruments blättern, um den richtigen Code zu finden. Wenn die Beobachter die Codes dagegen auswendig kennen, brauchen sie für diese Art der Protokollierung weit weniger Zeit als für die handschriftliche Ausformulierung. Das reduziert die Gefahr, dass die Beobachter wichtige Handlungen übersehen, während sie andere Handlungen protokollieren. Die strukturierte Beobachtung setzt zwar entsprechendes Vorwissen voraus. Aber das gilt genauso für die quantitativen Varianten der Befragung und Inhaltsanalyse. Eine empiriegeleitete Kategorienbildung wie bei der Inhaltsanalyse ist bei der Beobachtung dagegen weit aufwändiger. Aber wir können auf dem Beobachtungsbogen – vergleichbar den offenen Fragen bei der Befragung → vgl. Kap. 4.2.3 – Platz für die offene Protokollierung von Handlungen vorsehen, an die wir bei der Entwicklung des Instruments nicht gedacht hatten.

- *Qualitative Beobachtung*: Hier verwenden wir einen *Beobachtungsleitfaden*, auf dem wir ausformulieren, was wir beobachten. Das Problem ist dabei, dass „man eben nur entweder beobachten oder protokollieren kann" (Brosius et al. 2008: 198). Da manche Beobachter schneller schreiben als andere oder sich besser auf Beobachten und Protokollieren konzentrieren, ist die Reliabilität zumindest kritisch zu sehen → vgl. Kap. 4.4.4. Wenn dagegen eine Aufzeichnung auf Video sinnvoll und möglich ist, sind diese Herausforderungen an die Beobachter geringer. Eine weniger strukturierte Beobachtung bietet sich dann an, wenn wir wenig Vorwissen haben. Wir müssen uns aber darüber im Klaren sein, dass sich die qualitative Beobachtung auf wenige Fälle (z. B. Journalisten) beschränken muss und der Aufwand, ausformulierte Beobachtungsprotokolle auszuwerten, recht hoch ist. Hier kann die qualitative Inhaltsanalyse → vgl. Kap. 4.3.2 zum Einsatz kommen.

Bei der Beobachtung dürften quantitative und qualitative Anteile häufiger als bei anderen Methoden kombiniert werden. „Bei hoch standardisierten Beobachtungen erhält der Beobachter oft zusätzlich zum Beobachtungsbogen ein Notizbuch, in die er Verhaltensweisen oder Reaktionen aufnimmt, die nicht standardmäßig erfasst werden. Die Kladden können dann im Nachhinein zu Rate gezogen oder kategorisiert werden" (Gehrau 2002: 39).

Grad der Vermittlung des beobachteten Verhaltens

Wir können *direkt „vor Ort"* beobachten. Oder wir können das Geschehen audiovisuell aufzeichnen und die *Aufzeichnungen* erst später analysieren. Im ersten Fall spricht Gehrau (2002: 40ff.) von unvermittelter, im zweiten Fall von vermittelter Beobachtung. Sehen die Beobachteten, dass sie aufgezeichnet werden, dürften sie sich recht unnatürlich verhalten. Daneben kann immer etwas außerhalb des Fokus einer Videokamera passieren, das relevant wäre und beim manuellen Protokollieren vor Ort auch erfasst worden wäre. Soweit nichts anderes dagegen spricht, ist es sinnvoll, die direkte Beobachtung mit einer Aufzeichnung zu kombinieren. Das ist besonders dann zu empfehlen, wenn die Beobachtungssituation komplex ist oder wenn die Beobachter ein umfangreicheres Beobachtungsinstrument zur Hand haben. Denn dann können sie nachträglich die Aufzeichnungen zur Validierung ihrer manuellen Protokolle heranziehen, die Aufzeichnungen wiederholt ansehen und somit auch mehr Merkmale erfassen.

Wir können das zu beobachtende Verhalten von *menschlichen Beobachtern manuell* auf einem Beobachtungsbogen oder Beobachtungsleitfaden protokollieren lassen. Oder wir erfassen das Verhalten und die Reaktionen *automatisiert bzw. apparativ.* Puls und Hautleitwiderstand z. B. werden bei Rezipienten mit entsprechender Sensortechnik gemessen. Dabei werden keine bewussten Handlungen, sondern mehr oder minder unbewusste, zumindest unbeabsichtigte Reaktionen beobachtet → vgl. Kap. 4.4.1. Als weiteres Beispiel hatten wir die automatisierte Erfassung des Fernsehnutzungsverhaltens erwähnt → vgl. auch Kap.4.4.3. Ähnlich lässt sich auch die Nutzung von Radio und Internet erfassen (vgl. Gehrau 2002: 136ff.). Der Vorteil einer apparativen Beobachtung besteht neben den geringeren Personalkosten in der hohen Reliabilität – solange das Gerät nicht neu justiert werden muss. Der Nachteil liegt in der Validität: Wenn ein Gerät aufzeichnet, dass beispielsweise ein Fernsehsender zu einem bestimmten Zeitpunkt in einem Haushalt läuft, bedeutet das noch lange nicht, dass eine Person das Programm auch verfolgt – vielleicht ist sie gerade in der Küche. Wir kommen darauf in → Kap. 4.4.4 ausführlicher zurück.

Grad der Automatisierung

Beobachtungen kann man im Hinblick auf den *Beobachter* nach Forscherperspektive, Reflexivität und Partizipationsgrad (teilnehmend/nicht teilnehmend) der Beobachteten klassifizieren. Daneben können wir nach der Transparenz und Natürlichkeit der *Beobachtungssituation* differenzieren. Was die *Datenerhebung* betrifft, lassen sich Beobachtungen nach dem Grad der Standardisierung, dem Grad der Vermittlung des beobachteten Verhaltens und dem Grad der Automatisierung klassifizieren.

Die Vielfalt der hier vorgestellten Beobachtungsvarianten macht deutlich, welche diversen Aspekte wir bei Beobachtungen berücksichtigen können. Das heißt aber nicht, dass alle Dimensionen in jedem Fall gleich wichtig sind. Für die meisten sozial- bzw. kommunikationswissenschaftliche Beobachtungen müssen wir uns mindestens entscheiden zwischen (vgl. z. B. Kromrey 2002: 340):

- quantitativer und qualitativer Beobachtung,
- teilnehmender und nicht teilnehmender Beobachtung,
- offener und verdeckter Beobachtung,
- Beobachtung in natürlichen und künstlichen Situationen.

Die übrigen Aspekte sind für die jeweilige empirische Studie nach Bedarf heranzuziehen. Allerdings ist dabei zu beachten, dass nicht alle Varianten der Beobachtung frei miteinander kombinierbar sind. Schließlich repräsentieren die meisten der von uns vorgestellten Dimensionen keine Gegensatzpaare, sondern die jeweiligen Varianten sind eher auf einem Kontinuum zu verorten. So lassen sich im Rahmen einer Beobachtung sowohl strukturierte als auch weniger strukturierte Anteile kombinieren (vgl. Gehrau 2002: 63ff.).

4.4.3 | Beobachtungsinstrumente

Aus den bisherigen Ausführungen kann man erahnen, dass auch die *Instrumente* der Beobachtung sehr unterschiedlich ausfallen können. Wir unterscheiden zunächst zwischen Instrumenten bei:

- klassischen Beobachtungen und
- apparativen Beobachtungen.

Im Folgenden beschränken wir uns erst einmal auf *klassische Beobachtungen*, die menschliche Beobachter einsetzt. Alle anderen Varianten der Beobachtung, bei denen Geräte die Beobachter ersetzen, nennen wir apparative Beobachtungen. Dazu kommen wir später.

Beobachtungsinstrument und Beobachtungsprotokoll

Neben einer guten Schulung der Beobachter hängt die Qualität jeder klassischen Beobachtung maßgeblich vom Instrument ab. Dessen Aufbau entspricht letztlich dem Aufbau eines Codebuchs → Kap. 4.3.3, so dass wir uns kurz fassen können. Im Kern müssen wir im *Beobachtungsinstrument* auf folgende Aspekte eingehen:

- *Definitorischer Rahmen*: Hier werden Forschungsziele, Hypothesen, zentrale Begriffe, vor allem aber die Einheiten der Beobachtung und generelle Beobachtungsregeln formuliert.

- *Kategoriensystem*: Hier werden formale Kategorien (z. B. Zeitpunkt, Ort der Beobachtung) sowie inhaltliche Kategorien (z. B. eingeschalteter TV-Sender pro Zeitintervall) definiert.
- *Anhang*: Hier finden die Beobachter einen Muster-Beobachtungsbogen → vgl. Abb. 4.14. Anders als bei der Inhaltsanalyse ist es bei komplexen Beobachtungsinstrumenten oft sinnvoll, den Beobachtern für die praktische Arbeit „vor Ort" eine Kurzfassung in die Hand zu geben. Allerdings ist dann auf die Codiererschulung (vgl. dazu Gehrau 2002: 79ff.) umso mehr Wert zu legen. So müssen die Beobachter unter anderem anhand von fiktiven Fällen alle Beobachtungsregeln verinnerlichen.

| **Abb. 4.14**

Beispiel eines standardisierten Beobachtungsbogens (vgl. Quandt 2005: 181f.) – Auszug

Der *Beobachtungsbogen* der *quantitativen Beobachtung* → vgl. Abb. 4.14 entspricht dem Codebogen der quantitativen Inhaltsanalyse. Die Beobachter tragen hier die entsprechenden Codes in die dafür vorgesehenen „Kästchen" ein. Im Gegensatz zur Inhaltsanalyse muss ein Beobachtungsbogen aber auch die zeitliche Dimension von Handlungsprozessen abbilden. Und weil wir nie sämtliche Handlungsmöglichkeiten oder Aspekte von Situationen vorhersehen können, sollte auch genügend Platz für zusätzliche Notizen vorhanden sein (vgl. das Feld „Freitext" in → Abb. 4.14). Wie schon erwähnt, sprechen wir bei der *weniger oder unstrukturierten Beobachtung* von einem *freien Beobachtungsprotokoll*. Hier formulieren die Beobachter selbst und notieren in Stichworten, was ihnen relevant erscheint. Dabei protokollieren sie entweder sofort während der Beobachtung oder anschließend „aus dem Gedächtnis". Viele Beobachtungen kombinieren standardisierte mit weniger standardisierten Elementen. Das kann man sich in Analogie zu geschlossenen und offenen Fragen in einem Fragebogen vorstellen → vgl. Kap. 4.2.3.

Beobachtungsbogen bzw. Beobachtungsprotokoll

Beobachtungsbogen in der Journalismusforschung

In der bereits erwähnten Studie von Quandt (2005: 188f.) wurde auf dem Beobachtungsbogen für jede einzelne Handlung in einem bestimmte Zeitintervall codiert, welche Handlung wann, wo, aus welchem Grund, in welchem Kontext usw. beobachtet wurde → vgl. Abb. 4.14. Für ausführliche Ergänzungen gab es ein „Beobachter-Tagebuch" (vgl. dazu auch Friederichs 1990: 296). Im Kästchen „Freitext" wurde z.B. nur „T20" protokolliert. Dieser Code zeigt an, dass zu der hier codierten Handlung der zwanzigste Eintrag im Beobachter-Tagebuch gehört.

Welche Einheiten sind bei der Beobachtung zu unterscheiden?

Für das Instrument der klassischen Beobachtung müssen wir uns analog zur Inhaltsanalyse vor allem drei Fragen stellen:

- Welche Einheiten sind im Beobachtungsinstrument zu unterscheiden?
- Wie lassen sich Kategorien bilden und wie sind sie zu definieren?
- Welche Typen von Kategorien lassen sich unterscheiden?

Diese Entscheidungen betreffen – in etwas anderer Form – aber auch die apparativen Beobachtungsvarianten.

Die *Einheiten der Beobachtung* festzulegen ist komplizierter als bei einer Inhaltsanalyse. Im Kern geht es um drei Entscheidungen (vgl. im Folgenden Gehrau 2002: 65ff.; Kromrey 2002: 343ff.). Zum leichteren Verständnis ziehen wir dabei stets die Parallele zur Inhaltsanalyse:

- Beobachtungsfeld,
- Beobachtungsobjekt,
- Beobachtungsfall.

Prinzipiell sind auch bei der Beobachtung alle Stichprobenverfahren, die wir kennengelernt haben, denkbar. „Repräsentative Zufallsstichproben sind bei Beobachtungen [aber] kaum zu realisieren" (Gehrau 2002: 69). Stattdessen kommen vergleichsweise häufig bewusste Auswahlverfahren zum Einsatz.

Beobachtungsfeld   Das *Beobachtungsfeld* legt fest, wo und wann was beobachtet wird. Mit Lamnek (1995b: 273; Herv.i.O.) ist es der „*räumlich*[, *zeitlich*] *und sozial definierte Bereich*, in dem beobachtet werden soll". Das Beobachtungsfeld entspricht der Untersuchungs- bzw. Auswahleinheit der Inhaltsanalyse → vgl. Kap. 4.3.3 und wird ebenfalls in der Regel mehrstufig anzulegen sein:

- *Untersuchungszeitraum*: Der Untersuchungszeitraum folgt dem Forschungsinteresse, unterliegt bei der Beobachtung aber oft pragmatischen Erwägungen. So werden wir z. B. die Erlaubnis zu einer Redaktionsbeobachtung nur für wenige Tage erhalten. Da wir diesen Zeitraum meist nicht selbst festlegen können, müssen wir uns darüber im Klaren sein, dass ein herausragendes Ereignis die Ergebnisse unserer Beobachtung prägen kann, die schon eine Woche später vielleicht ganz anders aussehen würden. Bei der Beobachtung von Fernsehnutzungsverhalten ist zu klären, ob uns die Nutzung an Werktagen und/oder Wochenenden interessiert.
- *Räumlicher Geltungsbereich*: Zudem müssen wir definieren, wo beobachtet wird. Bei einer Redaktionsbeobachtung müssen wir beispielsweise festlegen, ob nur der eigene Arbeitsplatz des zu beobachtenden Journalisten, ob alle Redaktionsräume oder ob auch die Orte von Außenterminen berücksichtigt werden. Die Frage des räumlichen Ausdehnungsbereichs ist für künstlich geschaffene Beobachtungen meist leichter zu beantworten. Bei der Beobachtung von Mediennutzung kann das schwierig werden: So hören wir Radio zu Hause im Wohnzimmer, im Bad, morgens im Bett oder auch auf dem Weg zur Arbeit im Auto.
- *Gegenstandsbereich*: Schließlich müssen wir die relevante Klasse von Beobachtungsobjekten definieren. Analog zu Mediengattung, Medienangebot, Ressort/Format usw. bei der Inhaltsanalyse legen wir bei einer Beobachtung von Journalisten z. B. fest, dass wir uns auf Fernsehjournalisten in den Nachrichtenredaktionen der fünf reichweitenstärksten Sender konzentrieren.
- *Beobachtungssituation*: Die schon als Klassifizierungsdimension erwähnte Entscheidung zwischen Beobachtungen in natürlichen oder künstlichen Situationen gehört ebenfalls zur Definition des Beobachtungsfeldes. Oft spielt dabei die praktische Frage eine Rolle, ob wir überhaupt Zugang zu natürlichen Situationen haben.

Was Gehrau (2002) als *Beobachtungsobjekt* bezeichnet, entspricht nicht notwendigerweise dem, was die Analyse- bzw. Codiereinheit der Inhaltsanalyse darstellt. Das lässt sich an der bereits erwähnten Studie von Bilandzic/Trapp (2000) illustrieren: Die Autorinnen haben 20 Jugendliche im Alter von 14 bis 18 Jahren beim Umschaltverhalten während der Fernsehnutzung beobachtet. Die Beobachtungsobjekte waren die Jugendlichen. Die eigentliche Analyse- bzw. Codiereinheit war die Fernsehhandlung, für die verschiedene Merkmale protokolliert wurden. Wenn auch die Merkmale der Jugendlichen erfasst werden, kann man in Analogie zur Inhaltsanalyse postulieren, dass die Jugendlichen die Analyse- bzw. Codierein-

Beobachtungsobjekt

heit auf einer höheren und ihre Fernsehhandlungen die Analyse- bzw. Codiereinheit auf einer niedrigeren Ebene darstellen. Wir kommen darauf zurück. Zunächst aber unterscheiden wir mit Gehrau (2002: 66f.) drei Klassen von *Beobachtungsobjekten*, die wir am gleichen Beispiel illustrieren:

- *Einzelpersonen*: Hier werden z. B. einzelne Journalisten und deren Tätigkeiten beobachtet. Ein Beobachter wird dabei jeweils nur einen Journalisten beobachten
- *Gruppe*: Hier werden wir z. B. eine Redaktion als soziale Gruppe betrachten. Dabei ist weniger eine einzelne journalistische Handlung als vielmehr das Klima in der Redaktion oder der Grad der Ko-Orientierung unter den Redaktionsmitgliedern relevant (vgl. z. B. Altmeppen 1999).
- *Objekt*: Hier beobachten wir z. B. eine Agenturmeldung auf ihrem Weg bis zur Veröffentlichung. Dabei interessiert etwa, wer eine Meldung wann wie redigiert (vgl. z. B. Krzeminski 1987).

Beobachtungsfall Was Gehrau (2002) als *Beobachtungsobjekt* bezeichnet, sind die *Merkmalsträger*, für die wir bestimmte Merkmale bzw. Kategorien protokollieren. Das entspricht der Analyse- bzw. Codiereinheit der Inhaltsanalyse → vgl. Kap. 4.3.3. Der *Beobachtungsfall* kann, muss aber nicht mit dem Beobachtungsobjekt zusammenfallen. Bei einer Redaktionsbeobachtung kann beispielsweise der Journalist das Beobachtungsobjekt darstellen, die einzelne Handlung dagegen der Beobachtungsfall sein. Hier protokollieren wir, was der Anlass bzw. Grund für die Handlung ist, welche Art der journalistischen Handlung der Journalist ausführt, auf welche Ressourcen er zurückgreift usw. Wäre der Journalist das Beobachtungsobjekt und zugleich der Beobachtungsfall, dann würden wir summarisch für den Journalisten die relevanten Merkmale codieren – etwa die am häufigsten ausgeführten Tätigkeiten im Untersuchungszeitraum, die ihm zur Verfügung stehenden Ressourcen usw.

Aus der Perspektive der Beobachtung leuchtet die Unterscheidung zwischen *Beobachtungsobjekt* und *Beobachtungsfall* ein. Im Vergleich mit anderen Methoden – vor allem mit der Inhaltsanalyse – wirkt sie aber künstlich. Wenn wir eine Argumentanalyse durchführen, stellt das Argument sicher die zentrale *Analyse- bzw. Codiereinheit* dar. Wir codieren aber auch formale Kategorien für den Medienbeitrag, in dem das Argument auftaucht. Damit stellt der Medienbeitrag ebenfalls eine Analyse- bzw. Codiereinheit dar. Mit diesen beiden Analyse- bzw. Codiereinheiten liegt eine *hierarchische Codierung* vor. Das ist bei der Beobachtung oft nicht anders. Selbst wenn die Handlung den Beobachtungsfall darstellt, protokollieren wir meist auch die Merkmale z. B. des Journalisten, der sie ausführt.

Das *Beobachtungsfeld* ist die Untersuchungs- bzw. Auswahleinheit der Beobachtung. Es umfasst den Untersuchungszeitraum, den räumlichen Geltungsbereich, den Gegenstandsbereich und die Beobachtungssituation. Mit dem *Beobachtungsobjekt* entscheiden wir uns für Personen, Gruppen oder Objekte. Der *Beobachtungsfall* ist die Analyse- bzw. Codiereinheit der Beobachtung. Er legt fest, für welche Merkmalsträger die Kategorien protokolliert werden.

Wie lassen sich Kategorien bilden und wie sind sie zu definieren?

Nach der Definition der Beobachtungseinheiten bilden die Kategorien das Herzstück des Instruments jeder klassischen Beobachtung. Sie entsprechen weitgehend dem Kategoriensystem der quantitativen Inhaltsanalyse. Und wie bei der Inhaltsanalyse können wir zwei Möglichkeiten der *Kategorienbildung* unterscheiden (vgl. Kromrey 2002: 347f.) – die theorie- und die empiriegeleitete Kategorienbildung. Im Gegensatz zur Inhaltsanalyse ist die zweite Alternative aber nicht immer einfach zu realisieren. Das gilt auch für die Beobachterschulung. In beiden Fällen brauchen wir „echte Situationen", anhand derer wir unser Kategoriensystem verfeinern und ergänzen sowie unsere Beobachter schulen. Allerdings müssen wir vermutlich statt z. B. der Radiomoderatoren, die wir beobachten werden, für die Kategorienbildung und Beobachterschulung erst einmal Journalistikstudenten beim Campusradio heranziehen.

Auch die *Kategoriendefinition* bei der Beobachtung ähnelt dem, was wir von der Inhaltsanalyse kennen. In den meisten Fällen dürften aber ausführlichere Erklärungen notwendig sein – sowohl was Problem- und Zweifelsfälle als auch was Indikatoren und Beispiele betrifft (vgl. Friedrichs 1990: 275f.). Denn es muss sichergestellt werden, dass die Beobachter weder zu wenig noch zu viel in Verhaltensweisen „hineininterpretieren". Wie die Codierer bei der Inhaltsanalyse, müssen auch die Beobachter ein einheitliches Verständnis vom Untersuchungsgegenstand entwickeln. Das ist bei der Beobachtung eine noch größere Herausforderung als bei der Inhaltsanalyse. Zur Kategoriendefinition gehört auch bei der Beobachtung ein *Schlüsselplan* mit allen *Ausprägungen* und deren Codes, die auf dem Beobachtungsbogen protokolliert werden. Bei der Beobachtung müssen wir aber nicht nur die Anzahl der Kategorien, sondern auch die Anzahl der Ausprägungen beschränken. Denn je nach Komplexität der Situation können die Beobachter nicht in langen Schlüsselplänen nach dem passenden Code bzw. der richtigen Ausprägungen suchen. Sa-

Kategoriendefinition

lopp gesagt wartet die sich verändernde Beobachtungssituation nicht auf die Beobachter. Eine Aufzeichnung bietet aber Abhilfe.

Sie ist auch hilfreich bei einem *Beobachtungsleitfaden*. Ein solches freies Beobachtungsprotokoll entspricht dem Interview- bzw. Codierleitfaden bei der qualitativen Befragung bzw. Inhaltsanalyse. Der Beobachtungsleitfaden gibt nur grobe Dimensionen vor, auf die der Beobachter achten soll (vgl. Friederichs 1990: 294f., 298). Wie schon erwähnt, lassen sich die Protokolle anschließend mit Hilfe einer qualitativen Inhaltsanalyse auswerten → vgl. Kap. 4.4.2.

Beispiel

Kategorien bei einer Beobachtung in der Journalismusforschung

Michael Krzeminski (1987: 69ff.) führte eine teilnehmende Beobachtung in zwei Hörfunkredaktionen durch. Er beobachtete journalistische Entscheidungsvorgänge, die den Beobachtungsfall darstellten. Für jeden Entscheidungsvorgang wurden folgende Kategorien protokolliert: das zugrunde liegende Ereignis, die Quelle der Information über das Ereignis, die Argumentation für und gegen eine Veröffentlichung sowie die Gründe, das Ergebnis und die Rahmenbedingungen der journalistischen Entscheidung.

Welche Typen von Kategorien lassen sich unterscheiden?

formale und inhaltliche Kategorien

Wie beim *Kategoriensystem* der quantitativen Inhaltsanalyse lassen sich auch beim standardisierten Beobachtungsinstrument formale und inhaltliche Kategorien unterscheiden. Wenn wir z. B. einzelne Fernsehhandlungen eines Zuschauers beobachten, dann sind die Soziodemografie des Zuschauers oder das Zeitintervall, zu dem wir die Fernsehhandlung beobachten, formale Kategorien. Der Typ der Fernsehhandlung oder die dabei gezeigte Mimik und Gestik des Zuschauers sind inhaltliche Kategorien.

Typen von inhaltlichen Kategorien

Schnell et al. (1999: 361) unterscheiden drei *Typen von inhaltlichen Kategorien* bei der Beobachtung, die oft kombiniert werden:

- *Zeichensysteme*: Damit bezeichnen die Autoren offenbar ein Vorgehen, bei dem alle Ausprägungen einer Kategorie auf dem Beobachtungsbogen gelistet sind und die Beobachter nur ankreuzen, was während der Beobachtung passiert.
- *Kategoriensysteme*: Damit bezeichnen die Autoren das, was wir bislang vorgestellt haben. Eine besondere Schwierigkeit besteht bei der Beobachtung darin, das Prozessuale – etwa die zeitliche Abfolge journalisti-

| **Abb. 4.15**

Erfassung zeitlicher Abläufe bei Beobachtungen in der Journalismusforschung (vgl. Altmeppen 1999: 209) – Auszug

...

2.6 Protokollierung von Rollenwechseln

Wichtig für die Auswertung ist es zu wissen, wenn die beobachtete Person nicht nur als „einfache" Redakteur/in tätig ist, sondern in andere Rollen (Leitung, Teilleitung) wechselt, zum Beispiel Redakteur/in vom Dienst oder Chef/in vom Dienst (und ebenso umgekehrt von Leitungsrollen zurück zur „einfachen" Redaktionstätigkeit). Codiert wird dies (exemplarisch):

R → RvC = Redakteur/in übernimmt Rolle Redakteur/in vom Dienst
RvD → CvD = Redakteur/in vom Dienst übernimmt Rolle Chef/in vom Dienst
RvD → R = Von Leitungsrolle zurück in „einfache" Redakteursrolle

2.7 Protokollierung von Indikatoren aus unterschiedlichen Kategorien

Bei unmittelbar zusammenhängenden Tätigkeiten/Tätigkeitsmerkmalen (z. B. Nachrichtenschreiben am PC) werden die jeweiligen Tätigkeiten durch einen Bindestrich verbunden, um zu kennzeichnen, dass die eine Tätigkeit (Nachrichtenschreiben) zusammen mit einer anderen (Technik) ausgeübt wird.

310-200 (zur Erklärung: 310 = Archivarbeiten; 200 = Sonstige PC-Tätigkeiten)
510-210 (zur Erklärung: 510 = Beitrag schreiben; 210 = sonstige technische Tätigkeiten)

...

scher Tätigkeiten – protokollieren zu können. → Abb. 4.15 zeigt das Beispiel einer entsprechenden Kategorie aus der bereits erwähnten Studie von Altmeppen (1999).

- *Schätz-Skalen(Ratingverfahren)*: Hier soll der Beobachter ein Verhalten auf einer Skala beurteilen. Die Reliabilität solcher Messungen ist jedoch eher kritisch zu sehen. So stellte auch Altmeppen (1999: 208) fest, dass sich die von ihm eingesetzten Schätz-Skalen → vgl. Abb. 4.16 in der Beobachtungspraxis nicht sinnvoll einsetzen ließen, weil die Protokollierungen zu sehr von den subjektiven Einschätzungen der Beobachter abhingen.

| **Abb. 4.16**

Schätz-Skalen bei Beobachtungen in der Journalismusforschung (vgl. Altmeppen 1999: 208) – Auszug

...

2.5.2 Arbeitsbelastung pro abgeschlossenem Arbeitsvorgang

1601 sehr hohe Konzentration auf Tätigkeit, kaum/keine Wahrnehmung der Umwelt
1602 hohe Konzentration auf Tätigkeit, hohe Wahrnehmung der Umwelt
1603 geringe Konzentration auf Tätigkeit, hohe Wahrnehmung der Umwelt
1604 sehr geringe Konzentration auf Tätigkeit, sehr hohe Wahrnehmung der Umwelt

2.5.3 Zeitliche Flexibilität pro Arbeitsvorgang

1701 sehr hohe zeitliche Flexibilität
1702 hohe zeitliche Flexibilität
1703 geringe zeitliche Flexibilität
1704 sehr geringe zeitliche Flexibilität

...

Für das *Kategoriensystem* von Beobachtungsinstrumenten lassen sich *formale* und *inhaltliche* Kategorien unterscheiden. Bei inhaltlichen Kategorien können wir zwischen *Zeichen*- und *Kategoriensystemen* sowie *Schätz-Skalen* differenzieren.

Instrumente bei apparativen Beobachtungen

Apparative Beobachtungen unterscheiden sich von klassischen Beobachtungen dadurch, dass sie statt menschlicher Beobachter Geräte einsetzen und statt manuell zu protokollierender Kategorien automatisierte Messungen vornehmen. Andere Lehrbücher (z.B. Friedrichs 1990; Bortz/Döring 1995) besprechen automatisierte Beobachtungen gesondert als apparative, physiologische oder nicht reaktive Verfahren. Mit Gehrau (2002) begreifen wir sie aber als Form der Beobachtung. Folglich müssen auch hier Regeln aufgestellt werden – etwa darüber, wann und wo ein Gerät zum Einsatz kommt, was den Personen gesagt wird, deren Puls wir messen, oder wie die Zuschauer auszuwählen sind, deren Fernsehnutzungsverhalten wir beobachten. Wir müssen also auch bei apparativen Beobachtungen das Beobachtungsfeld, das Beobachtungsobjekt und den Beobachtungsfall definieren sowie Protokollanweisungen für denjenigen formulieren, der die Geräte bedienen soll. Wir können hier nur ausgewählte Beispiele aus der Kommunikationswissenschaft besprechen (vgl. im Folgenden auch Gehrau 2002: 135ff.):

- Beobachtung von Mediennutzungsverhalten,
- Beobachtung von Aufmerksamkeit und Wahrnehmung,
- Messung physiologischer Reaktionen,
- CRM-Verfahren.

Apparative Beobachtungen vermitteln Laien oft den Eindruck einer objektiven Messung. Tatsächlich sollten wir mit deren Ergebnissen sehr vorsichtig umgehen → vgl. ausführlich Kap. 4.4.4.

automatisierte Erfassung der Mediennutzung

Sowohl die akademische Kommunikationsforschung als auch die kommerzielle Publikums- und Werbeforschung interessieren sich für *Mediennutzung*. Die in Befragungen erhobenen Nutzungsangaben → vgl. Abb. 4.4, Kap. 4.2.3 beruhen auf der Selbstauskunft der Befragten. Verlässlichere Angaben erhofft man sich daher von apparativen Beobachtungen. Beim Fernsehen bzw. Radio heißen sie *Tele-* bzw. *Radiometrie*. Für das Internet sind so genannte Logfile-Analysen möglich (vgl. Gehrau 2002: 136ff.). Im Kontext mehrteiliger Stichproben → vgl. Kap. 2.4 hatten wir bereits die telemetrische Messung der *GfK* erwähnt. Die bei dieser Beobachtung teilnehmenden Haushalte erhalten ein so genanntes GfK-Meter „Telecontrol

XL". Dieses Gerät erfasst sekundengenau alle An-, Um- und Ausschaltvorgänge der im Haushalt lebenden Personen. Damit kennt die GfK nicht nur die Haushaltsmerkmale sowie die soziodemografischen Merkmale der Zuschauer, sondern weiß auch, wer welche Sendung wann und wie lange sieht. Da die Teilnehmer dieses GfK-Panels → vgl. Kap. 3.2 sich am Gerät an- und abmelden müssen, wissen sie aber, dass sie beobachtet werden. Jede Nacht sendet das Gerät die Nutzungsdaten an die Rechenzentrale der GfK, die dann auf die Grundgesamtheit hochgerechnet werden. Damit lassen sich Kennwerte wie etwa der Marktanteil eines Senders oder Programms berechnen (vgl. dazu ausführlich Brosius et al. 2008: 184ff.). Über die Nutzungsmotive oder Rezeptionsprozesse sagen solche apparativen Beobachtungen nichts aus. Man kann sie aber mit anderen Methoden kombinieren. So hat z. B. Wolfgang Schweiger (2001) die Personen, deren *Logfiles* er analysierte, zusätzlich befragt. Die telemetrischen Bobachtungsdaten sind nicht frei verfügbar. Um sie zu erhalten und für Forschungszwecke nutzen zu dürfen, bedarf es der Genehmigung durch die GfK. Vergleichbares betrifft viele anderen Daten aus kommerziellen Studien, die wir sekundäranalytisch nutzen könnten. Manche sind aber recht kostengünstig zu erwerben – z. B. die Daten früherer Erhebungen der Media-Analyse (MA).

Die kognitionspsychologisch ausgerichtete Kommunikationswissenschaft, aber auch z. B. die angewandte Werbeforschung (vgl. von Rosenstiel/Neumann 2002) interessiert sich für *Aufmerksamkeits- und Informationsverarbeitungsprozesse* bei der Rezeption. Neben Befragungen kommen dabei auch apparative Beobachtungsverfahren zum Einsatz. Ein Beispiel dafür sind so genannte Blickregistrierungsverfahren. Im Rahmen eines experimentellen Designs kann man Probanden eine Spezialbrille aufsetzen und ihnen verschiedene Werbeanzeigen vorlegen. Mit dem Blickregistrierungsverfahren, das für jeden Beobachteten entsprechend zu justieren ist, verfolgen wir dann, worauf der Blick fällt. Bei erotischen Werbemotiven werden wir feststellen, dass der Blick auf das Bildmotiv, aber nicht über den Markennamen am Rand der Anzeige streift. Aber auch solche Beobachtungen kann man mit anderen Messungen kombinieren (vgl. z. B. Mangold 1998).

(Randnotiz: Messung von Aufmerksamkeit und Wahrnehmung)

Besonders die Medienpsychologie greift auch auf Verfahren zur Messung *physiologischer Reaktionen* wie z. B. Herzfrequenz, Blutdruck oder Hautleitfähigkeit zurück (vgl. im Folgenden auch Bortz/Döring 1995: 251ff.). Für manche physiologischen Reaktionen ist einigermaßen bekannt, worauf sie schließen lassen. So sollen z. B. eine höhere Hautleitfähigkeit und erhöhte Herzfrequenz zwei Indikatoren für eine physiologische Erregung sein. Darauf beruhen auch jene Lügendetektortests, die in täglichen Talkshows (z. B. „Oliver Geissen") eingesetzt werden, um

(Randnotiz: Messung physiologischer Reaktionen)

„lügende" Gäste zu überführen. Vermutlich besteht die kommunikationswissenschaftliche Relevanz solcher Messungen eher darin, dass die Gäste und Zuschauer von täglichen Talkshows an die „Wahrheit" physiologischer Reaktionen glauben. Auf die damit verbundenen Probleme gehen wir später ein → Kap. 4.4.4.

CRM-Verfahren   Zuletzt gehen wir auf den bereits erwähnten Grenzfall zwischen Befragung und Beobachtung ein. Wie erwähnt, ist das *CRM*- bzw. RTR-Verfahren → vgl. Kap. 4.4.2 eine auf Selbstbeobachtung beruhende Verlaufsmessung. Beispielsweise können wir Rezipienten zu Beginn der Fernsehrezeption die Instruktion geben, dass sie mit Hilfe eines Dreh- oder Schiebereglers kontinuierlich bewerten sollen, wie unterhaltend sie eine Sendung empfinden (vgl. z. B. Trepte 2006: 149f.). Ein Beispiel für den Einsatz des Verfahrens in der Wahlforschung bietet z. B. die Studie von Marcus Maurer und Carsten Reinemann von 2003. Der Vorteil des Verfahrens besteht darin, dass wir dem dynamischen Charakter des Rezeptionsprozesses gerecht werden. Allerdings muss sich das Verfahren auf eine Dimension – z. B. die globale Erfassung des Unterhaltungsempfindens – beschränken. Inwiefern es der Methode des lauten Denkens → vgl. Kap. 4.2.2 überlegen ist, wäre noch zu zeigen.

Merksatz

Bei apparativen Beobachtungen ersetzen *Geräte* die Beobachter und die Protokollierung wird *automatisiert* durchgeführt. Die Kommunikationswissenschaft setzt diese Beobachtungen unter anderem zur Erfassung der Mediennutzung, zur Beobachtung von Aufmerksamkeits- und Wahrnehmungsprozessen oder zur Messung physiologischer Reaktionen ein. Das CRM-Verfahren ist eine Form der Selbstbeobachtung.

4.4.4 | Spezifische Probleme der Beobachtung

Die Beobachtung muss sich ebenfalls mit Fragen der Reliabilität und Validität, aber auch mit spezifischen Problemen auseinandersetzen.

Beobachtung als reaktive Methode   Das Problem der *Reaktivität*, das wir schon von der Befragung kennen → vgl. Kap. 4.2.4, betrifft vor allem jene Varianten der Beobachtung, bei denen ein Beobachteter weiß oder glaubt, dass er beobachtet wird, und deshalb ein anderes Verhalten zeigt als sonst. Wenn die Erhebungssituation den Beobachtungsgegenstand systematisch verändert, ist das zugleich ein *Validitätsproblem*. „Ob sich aber die Beobachteten authentisch verhalten haben oder nicht, darüber kann nur gemutmaßt werden" (Brosius et al. 2008: 207). Allerdings kann es Hinweise geben, die wir dann ernst nehmen müssen. In solchen Fällen sollte man verdeckt beobachten. Das bringt jedoch seinerseits Nachteile mit sich (vgl. Bortz/Döring 1995: 300f.). Ein spezifischer Aspekt von Reaktivität ist das *„Going Native"*. Der Begriff bezeichnet das Problem, dass sich Beobachter viel zu stark auf die Beobachteten und deren Perspektive einlassen, was ebenfalls die Befunde verfälschen kann (vgl. Friedrichs 1990: 304; Lamnek 1995b: 265f.; Schnell et al. 1999: 369).

Merksatz

Die Beobachtung ist dann eine *reaktive Methode,* wenn die Beobachteten wissen oder glauben, dass sie beobachtet werden und sich deshalb anders verhalten als sonst.

Wie für andere Methoden lassen sich auch für die Beobachtung Probleme der Methode und des Instruments unterscheiden. Dabei differenzieren wir nach klassischen und apparativen Beobachtungsverfahren. Hinzu kommen in stärkerem Maße als etwa bei der Befragung auch ethische und rechtliche Aspekte.

Probleme der Methode bei klassischen Beobachtungen

Die zentrale *Fehlerquelle* der *klassischen Beobachtung* ist der *Beobachter*, dessen Gewicht je nach Beobachtungsvariante variiert. Dabei sind folgende Fehler zu nennen (vgl. im Folgenden Friedrichs 1990: 287f., 308f.; Schnell et al. 1999: 307ff.; Brosius et al. 2008: 205ff.):

Beobachterfehler

- *Wiedergabe- und Erinnerungsfehler*: Sie betreffen vor allem nicht standardisierte Beobachtungen. Wenn die Beobachter z. B. erst nach der Beobachtungssituation frei protokollieren, können Erinnerungslücken auftreten. Zudem will das freie Formulieren eines Protokolls erst einmal gelernt sein.
- *Wahrnehmungs- und Urteilsfehler*: Einige davon kennen wir im Grunde von der Befragung → vgl. Kap. 4.2.4. Sie betreffen nun aber nicht das Antwortverhalten der Befragten, sondern die Urteile der Beobachter. Diese können z. B. zu streng oder zu milde urteilen. Oder ihre Protokollierungen folgen dem ersten Eindruck. Schwierig sind auch Protokollierungen von Prozessen. Denn Beobachter neigen dazu, eine eigene „zeitliche Logik" zu entwickeln, statt die tatsächliche Chronologie zu erfassen.

Je nach Variante der Beobachtung treten andere Fehlerquellen in den Vordergrund, so dass wir keine allgemeingültige Lösung anbieten können. Ratsam ist aber auf jeden Fall, dass wir vor dem Hintergrund unseres

Forschungsinteresses die Vor- und Nachteile unterschiedlicher Beobachtungsvarianten gegeneinander abwägen.

Stichprobenprobleme Die *Stichprobenbildung* ist bei Beobachtungen ein größeres Problem als bei Befragungen oder Inhaltsanalysen. Bevor wir die Beobachtung durchführen, hat das, was wir beobachten wollen, noch nicht stattgefunden. Somit ist die Grundgesamtheit empirisch nicht greifbar. Aber auch die Einheiten lassen sich vorab nicht eindeutig bestimmen (vgl. Schnell et al. 1999: 366f.; Kromrey 2002: 342ff.). Wenn es sich allerdings nicht um die allererste Studie in einem Forschungsfeld handelt, können wir unseres Erachtens auf Erfahrungswerte früherer Studien zurückgreifen. Wir wissen dann beispielsweise, welche Beobachtungsfälle wir zumindest unterstellen können. Allerdings kann es durchaus sein, dass wir diese zwar gut definiert haben, dass unsere Definition aber nicht realitätsgerecht ist. Wenn wir z. B. Zeitintervalle als den zentralen Beobachtungsfall definieren, können die von uns gewählten Zeitintervalle zu lang oder zu kurz sein. Im ersten Fall wird die Aufmerksamkeit der Beobachter strapaziert. Im zweiten Fall werden sie nur Verhaltensspuren, aber keine Handlungen erfassen, die länger als etwa nur wenige Sekunden dauern können (vgl. auch Friedrichs 1990: 286).

Beobachterschulung und Pretest Wie bei der Inhaltsanalyse ist die *Reliabilität* → vgl. auch Kap. 1.5.4 auch für die Beobachtung eine große Herausforderung. Sie kann aber mit der *Beobachterschulung* (vgl. dazu ausführlicher Friedrichs/Lüdtke 1971: 182ff.; Bortz/Döring 1995: 250f.) und mit Reliabilitätstests wie jenen bei der Inhaltsanalyse erhöht werden. Allerdings dürfte der Schulungsprozess bei der Beobachtung meist länger dauern. Das betrifft insbesondere freie Beobachtungsprotokolle, bei denen noch ausführlicher erläutert werden muss, wie protokolliert werden soll (vgl. Gehrau 2002: 79ff.). Wie bereits erwähnt, besteht bei der Beobachtung das Problem darin, dass wir oft nicht anhand von „echten Fällen" schulen können → vgl. auch Kap. 4.4.3. Die Beobachterschulung endet mit dem *Pretest*. Er dient dem gleichen Zweck wie bei der Inhaltsanalyse. Friedrichs (1990: 307) schlägt dafür als groben Richtwert eine „Stichprobe von 10–12 Situationen oder anderen Beobachtungseinheiten" vor.

Probleme der Methode bei apparativen Beobachtungen

Bei *apparativen Beobachtungen* treten die eben vorgestellten Probleme kaum auf. Es gibt aber Probleme der *Validität* und Interpretation, die wir für die Varianten aus → Kap. 4.4.3 erläutern:

- *Automatisierte Erfassung der Mediennutzung*: Bei der telemetrischen Messung melden sich z. B. nicht alle im Haushalt lebenden Personen an und ab. Manche vergessen es völlig, andere gehen in Werbepausen kurz aus dem Zimmer, ohne sich abzumelden, und wieder andere schlafen vor dem laufenden Fernseher ein. Um solche Probleme in den Griff zu bekommen, erhalten die Teilnehmer des GfK-Panels regelmäßig unangekündigte Anrufe – so genannte „Coincidental Checks" – mit der Frage, wer gerade was fernsieht (vgl. Müller 2000: 6).

- *Messung von Aufmerksamkeit und Wahrnehmung:* Beim zuvor skizzierten Blickregistrierverfahren besteht das Problem, dass wir aus der Verweildauer des Blicks noch nicht auf die Verarbeitungstiefe beim Rezipienten schließen können. Für solche Inferenzen bedarf es ergänzender Erhebungsverfahren wie der Methode des lauten Denkens → vgl. Kap. 4.2.2.

- *Messungen physiologischer Reaktionen:* Der Vorteil dieser Messungen ist, dass die beobachteten Personen solche Reaktionen nicht aktiv steuern können. Welche Emotionen aber z. B. mit einer hohen physiologischen Erregung verbunden sind, bleibt meist völlig offen (vgl. Fahr 2006: 210). Selbst die so genannte Breitbandmessung, bei der physiologische Messungen kombiniert werden (vgl. Gehrau 2002: 170ff.), ist mit Umsicht zu interpretieren. Zweifellos steckt dahinter der Wunsch nach „harten Fakten" – aber wir sind keine Mediziner oder Psychologen, sondern Kommunikationswissenschaftler. Und für sich genommen sagen physiologische Reaktionen wenig aus. Nur in Kombination z. B. mit der Methode des lauten Denkens mögen solche Messungen eine gewisse Aussagekraft für die Kommunikationswissenschaft beanspruchen können.

- *CRM-Verfahren:* Dass sich diese kontinuierliche Selbstbeobachtung auf eine Beurteilungsdimension beschränken muss, wurde schon erwähnt. Dazu tritt das Problem der Latenzzeit: Weil die Beobachteten mit dem Dreh- oder Schieberegler unterschiedlich schnell bzw. verzögert z. B. auf die Geschehnisse in einem Fernsehkrimi reagieren, können wir die CRM-Messungen nicht exakt mit dem Verlauf des Fernsehkrimis synchronisieren. Eine weitere Schwierigkeit besteht darin, dass Rezipienten ihre Aufmerksamkeit auf die Medienrezeption und auf die Bedienung des Reglers lenken müssen. Dabei ist noch weitgehend unklar, wie sehr die Selbstbeobachtung die Rezeption stört oder umgekehrt die Rezeption die Selbstbeobachtung beeinträchtigt (vgl. Fahr 2006: 209ff.).

Merksatz

Bei *klassischen Beobachtungen* treten vor allem Beobachterfehler und Probleme bei der Stichprobenbildung auf. *Apparative Beobachtungsverfahren* müssen sich insbesondere mit *Validitäts-* und Interpretationsproblemen auseinandersetzen.

Probleme des Instruments

Probleme von klassischen Beobachtungen

An das *Instrument* der klassischen quantitativen Beobachtung werden prinzipiell die gleichen Anforderungen gestellt wie an das Codebuch und das Kategoriensystem der Inhaltsanalyse (vgl. im Folgenden auch Friedrichs 1990: 275f., Schnell et al. 1999: 364 → vgl. Kap. 4.3.4.

- *Vollständigkeit*: Das Kategoriensystem muss alle relevanten Dimensionen bzw. Aspekte erfassen. Vollständigkeit meint auch bei der Beobachtung immer selektive Vollständigkeit im Hinblick auf unser Forschungsinteresse. Wie beim Fragebogen oder Codebuch müssen wir auch entsprechende *Residualausprägungen* vorsehen. Dazu gehören Ausprägungen wie „vergessen zu beobachten" oder „nicht beobachtet" – wenn etwas nicht eingetreten ist und damit nicht beobachtet werden kann.
- *Trennschärfe*: Weder die Beobachtungskategorien noch die Ausprägungen einer Kategorie dürfen sich in ihrem Bedeutungsgehalt überschneiden. Wie bereits erwähnt, stellte Altmeppen (1999: 208) im konkreten Anwendungsfall fest, dass die Ausprägungen z. B. der Schätz-Skalen „Arbeitsbelastung" und „zeitliche Flexibilität" → vgl. Abb. 4.16; Kap. 4.4.3 nicht trennscharf genug waren. Bei der Beobachtung werden solche Probleme stärker als bei der Inhaltsanalyse oft erst im Anwendungsfall virulent. Viele Trennschärfeprobleme lassen sich aber auch im Zuge der Beobachterschulung herausfinden. Auf jeden Fall sind diese Schwierigkeiten – so wie Altmeppen (1999) es vorbildlich zeigt – im späteren Bericht zu benennen.
- *Exklusivität*: Schließlich sollten die Beobachtungskategorien nur jene Aspekte erfassen, die auch für das theoretische Konstrukt relevant sind. Diese Anforderung ist bei der Beobachtung sicher nicht immer leicht einzulösen. Vor allem wenn direkt protokolliert wird und die Vorgänge rasch ablaufen, müssen die Beobachter schnell entscheiden, was relevant ist und was nicht. Soweit möglich und sinnvoll sollte daher aufgezeichnet werden

Bei der Kategoriendefinition → vgl. Kap. 4.4.3 hatten wir bereits erwähnt, dass die Kategorien bei der Beobachtung zum einen möglichst explizit sein müssen, also hinreichend viele Problem- und Zweifelsfälle sowie Indikatoren und Beispiele vorstellen (vgl. Friedrichs 1990: 275f.). Zum anderen sollte die Anzahl der Kategorien auf ein für die Beobachter handhabbares Maß begrenzt werden.

Die Kategorien eines Beobachtungsinstruments müssen *trennscharf*, *vollständig* und *exklusiv* sein. Bei der Beobachtung ist die Anzahl der Kategorien auf ein handhabbares Maß zu *begrenzen*. Zudem müssen sie *explizit* genug sein.

Bei *apparativen Beobachtungen* entsteht leicht der Eindruck, dass die Messungen kaum fehleranfällig sind. Allerdings haben auch technische Geräte ihre spezifischen Tücken. Eine Fehlerquelle können auch die Bediener dieser Geräte sein. Grundsätzlich müssen wir jedes Gerät überprüfen, mit dem wir automatisiert beobachten. Anhand der Varianten der apparativen Beobachtung, die wir bereits besprochen haben, lassen sich einige denkbare Probleme illustrieren:

Probleme von apparativen Beobachtungen

- *Automatisierte Erfassung der Mediennutzung*: Bei der telemetrischen Messung kann das GfK-Meter „Telecontrol XL" aufgrund eines technischen Defekts ausfallen. Aber auch die Übertragung der Daten an die GfK kann unterbrochen sein. Ein weiteres Problem kann darin bestehen, dass das GfK-Meter nicht in der Lage ist, die Nutzung digitaler Fernsehprogramme differenziert zu erfassen (vgl. Müller 2000: 5f.).
- *Messung von Aufmerksamkeit und Wahrnehmung*: Ein Blickregistrierungsgerät muss auf die Pupillenbewegungen der Person eingestellt sein. Da Menschen unterschiedliche Augenabstände haben, muss das Gerät für jede Person neu kalibriert werden. Neben einer möglichen falschen Kalibrierung kann die Spezialbrille während der Beobachtung verrutschen.

Die Liste technischer Probleme ließe sich fortsetzen. Relevanter ist folgender Hinweis: Wenn Messfehler auftreten, müssen wir sie offenlegen. Ob es sich um systematische oder zufällige Fehler handelt, ist im Einzelfall zu klären → vgl. Kap. 2.5 und 3.3.3. Teilweise werden wir auf das einzelne Beobachtungsobjekt oder nur den Beobachtungsfall verzichten können. Wenn die Fehler aber bei allen Fällen auftreten, ist die gesamte „Messreihe" ungültig.

Messungen apparativer Beobachtungsverfahren können durch *falsch eingestellte* Geräte, *technische Störungen* oder durch *Bedienungsfehler* verfälscht werden.

Ethische und rechtliche Implikationen

Abschließend gehen wir auf ethische und rechtliche Implikationen der Beobachtung ein. Natürlich können wir hier nicht alle denkbaren Unwägbarkeiten, wohl aber einzelne Probleme diskutieren, die wir teilweise schon vom Experiment → vgl. Kap. 3.3.3 kennen:

- *Nachträgliche Aufklärung* (engl.: debriefing): Bei verdeckten Beobachtungen wissen jene Personen oder Gruppen, die wir beobachten, davon nichts. Allerdings müssen wir sie anschließend darüber aufklären. Wenn wir z. B. Journalisten in einer Redaktion beobachtet haben, können wir sie später selbst aufklären, oder das Debriefing dem Chefredakteur übertragen, der dann aber ein entsprechendes Schreiben von uns benötigt.
- *Ethische Bedenken*: Wie bei Experimenten müssen wir uns auch bei Beobachtungen vorab Gedanken über die ethischen Implikationen machen. Als Beispiel hatten wir schon die experimentelle Beobachtungsstudie zur sozialen Lerntheorie (z. B. Bandura et al. 1963) mit Kindern als Probanden angesprochen. Aber auch andere Aspekte sind zu bedenken: So sind etliche Verhaltensweisen nicht zu beobachten, weil wir ansonsten die Privat- bzw. Intimsphäre der betreffenden Personen verletzten würden (vgl. Gehrau 2002: 34). Allerdings sind Beobachter immer – aber nur in ethisch vertretbarem Maße – „Voyeure".
- *Rechtliche Absicherung:* Bei der Beobachtung treten die gleichen rechtlichen Implikationen auf wie beim Experiment z. B. mit Personen, die nicht volljährig sind. Aber es gibt auch spezifische Aspekte (vgl. Friedrichs 1990: 289; Gehrau 2002: 56): So können wir eine Redaktionsbeobachtung nicht ohne vorherige Zustimmung der Verantwortlichen – etwa des Chefredakteurs – durchführen. Auch z. B. für Logfile-Analysen sind vermutlich rechtliche Fragen zu klären.

Insgesamt ist mit Gehrau (2002: 35) festhalten: „Die Grenze zwischen wissenschaftlich Notwendigem und rechtlich [bzw.] ethisch Vertretbarem ist nur schwer festzulegen und im Einzelfall sorgfältig abzuwägen.".

Aufgabe 4.1

Welche der folgenden Aussagen ist/sind richtig?

a) Filterfragen leiten manche Befragten um bestimmte inhaltliche Fragen herum.

b) Offene Fragen sind geschlossenen Fragen vorzuziehen.

c) Zum Response-Set gehören die Zustimmungstendenz, die Tendenz zur Mitte und das Problem der Non-Opinions.

Aufgabe 4.2

Nach welchen Dimensionen lassen sich Befragungen klassifizieren?

Aufgabe 4.3

Welche der folgenden Aussagen ist/sind richtig?

a) Die Kategoriendefinition umfasst eine Beschreibung des semantischen Gehalts der Kategorie und einen Schlüsselplan.

b) Die Forderung der Trennschärfe bezieht sich auf Kategorien und deren Ausprägungen.

c) Die Inhaltsanalyse ist eine nicht reaktive Methode.

Aufgabe 4.4

Erläutern Sie die bei der Inhaltsanalyse denkbaren Inferenzen und geben Sie ein Beispiel.

Aufgabe 4.5

Welche der folgenden Aussagen ist/sind richtig?

a) Apparative Beobachtungen sind klassischen Beobachtungen überlegen.

b) Beobachtungsfeld, Beobachtungsobjekt und Beobachtungsfall können identisch sein.

c) Ethische und rechtliche Fragen betreffen nicht nur die verdeckte Beobachtung.

Aufgabe 4.6

Nach welchen Dimensionen lassen sich Beobachtungen klassifizieren?

Statistische Auswertungsverfahren | 5

Das letzte Kapitel behandelt die wichtigsten Verfahren zur statistischen Auswertung empirischer Daten. Dazu gehören erstens einfache uni- und bivariate Auswertungen (z. B. Abbildung einer Verteilung, Kontingenz-tabelle). Zweitens werden die Regressions- und die Varianzanalyse als zwei zentrale multivariate Verfahren behandelt. Drittens werden die Faktoren- und die Clusteranalyse als zwei wichtige Verfahren zur Daten-exploration erläutert.

Einführung | 5.1

Wo stehen wir derzeit im Forschungsablauf? Wir haben aus unserer Theorie bzw. unserem theoretischen Modell Hypothesen abgeleitet, die darin enthaltenen Konstrukte definiert und operationalisiert, eine geeignete Untersuchungsanlage festgelegt, eine entsprechende Stichprobe gezogen, eine oder mehrere Methoden gewählt und dafür Erhebungsin-strumente (z. B. Fragebogen) entwickelt und die Datenerhebung durch-geführt. Wenn wir die Daten per Hand erhoben haben, also z. B. auf einem Papier-Codebogen oder per Hand auf einem Fragebogen, müssen wir die dort eingetragenen Werte in den Computer eingeben – genauer gesagt

Wo stehen wir?

mit Hilfe eines statistischen Softwarepakets in einen Datensatz einlesen. Wenn die Daten bereits computergestützt erhoben wurden, kann die Datenauswertung fast sofort beginnen.

Datenbereinigung

Zuvor ist jedoch eine *Bereinigung der Daten* notwendig. So müssen wir beispielsweise erst einmal jene Fehler bereinigen, die sich bei der Dateneingabe eingeschlichen haben. Darüber hinaus ist aber auch z. B. zu prüfen, ob eine Filterung bei einer Umfrage richtig umgesetzt wurde: Wenn ein Befragter mit dem Filter um einige Fragen „herumgeleitet" wurde, dann sollten bei diesen Fragen für diesen Befragten auch keine Messwerte im Datensatz sein. Zudem ist beispielsweise festzulegen, wie mit fehlenden Werten umzugehen ist.

Datensatz

Was ist nun ein *Datensatz*? Ein Datensatz enthält alle Fälle und die dafür erhobenen Merkmale als Daten. In der Regel stehen die Fälle, also *Merkmalsträger*, in den Zeilen und die *Merkmale* als *Variablen* in den Spalten des Datensatzes. Die Fälle können Zeitungen, TV-Sendungen, Einträge in Onlineforen, Befragte, Beobachtete, Probanden usw. sein. Die Merkmale können ein unterschiedliches *Skalenniveau* haben. Es ist empfehlenswert, sich diese nochmals zu vergegenwärtigen → vgl. Kap. 1.5.2. Denn vom Skalenniveau des jeweiligen Merkmals – im Datensatz sagt man meist dazu dann Variable – hängen die statistischen Auswertungsmöglichkeiten ab.

Teilbereiche der Statistik

Die Statistik als wissenschaftliche Disziplin unterscheidet in der Regel *drei zentrale Bereiche* (vgl. im Folgenden z. B. Kromrey 2002: 408f.):

- deskriptive Statistik,
- Wahrscheinlichkeitstheorie,
- Inferenzstatistik.

Das Ziel der *deskriptiven Statistik* besteht darin, empirische Daten zu beschreiben und zu charakterisieren – z. B. mit Hilfe von Tabellen oder statistischen Kennziffern. Die *Wahrscheinlichkeitstheorie* liefert die mathematischen Grundlagen (z. B. Kolmogorov-Axiome) für die *Inferenzstatistik*. Hier geht es einerseits darum, ausgehend von den anhand der Stichprobe gewonnenen Erkenntnissen entsprechende Aussagen über die Grundgesamtheit zu machen, andererseits darum, Hypothesen zu prüfen. Das haben wir schon als Schätzen und Testen kennengelernt → vgl. Kap. 2.1.2 und 2.1.3.

Wir weichen von dieser Einteilung statistischer Teilbereiche bewusst ab. Denn anders als in Statistiklehrbüchern (z. B. Tränkle 1985; Diaz-Bone 2006; Benninghaus 2007) geht es uns nicht darum, statistische Detailkenntnisse zu vermitteln; das kann ein einzelnes Buchkapitel auch gar nicht leisten. Vielmehr legen wir den in der Forschungspraxis üblichen Blick an und fragen: Bei welcher kommunikationswissenschaftlichen Fragestellung können wir welche statistischen Verfahren nutzen, um die mit bestimmten Designs und Methoden erhobenen empirischen Daten auszuwerten? Soweit wie möglich verzichten wir auf Formeln; dafür sei ebenfalls auf Statistiklehrbücher verwiesen. Uns geht es um die Grundlogik der Verfahren und ihre Anwendungsmöglichkeit in der Kommunikationsforschung, nicht um den „Rechenweg".

Univariate und bivariate Auswertungsverfahren | 5.2

Zu Beginn der Datenauswertung verschaffen wir uns erst einmal einen Überblick über die Daten. Hier stellen wir Fragen wie z. B. diese:

- Sind die Experimentalbedingungen hinsichtlich der Kontrollvariablen (z. B. Geschlecht der Probanden) für das Randomisieren vergleichbar, d. h. war es erfolgreich?
- Wie viele Beiträge und Argumente haben die untersuchten Zeitungen überhaupt veröffentlicht?
- Wie viele Befragte stehen als Nettostichprobe unserer Umfrage für die Auswertung zur Verfügung?
- Wie viele Beobachtungsfälle liegen für die untersuchten Journalisten insgesamt vor?

Die Beschreibung der Verteilung eines einzigen Merkmals nennt man *univariate Analyse*. Die Beschreibung der gemeinsamen Verteilung oder der Zusammenhänge zwischen zwei oder mehr Merkmalen nennen wir *bivariate* bzw. *multivariate Analyse*. Alle Analysen können jeweils auf dreierlei Weise durchgeführt werden (vgl. im Folgenden z. B. Kromrey 2002: 414ff.):

- tabellarische Betrachtung,
- grafische Betrachtung,
- Beschreibung mit statistischen Kennwerten.

Definition

Die Beschreibung der empirischen Verteilung eines Merkmals heißt *univariate Analyse*. Die Beschreibung der gemeinsamen Verteilung oder der Zusammenhänge zwischen mehreren Merkmalen heißt *multivariate Analyse*. Bei nur zwei Merkmalen sprechen wir von *bivariater Analyse*.

5.2.1 | Tabellarische Betrachtung

Im Zusammenhang der Stichprobenbildung haben wir bereits über empirische Verteilungen gesprochen → vgl. Kap. 2.1.2. Wir greifen nochmals das dortige Beispiel einer Befragung zur Mediennutzung auf: Wir haben 1.000 Menschen nach dem Zufallsprinzip aus der deutschen Wohnbevölkerung ausgewählt und deren tägliche Fernseh- und Onlinenutzung sowie Alter und Geschlecht erhoben. Die TV-Nutzung wurde als Sehdauer in Minuten erfasst und ist somit ein metrisches Merkmal. Die Onlinenutzung wurde ordinal gemessen: Die Befragten konnten häufig, gelegentlich oder nie ankreuzen, wofür die Werte 3, 2 und 1 vergeben wurden. Das Alter ist metrisch skaliert und das Geschlecht nominal mit 1 für weiblich und 2 für männlich.

Univariate Tabellen

Im Datensatz stehen die Befragten in den Zeilen und ihre Merkmale in den Spalten → vgl. Abb. 5.1. Die *empirische Verteilung eines Merkmals* – also *univariat* betrachtet – ist die Menge aller Werte einer Variablen bzw. eines Merkmals, die wir bei unserem Sample erhoben haben. Der erste Befragte im Datensatz sieht pro Tag rund 170 Minuten fern, ist gelegentlich online, 47 Jahre alt und männlich.

Abb. 5.1 |

Fiktiver Datensatz einer Befragung

Befragten-Nummer	TV-Sehdauer (in Min.)	Online-Nutzung	Alter	Geschlecht
1	170	2	47	2
2	230	1	65	1
3	210	3	21	1
...	...	...	...	...

absolute Häufigkeiten bei (un-)gruppierten Daten

Die obere Hälfte von → Abb. 5.2 zeigt den Auszug aus der Tabelle mit den *absoluten Häufigkeiten f_i* (engl.: frequencies) aller 1.000 Befragten. In der ersten Spalte sehen wir in der ersten Zeile den Messwert $x_1 = 170$ des ersten Befragten aus → Abb. 5.1. Die Messwerte werden mit x_i (mit i = 1, 2, ... 1.000) geschrieben. Mit Häufigkeit ist erst einmal nichts anderes gemeint als die Anzahl der Befragten, für die der betreffende Wert gemessen wurde. Die absoluten Häufigkeiten sehen wir in der zweiten Spalte. Laut Häufigkeitstabelle wurde „170 Minuten" nur für einen Befragten ermittelt, ebenso die Werte „230 Minuten" und „210 Minuten". Unter den übrigen Befragten dürften aber vermutlich jeweils etliche exakt die gleiche oder eine ähnliche Sehdauer angegeben haben. Es ergibt also wenig Sinn, die Häufigkeit für jeden Messwert einzeln, d. h. ungruppiert zu betrachten.

Ungruppierte Daten	Messwerte x_i (TV-Sehdauer)	Absolute Häufigkeit f_i	Relative Häufigkeit rf_i
	...	...	...
	170 min.	1	1/1000 = 0,1%
	...	...	...
	230 min.	2	0,2%
	...	...	...
	210 min.	1	0,1%
	...	...	...

Gruppierte Daten	Messwerte x_i (TV-Sehdauer)	Absolute Häufigkeit f_i	Relative Häufigkeit rf_i
	0-29 min.	5	5/1000 = 0,5%
	...	...	...
	210-239 min.	180	18%
	...	...	...

| **Abb. 5.2**

Häufigkeitstabelle für ungruppierte und gruppierte Daten

Sinnvoller ist es, für Tabellen und Abbildungen mit *gruppierten Daten* zu arbeiten, also Gruppen bzw. Intervalle von Messwerten zu bilden und pro Gruppe bzw. Intervall dann die Häufigkeit anzugeben. In der unteren Hälfte von → Abb. 5.2 sehen wir die Sehdauer in 30-Minuten-Intervallen. 5 der 1.000 Zuschauer sehen pro Tag weniger als eine halbe Stunde fern. Dagegen sehen 180 Zuschauer zwischen 210 und 239 Minuten fern; darunter sind auch die beiden Befragten mit der Sehdauer „210 Minuten" und „230 Minuten". Allerdings geht bei gruppierten Daten einiges an Varianz → vgl. Kap. 5.2.3 verloren. Die Gruppierung von Daten bietet sich also zwar für die tabellarische oder grafische Betrachtung an. Um statistische Kennwerte zu berechnen, sollte man aber die ungruppierten Daten nehmen.

Wenn uns nicht die absolute Häufigkeit des Messwerts, sondern sein prozentualer Anteil an allen Befragten interessiert, sprechen wir von der *relativen Häufigkeit* rf_i. Sie ergibt sich, indem wir die jeweilige absolute Häufigkeit durch den Stichprobenumfang (n = 1.000) dividieren. → Abb. 5.2 zeigt die relativen Häufigkeiten für die ungruppierten und die gruppierten Daten jeweils in der dritten Spalte.

relative Häufigkeiten bei (un-)gruppierten Daten

Absolute und relative Häufigkeiten lassen sich kumulieren, wodurch wir *kumulierte Häufigkeiten* erhalten. Dazu werden die Häufigkeiten in der Spalte sukzessive, Zeile für Zeile addiert. Am Ende muss sich dann in der letzten Zeile für die absoluten kumulierten Häufigkeiten F_i der Stichprobenumfang (z. B. n = 1.000) ergeben, für die relativen kumulierten Häufigkeiten rF_i dagegen 1,00 bzw. 100 %.

kumulierte Häufigkeiten

Bivariate Tabellen

Wollen wir z. B. die Sehdauer der männlichen und weiblichen Befragten vergleichen, dann bietet sich eine *bivariate* Tabelle an. Sie heißt *Kreuz-* oder *Kontingenztabelle* (vgl. Diaz-Bone 2006: 66). In der Regel stehen die Ausprägungen der vermuteten *unabhängigen Variablen* (X) in den Spalten – z. B. Frauen und Männer. Und die Zeilen bilden die Ausprägungen der vermuteten *abhängigen Variablen* (Y) – z. B. die gruppierten Sehdauern. Aus dem Produkt der Anzahl der Spalten und Zeilen ergibt sich die Anzahl der *Zellen* bzw. Felder. In den Zellen können absolute Häufigkeiten, aber auch Spaltenprozente wie in → Abb. 5.3 stehen.

Beispiel

Kontingenztabelle bei einer Inhaltsanalyse

Michael Meyen und Wolfgang Schweiger (2008) haben in ihrer Studie zur Uniformität der DDR-Presse die Zentralorgane von SED und FDJ – „Neues Deutschland" und „Junge Welt" – von 1960 bis 1989 inhaltsanalytisch untersucht. Eine der Tabellen in ihrem Aufsatz zeigt die Darstellungsformen (Y) für beide Zeitungen (X). Wir haben nur einige Zeilen der Tabelle gelöscht und die Freiheitsgrade (df) ergänzt → vgl. Abb. 5.3.

Abb. 5.3 |

Kontingenztabelle (nach Meyen/Schweiger 2008: 93)

	Neues Deutschland (n = 1.557)	Junge Welt (n = 801)
Nachricht, Bericht	77 %	62 %
Reportage, Interview, Porträt	5 %	9 %
...	...	...
Gesamt	100 %	100 %

Chi² = 108,35; df = 8; p<0,001

5.2.2 | Grafische Betrachtung

Die grafische Betrachtung erläutern wir ebenfalls sowohl für den univariaten als auch für den bivariaten Fall.

Univariate Abbildungen

Häufigkeitstabellen für ein Merkmal kann man in *univariate Abbildungen* überführen. Auf der Abszisse sind die Messwerte x_i und auf der Ordinate

die absoluten oder relativen (kumulierten) Häufigkeiten abgetragen. In
→ Abb. 5.4 sehen wir die empirische Verteilung gruppierter Daten für die
TV-Sehdauer mit absoluten Häufigkeiten f_i. Daran können wir ablesen,
dass die empirische Verteilung der TV-Sehdauer bei den 1.000 Befragten
grob einer Normalverteilung → vgl. Abb. 2.3., Kap. 2.1.2 folgt. Zudem erkennen wir, dass die durchschnittliche Sehdauer im Intervall von 180 bis
209 Minuten, also ca. bei gut drei Stunden liegt.

Eine empirische Verteilung muss keiner Normalverteilung folgen,
sondern kann z. B. zwei „Höhen" haben und damit eine *bimodale Verteilung* sein. Oder die Verteilung kann rechts „eingedellt" und dadurch links
steiler sein; man nennt das dann eine linkssteile bzw. rechtsschiefe Verteilung. Eine Übersicht über solche Verteilungen bieten Diekmann (2003:
559) und Kromrey (2002: 424).

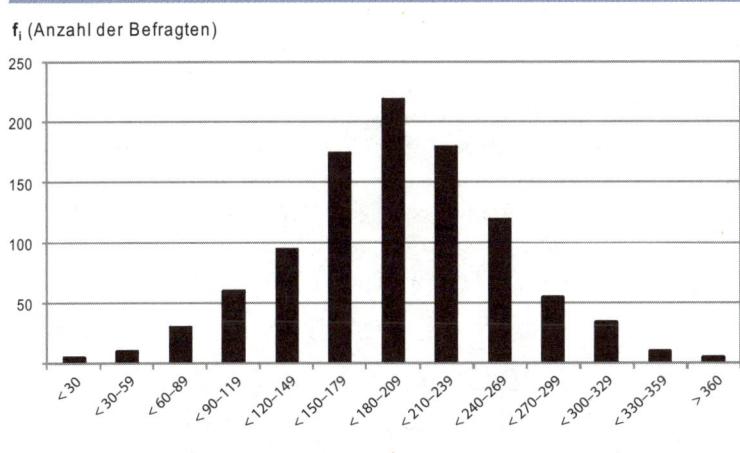

f_i (Anzahl der Befragten)

Messwerte x_i (TV-Sehdauer, gruppiert in Min.)

| **Abb. 5.4**

*Univariate grafische
Darstellung absoluter
Häufigkeiten f_i*

Bivariate Abbildungen

Analog zur univariaten Häufigkeitsverteilung können wir eine *bivariate Häufigkeitsverteilung* dreidimensional darstellen: Die Messwerte für X
und für Y werden auf jeweils einer Abszisse abgetragen, die Häufigkeit
für die jeweilige X-Y-Kombination (z. B. 50 Befragte sehen zwischen 210
und 239 Minuten fern und sind zwischen 30 und 39 Jahre alt) werden
auf der Ordinate abgetragen. Eine gute Darstellung bietet Ulrich Tränkle
(1985: 51f.). Uns interessiert aber eine andere bivariate Darstellung. In
→ Abb. 5.5 haben wir die obige Tabelle von Meyen/Schweiger (2008: 93)
in ein *Balkendiagramm* überführt: Was in der Tabelle als Spaltenprozent

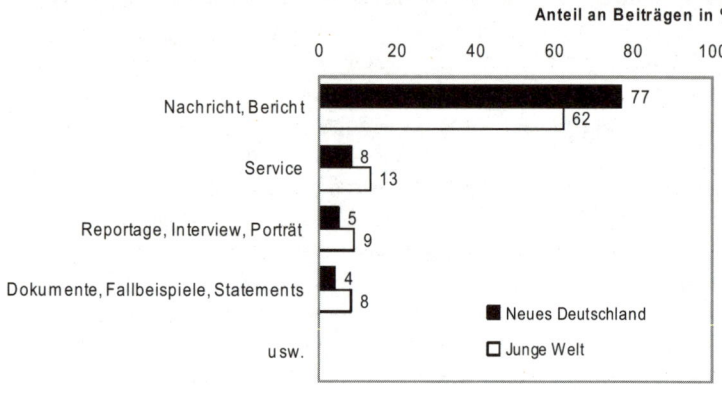

Abb. 5.5 |

*Bivariate grafische
Darstellung –
Balkendiagramm nach
den Angaben bei
Meyen/Schweiger
(2008: 93)*

stand, wird nun in der Abbildung in einem Balken wiedergegeben – z. B. 77 % aller Beiträge in „Neues Deutschland" sind Nachrichten bzw. Berichte. Denkbar sind auch *gestapelte Balken*, die sich zu 100 % summieren. Bei vertikalen „Balken" sprechen wir von Säulen und damit vom *Säulendiagramm* → vgl. Abb. 5.4. Meyen/Schweiger (2008: 94ff.) bieten auch Beispiele für die Darstellung der *zeitlichen Entwicklung* von Merkmalen wie des Anteils von Artikelüberschriften mit sozialistischen Parolen (Y) in Fünf-Jahres-Schritten (X).

Merksatz

Die empirische Verteilung eines Merkmals kann man in einer *Häufigkeitstabelle* oder einer *univariaten Abbildung* darstellen. Die Zusammenhänge zwischen zwei Merkmalen lassen sich in einer *Kreuz- bzw. Kontingenztabelle* oder einer *bivariaten Abbildung* (z. B. Balkendiagramm) darstellen.

5.2.3 | Univariate statistische Kennwerte

Empirische Verteilungen können wir schließlich in statistischen Kennwerten ausdrücken. Dabei ist wieder zwischen univariaten Kennziffern (z. B. Mittelwert) sowie bivariaten bzw. multivariaten statistischen Maßen (z. B. Korrelation) zu unterscheiden. Wir gehen in diesem Kapitel nur auf den univariaten Fall ein. Den bivariaten und multivariaten Fall besprechen wir in → Kap. 5.2.4. Es lassen sich zwei Arten *univariater Stichprobenkennwerte* unterscheiden:

- Maße der zentralen Tendenz und
- Streuungsmaße.

Um Verwirrung zu vermeiden: Lehrbücher verwenden teilweise unterschiedliche Buchstaben. Einheitlich ist meist aber $\bar{x}$ für das arithmetische Mittel und s für die Standardabweichung.

Maße der zentralen Tendenz

Maße der zentralen Tendenz (vgl. im Folgenden Benninghaus 2007: 36ff.) werden auch als „Mittelwerte" bezeichnet. Das ist aber nur für das arithmetische Mittel der korrekte Begriff. Vielmehr steht für jedes *Skalenniveau* → vgl. dazu Kap. 1.5.2 ein anderes Maß der zentralen Tendenz zur Verfügung. Aber die Maße der zentralen Tendenz des jeweils niedrigeren Skalenniveaus – z. B. des nominalen Niveaus – sind stets auch für das höhere Niveau – z. B. für ordinale Variablen – nutzbar. Im Folgenden fassen wir die Intervall- und die Ratioskala zum metrischen Skalenniveau zusammen.

Für *nominal skalierte Merkmale* – z. B. die Kategorie „Thema des Zeitungsartikels" bei einer Inhaltsanalyse – lässt sich sinnvoll nur der *Modus h* interpretieren. Dabei handelt es sich um den häufigsten Messwert, den wir in der univariaten empirischen Verteilung ablesen können. In → Abb. 5.4 mit gruppierten Daten ist es das Intervall „180 bis 209 Minuten", d. h. die meisten Befragten haben eine Sehdauer zwischen 180 und 209 Minuten angegeben. **Modus h**

Für *ordinal skalierte Merkmale* – z. B. das in der obigen Umfrage unter 1.000 Befragten ermittelte Merkmal „Onlinenutzung" – können wir Median und Perzentile berechnen. Der *Median $x_{0,5}$* heißt auch Zentralwert oder Modalwert. Wenn wir die empirische Verteilung des betreffenden Merkmals statt als Säulendiagramm wie in → Abb. 5.4 als Kurve zeichnen, dann entspricht die Fläche darunter 100 % der Befragten. Der Median ist nun jener Messwert, der diese Fläche in zwei gleiche Hälften teilt. Anders gesagt: 50 % aller Befragten haben eine Onlinenutzungsdauer, die geringer ist als der Median, und 50 % aller Befragten haben höhere Nutzungswerte. Analog kann man diverse Arten von *Perzentilen* berechnen, also die Stichprobe z. B. in Drittel oder Fünftel einteilen. Wo brauchen wir das in der Kommunikationswissenschaft? Wir haben mehrfach mit der Unterteilung in Viel- und Wenigseher argumentiert. Statt einer theoretischen Festlegung z. B. der Viel- und Wenignutzer von Onlineangeboten bestimmen wir bei unserem Sample den Median und sagen, dass Befragte mit einer Onlinenutzungsdauer unterhalb des Medians die Wenignutzer und die übrigen die Vielnutzer sind. **Median $x_{0,5}$**

arithmetisches Mittel

Was gemeinhin Durchschnitt oder Mittelwert genannt wird, ist eigentlich das *arithmetische Mittel* (lies „x quer"). Es darf nur für *metrisch skalierte Variablen* berechnet werden, etwa für die ungruppierte TV-Sehdauer in Minuten oder für das Alter der 1.000 Befragten unserer Umfrage. Im einfachsten Fall werden die Messwerte aller Befragten addiert und durch den Stichprobenumfang, also die Gesamtzahl der Befragten, dividiert. Bei Normalverteilungen fallen Modus, Median und arithmetisches Mittel auf einen Messwert.

Streuungsmaße

Median, Modus und arithmetisches Mittel fassen die empirische Verteilung jeweils in einem Kennwert zusammen. Allerdings reicht das nicht aus, um die empirische Verteilung hinreichend zu beschreiben. So ist z. B. denkbar, dass zwei Verteilungen den gleichen Mittelwert haben, aber die eine Verteilung eine flache und breite Form, die andere eine hohe und enge Form aufweist. Die Messwerte streuen also ganz unterschiedlich um den identischen Mittelwert. *Streuungsmaße* drücken die durchschnittliche Streuung für alle Befragten aus (vgl. im Folgenden Benninghaus 2007: 51ff.). Manche Befragte mögen zwar noch geringere Messwerte haben, aber es geht auch um den Durchschnitt, nicht um die Ausreißer. *Streuungsmaße* heißen auch *Maße der Dispersion* und sind ebenfalls je nach Skalenniveau zu wählen.

Spannweite/Range R

Da Streuungsmaße eine Subtraktion erfordern, lassen sie sich für *nominal skalierte Merkmale* überhaupt nicht und für ordinale Merkmale nur bedingt berechnen. Für *ordinal skalierte Merkmale* ist aber die *Spannweite R* (engl.: range) als Differenz aus höchstem und niedrigstem Messwert geläufig. Diaz-Bone (2006: 50ff.) diskutiert daneben auch Maße der qualitativen Variation.

Standardabweichung s und Varianz s^2

Beim statistischen Schätzen → vgl. Kap. 2.1.2 haben wir schon das Streuungsmaß für *metrische Variablen* kennengelernt. Es heißt *Standardabweichung s* und in quadrierter Form *Varianz s^2*. Die Standardabweichung bzw. Varianz, die uns noch mehrfach begegnen wird, drückt die durchschnittliche (quadrierte) Abweichung der Messwerte x_i von aus. Je größer die durchschnittliche Streuung der Messwerte um den Mittelwert, desto „breiter" ist die Verteilung. Die *Standardnormalverteilung* → vgl. Abb. 2.4, Kap. 2.1.3 hat nicht nur einen normierten Mittelwert von $\bar{x} = 0$, sondern auch eine standardisierte Streuung von $s = 1$.

Definition

Unter den Maßen der zentralen Tendenz ist der *Modus h* der häufigste Messwert, der *Median $x_{0,5}$* halbiert die Stichprobe und stellt das *arithmetische Mittel* dar. Zu den Streuungsmaßen oder Maßen der Dispersion gehören die *Spannweite R* sowie die *Standardabweichung s* bzw. *Varianz s^2*.

Bivariate statistische Kennwerte | 5.2.4

Auch im *bivariaten* Fall sind je nach *Skalenniveau* unterschiedliche Kennwerte zu verwenden. Sie heißen Assoziations- bzw. Zusammenhangsmaße und je nach Skalenniveau auch Kontingenz- oder Korrelationskoeffizient (vgl. im Folgenden Diaz-Bone 2006: 66ff.; Kromrey 2002: 457ff.). Der Begriff *Korrelation* ist eigentlich für metrische Variablen reserviert. Nachfolgend unterstellen wir in der Regel, dass beide Variablen das gleiche Skalenniveau haben. Sollte das nicht der Fall sein, wenden wir das Maß für das niedrigere Skalenniveau an. Hans Benninghaus (2007: 228ff.) diskutiert zudem η (lies „eta") als Zusammenhangsmaß für eine nominale und eine metrische Variable.

Grundsätzliche Typen von Zusammenhängen

Zusammenhänge zwischen zwei Merkmalen X und Y lassen sich erstens nach der *Symmetrie* unterscheiden. Bei Designs → vgl. Kap. 3.1.1 hatten wir das als Kausalrichtung diskutiert:

Symmetrie, Richtung und Linearität

- Ein *symmetrischer Zusammenhang* liegt vor, wenn weder X noch Y eindeutig als Ursache bzw. Wirkung festzumachen sind.
- Bei einem *unsymmetrischen Zusammenhang* wird X als Ursache und Y als Wirkung behauptet. Bewiesen ist die Kausalrichtung allein durch ein Zusammenhangsmaß aber keinesfalls.

Zweitens kann man Zusammenhangsmaße danach unterscheiden, ob sie nur das *Ausmaß* des Zusammenhangs oder auch dessen *Richtung* ausdrücken. Mit Richtung ist hier wohlgemerkt nicht die Kausalrichtung, sondern folgende Unterscheidung gemeint:

- Bei einem *positiven Zusammenhang* korrespondieren niedrige (hohe) Werte bei X mit niedrigen (hohen) Werten von Y.
- Bei einem *negativen Zusammenhang* korrespondieren niedrige (hohe) Werte bei X mit hohen (niedrigen) Werten von Y.

Drittens kann man *lineare* und *nicht lineare Zusammenhänge* unterscheiden (vgl. Kromrey 2002: 461). Vereinfachend unterstellen wir hier lineare Zusammenhänge, bei denen wir mit jedem Schritt um eine Einheit auf der Abszisse (X) nach rechts immer den gleichen Schritt auf der Ordinate (Y) nach oben gehen → vgl. Abb. 5.7 unten.

Zusammenhänge zwischen nicht metrischen Merkmalen

Je nach *Skalenniveau* der Merkmale X und Y sind unterschiedliche Zusammenhangsmaße zu wählen. Wir können nur eine Auswahl davon besprechen und verweisen zur Vertiefung beispielsweise auf Benninghaus (2007) und Diaz-Bone (2006).

Phi-Koeffizient Φ und Cramers V

Die Anzahl der Spalten (X) und der Zeilen (Y) einer *Kontingenztabelle* ergibt die Anzahl der Zellen oder Felder. Haben beide Merkmale je zwei Ausprägungen, ergibt das eine Vierfelder-Tabelle. Sind X und Y *nominalskaliert*, können wir den Zusammenhang mit dem *Phi-Koeffizienten* Φ ausdrücken. Bei größeren Tabellen berechnen wir *Cramers V*. Der Wertebereich reicht jeweils von 0 (kein Zusammenhang) bis 1 (perfekter Zusammenhang). Beide Kontingenzkoeffizienten können also nur die Stärke des Zusammenhangs ausdrücken und sind zudem symmetrisch.

Beide *Kontingenzmaße* beruhen auf χ^2 (lies „chi Quadrat"). Für den bei Meyen/Schweiger (2008: 93) angegebenen Wert $\chi^2 = 108,35$ und die Gesamtfallzahl n = 2.358 können wir selbst Cramers V bestimmen; es beträgt V = 0,21. Damit ist der Zusammenhang zwischen Publikationsorgan und Darstellungsform eher schwach. Woher stammt aber die statistische Maßzahl χ^2 und was sagt sie aus? Pro Zelle einer Tabelle geht es um die Differenz zwischen empirischen Häufigkeiten und theoretisch erwarteten Häufigkeiten. Die *erwarteten Häufigkeiten* ergeben sich, wenn wir pro Zelle der Kontingenztabelle das Produkt aus Spalten-Randsumme und Zeilen-Randsumme durch die Ecksumme dividieren. Die so gebildete Indifferenztabelle mit den erwarteten Häufigkeiten wird dann mit den empirischen Häufigkeiten der Kontingenztabelle verglichen. Unterscheiden sich beide *signifikant*, liegt ein Zusammenhang vor.

Rangkorrelationskoeffizient $\rho(r_s)$

Für den Zusammenhang zwischen *ordinalen Merkmalen* gibt es neben z. B. γ (lies „gamma") oder τ_b (lies „tau b") auch einen Koeffizienten, der besonders in der Agenda-Setting-Forschung zum Einsatz kommt (vgl. z. B. McCombs/Shaw 1972). Es ist der von Charles Spearman vorgeschlagene *Rangkorrelationskoeffizient* r_s, der auch mit ρ (lies „rho") abgekürzt wird. Sein Wertebereich reicht von -1 (exakt umgekehrte Reihenfolge der Rangplätze) bis $+1$ (perfekte Übereinstimmung in allen Rangplätzen).

In → Abb. 5.6 sehen wir ein fiktives Beispiel aus der *Agenda-Setting-Forschung*. In der ersten Spalte stehen vier Themen. In der zweiten Spalte sehen wir die Rangplätze, die ein Befragter den Themen zugewiesen hat.

	Rangreihe des Rezipienten R	Rangreihe der Zeitung Z	Differenz d
Thema A	1	2	+1
Thema B	2	1	−1
Thema C	3	3	0
Thema D	4	4	0

$\rho = 1 - [6 \, \Sigma \, d_i^2 \, / \, n_R(n_R^2 - 1)]$ n_R = Anzahl der Ränge

$= 1 - [6 * 2 \, / \, 4(16 - 1)]$

$= + 0{,}8$

| Abb. 5.6

Fiktives Beispiel für den Rangkorrelations-koeffizienten ρ bei der Agenda-Setting-Forschung

In der dritten Spalte sehen wir die Rangplätze, die den Themen aufgrund ihrer Gewichtung in der Zeitung, die der Rezipient liest, zugewiesen wurden. Die Zeitung berichtet am häufigsten über Thema B, das für den Befragten auf Rang 2 liegt. In der vierten Spalte sehen wir die Differenz der Rangplätze. In → Abb. 5.6 erkennen wir auf den ersten Blick, dass die Rangplätze fast identisch sind. Entsprechend erhalten wir als Rangkorrelation $\rho = +0{,}8$.

Wir haben ganz bewusst die individuelle Themen-Rangreihe eines Rezipienten mit der Themen-Rangreihe jener Zeitung verglichen, die er häufig liest, um nicht – wie z. B. McCombs/Shaw (1972) – einen *ökologischen Fehlschluss* zu begehen. Eine ausführliche Diskussion dieses auch als Aggregatdatenproblem bekannten Fehlers bietet z. B. Patrick Rössler (1997: 97ff.). Im Kern geht es darum, dass wir bei der Agenda-Setting-Hypothese, die individuelle Effekte unterstellt, keine Rangreihen für das Aggregat aller Befragten und aller Medien berechnen dürfen. Denn wenn wir aus Befunden für das Aggregat auf Individuen schließen, begehen wir einen ökologischen Fehlschluss.

ökologischer Fehlschluss

Zusammenhänge zwischen metrischen Merkmalen

Für *Zusammenhänge zwischen zwei metrischen Merkmalen* greifen wir unsere Umfrage zur Mediennutzung auf und fragen nach dem Zusammenhang zwischen Alter (X) und TV-Sehdauer (Y). Die betreffende Zusammenhangshypothese lautet: Je älter die Befragten, desto höher die tägliche TV-Sehdauer. Jeder Befragte lässt sich dann anhand seines Alters (x_i) auf der Abszisse und seiner Sehdauer (y_i) auf der Ordinate und somit als Punkt bzw. Wertepaar (x_i; y_i) im *Streudiagramm* darstellen. In → Abb. 5.7 wurden nicht alle 1.000 Befragten, sondern nur einige davon als Punkteschwarm dargestellt. Auf den Befragten A (weißer Punkt) kommen wir gleich zurück.

Streudiagramm

Kovarianz cov(x; y)   Anhand des Streudiagramms lässt sich leicht die *Kovarianz cov(x; y)* erklären. Die Mittelwerte beider Merkmale, also und sind in → Abb. 5.7 als gestrichelte Linien eingetragen. Wir sehen, dass die Befragten mit ihren jeweiligen x- und y-Werten sowohl um als auch streuen. Die Kovarianz ist mathematisch gesprochen das „durchschnittliche Abweichungsprodukt" (Diaz-Bone 2006: 88) und inhaltlich gesprochen die durchschnittliche gemeinsame Streuung in zwei Merkmale – hier: im Alter (X) und in der TV-Sehdauer (Y).

Abb. 5.7 |

Streudiagramm für Alter (X) und TV-Sehdauer (Y)

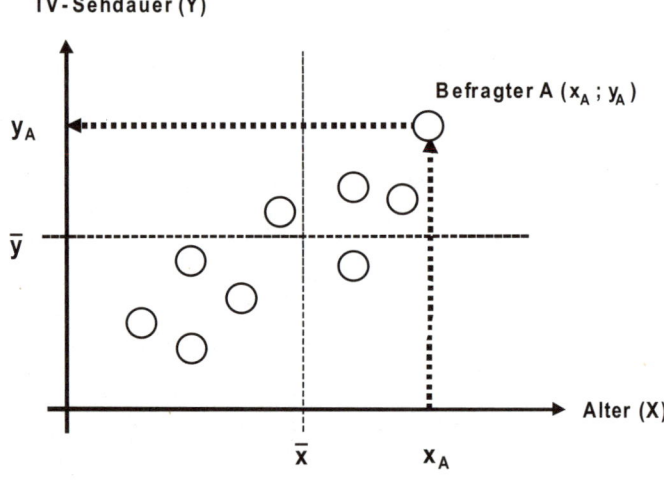

Pearsons r   Mit der *Kovarianz* lässt sich darüber hinaus der von Karl Pearson vorgeschlagene Produkt-Moment-Korrelationskoeffizienten erklären, der auch *Pearsons r* heißt. Wir dividieren dazu einfach die Kovarianz durch das Produkt aus der Standardabweichung von X und der Standardabweichung von Y. Damit kann man Pearsons r als „Normierung der Kovarianz" (Diaz-Bone 2006: 90) begreifen. Der Koeffizient kann Werte von −1 (perfekter negativer Zusammenhang) bis +1 (perfekter positiver Zusammenhang) aufweisen. Bei r = 0 besteht kein Zusammenhang. Damit drückt Pearsons r die Stärke und die Richtung des Zusammenhangs aus. Bei positiver Korrelation „verläuft" der Punkteschwarm von links unten nach rechts oben → vgl. Abb. 5.7, bei negativer Korrelation von links oben nach rechts unten.

Zusammenhänge zwischen nominalen Merkmalen lassen sich mit *Phi* Φ (Vierfelder-Tabelle) bzw. *Cramers V* ausdrücken. Beide Maße beruhen auf χ^2, das die *empirischen* mit *erwarteten Häufigkeiten* vergleicht. Zusammenhänge zwischen ordinalen Merkmalen lassen sich unter anderem als Rangvergleiche betrachten und dann im *Rangkorrelationskoeffizient* ρ(r_s) nach Spearman ausdrücken. Bei Zusammenhängen zwischen metrischen Merkmalen berechnen wir den *Produkt-Moment-Korrelationskoeffizienten r*, den man als normierte Kovarianz zweier metrischer Merkmale begreifen kann.

Multivariate Auswertungsverfahren | 5.3

Bislang wurden uni- und bivariate Auswertungsverfahren vorgestellt. Nun geht es um *multivariate Verfahren*, bei denen nicht mehr nur eine, sondern mehrere *unabhängige Variablen* ins Spiel kommen. Diese Verfahren beruhen aber auf den einfachen Analyseschritten aus dem vorigen Kapitel. So kann man beispielsweise eine asymmetrische bivariate Korrelation als eine Art der Vorstufe zur Regressionsanalyse begreifen. Und die Berechnung von Mittelwerten bei zwei Subgruppen, für die man prüft, ob sich deren Mittelwerte signifikant unterscheiden, ist im Grunde eine einfache Form der Varianzanalyse. Für das weitere Verständnis stellen wir zunächst aber ein zentrales Prinzip vor, auf dem etliche multivariate Verfahren beruhen (vgl. dazu z. B. Backhaus et al. 2000: 20ff., 80ff.).

Prinzip der Varianzaufklärung bzw. Varianzzerlegung | 5.3.1

Wir hatten bereits angedeutet, dass die Varianz der statistische „Dreh- und Angelpunkt" komplexerer Auswertungsverfahren ist. Das so genannte *Prinzip der Varianzaufklärung bzw. Varianzzerlegung* wird meist anhand der Varianz- oder Regressionsanalyse erläutert. Wir beginnen anders und greifen zur Illustration auf eine sekundäranalytische Studie von Winfried Schulz (2003) zurück, die wir danach auch für die multiple Regressionsanalyse bemühen.

Ausgangspunkt ist eine Eurobarometer-Umfrage, in der unter anderem die Besorgnis der Befragten über den Zustand der Umwelt im Allgemeinen erhoben wurde. Diese *Variable Y* nennen wir kurz „Umweltsorgen". Laut Schulz (2003: 411) ist das Merkmal metrisch skaliert ohne Mittelpunkt mit Werten von 1 (überhaupt nicht besorgt) bis 4 (sehr besorgt). Wie in → Kap. 5.2 gezeigt wurde, können wir zunächst den Mittelwert für alle Befragten berechnen. Er liegt bei $\bar{x} = 3{,}11$ und die Standardabweichung beträgt $s = 0{,}62$. Warum haben nun manche Befragte weniger Sorgen, andere Befragte dagegen mehr Sorgen? Oder statistisch formuliert: Womit lässt sich die Streuung der Umweltsorgen, also die *Varianz der abhängigen Variablen* erklären?

Befragte, die häufig (selten) umweltbezogene Medienangebote nutzen, dürften mehr (weniger) Umweltsorgen haben – vorausgesetzt, dass Medien tatsächlich umweltkritisch berichteten. Einen Teil der Varianz der Umweltsorgen (Y) können wir also mit der umweltbezogenen Mediennutzung (X_1) *erklären*. Daneben dürfte aber auch das generelle Interesse an Umweltinformationen (X_2) eine Rolle spielen. Damit können wir einen weiteren Teil der Varianz der Umweltsorgen (Y) erklären. Möglicherweise haben diese beiden Prädiktoren aber gar keinen eigenständigen Einfluss im Sinne eines Haupteffekts → vgl. Kap. 3.3.1, sondern spielen im Sinne eines Interaktionseffekts zusammen. Der verbleibende Teil der Gesamtvarianz von Y, der nicht nur X_1 und X_2 bzw. deren Zusammenspiel $X_1 * X_2$ erklärt wird, heißt *nicht erklärte Varianz*. Der Begriff bedeutet aber nicht, dass wir völlig im Dunkeln tappen. Potenziell kann man die gesamte Varianz der abhängigen Variablen erklären – solange man nur alle denkbaren Einflussfaktoren kennt und beliebig viel Zeit und Geld hat, um sie zu erheben. So aber bleibt meist ein Rest an nicht erklärter Varianz. Man spricht auch von *Residuen*, also den nicht durch die unabhängigen Variablen erklärbaren „Resten".

5.3.2 | Regressionsanalyse

Einfache Regressionsanalyse

Regressionsgerade als Modell des Punkteschwarms

Auf dem Prinzip der Varianzaufklärung bzw. -zerlegung beruht auch die *Regressionsanalyse* (vgl. im Folgenden Backhaus et al. 2000: 1ff.; Kromrey 2002: 490ff.). Wir betrachten zunächst den bivariaten Fall. Die unabhängige Variable X heißt bei der Regressionsanalyse (engl.: regression analysis) *Regressor* und die abhängige Variable Y *Regressand*. In → Abb. 5.8 sehen wir den Zusammenhang zwischen Alter (X) und TV-Sehdauer (Y). Vom Punkteschwarm aus → Abb. 5.7 haben wir nur den Befragten A „behalten". Der Punktschwarm lässt sich aber mit einer Geraden darstellen. Sie heißt *Regressionsgerade* und ist nichts anderes als das *lineare Modell des Punkteschwarms*.

empirische und prognostizierte Lage des Befragten A

Wir können die Regressionsgerade dazu nutzen, um für ein beliebiges Alter (x_i) die TV-Sehdauer (y^*_i) eines Befragten *vorherzusagen* (lat.: praedicere). Daher heißt X auch *Prädiktor* → vgl. Kap. 3.1.1. Wir sehen eine solche

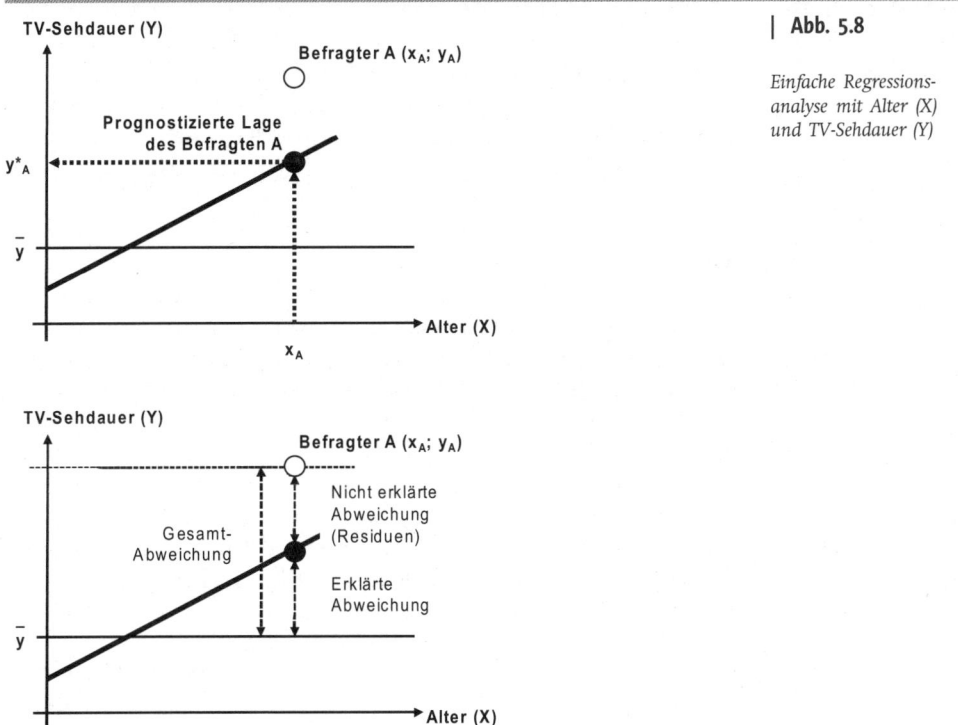

| **Abb. 5.8**

Einfache Regressions-analyse mit Alter (X) und TV-Sehdauer (Y)

Prognose für den Befragten A in → Abb. 5.8. Aufgrund seines Alters müsste der Befragte A dort liegen, wo der schwarze Punkt ist. Ausgehend vom Regressionsmodell sieht der Befragte A also zu viel fern „für sein Alter" ($y_A > y^*_A$).

In → Abb. 5.8 sehen wir, dass die Sehdauer des Befragten A vom arithme-tischen Mittel deutlich abweicht, d. h. er sieht auch im Durchschnitt aller Befragten sehr viel fern. Einen Teil dieser Abweichung kann man mit dem Alter x_A erklären. Warum der Befragte A aber sogar mehr fernsieht als es seinem Alter „entspricht", lässt sich mit dem Regressionsmodell nicht erklären. Wenn wir die Abweichungen quadrieren und für alle Befragten betrachten, sind wir beim *Prinzip der Varianzzerlegung*: Die Gesamtvarianz von Y lässt sich zerlegen in einen Anteil, der durch X erklärt wird, und einen Anteil nicht erklärter Varianz.

Eine *Regressionsgerade* bildet genau dann den Punkteschwarm am bes-ten ab, wenn die nicht erklärte Varianz am geringsten ist. Da die Vari-anz das Quadrat der Abweichung ist, heißt das Bestreben, die nicht er-

Varianzzerlegung

Methode der kleinsten
Quadrate (OLS)

klärte Varianz so klein wie möglich zu halten, *Methode der kleinsten Quadrate* (engl.: ordinary least squares = OLS). Der Anteil der erklärten Varianz wird auch *Determinationskoeffizient R^2* genannt und kann Werte von 0 bis 1 annehmen. Ein $R^2 = 0.30$ bedeutet, dass wir 30 % der Varianz der abhängigen Variablen mit dem Prädiktor bzw. den Prädiktoren erklären. Zieht man die Wurzel daraus, dann erhält man im bivariaten Fall übrigens Pearsons r.

Multiple Regressionsanalyse

Die Regressionsanalyse ist nicht auf einen Prädiktor beschränkt, sondern kann den Einfluss mehrerer Prädiktoren analysieren. Wir sprechen dann von *multipler Regressionsanalyse*. Als Beispiel ziehen wir wieder die Studie von Schulz (2003: 397) heran → vgl. Abb. 5.9. Darin wurde unter anderem der Einfluss der umweltbezogenen Mediennutzung (X_1), des Interesses an Umweltinformationen (X_2) sowie der Wahrnehmung von Umwelt als wichtigem Problem (X_3) auf die Umweltsorgen (Y) der Befragten untersucht. Diese drei und einige weitere Prädiktoren erklärten insgesamt 23 % der Varianz der Umweltsorgen der Befragten. Aber welcher Prädiktor hatte den größten Einfluss? Das lässt sich anhand der β-*Werte* (lies „beta") ablesen, die Werte von -1 bis $+1$ annehmen können. Das Vorzeichen ist analog zur bivariaten Korrelation zu verstehen. Der Einfluss eines Prädiktors ist im Vergleich zu den anderen Prädiktoren im vorliegenden Regressionsmodell umso größer, je höher der Betrag des β-Wertes ausfällt. Den stärksten Einfluss hatte demnach die Wahrnehmung von Umwelt als wichtigem Problem (β $= +0,33$): Je stärker dieses Problembewusstsein, desto größer waren die Sorgen der Befragten. Die Nutzung umweltbezogener Medienangebote hatte dagegen eine vergleichsweise geringe Bedeutung (β $= +0,13$).

Signifikanzen

Noch einige Bemerkungen zur *Signifikanz* → vgl. Kap. 2.1.3: Bei der Regressionsanalyse wird einerseits geprüft, ob das Gesamtmodell bzw. R^2 über die Stichprobe hinaus für die Grundgesamtheit gültig ist (F-Test). Anderseits wird pro Prädiktor geprüft, ob er nicht nur beim Sample, sondern auch in der Grundgesamtheit einen bedeutsamen Einfluss auf die abhängige Variable hat (*t-Test*). Schulz (2003) bietet zumindest Angaben zur Signifikanz der β-Werte (p < 0,01).

Voraussetzungen

Regressionsanalysen sind an mehrere *Voraussetzungen* gebunden: Erstens muss jeder Prädiktor jeweils eine lineare Beziehung mit dem Regressand haben, was z. B. durch Logarithmieren erreicht werden kann. Zweitens muss die abhängige Variable metrisch skaliert sein. Die Prädiktoren können auch nominal skaliert sein, müssen aber in binäre Codes (Dummy) überführt werden. Drittens darf das Regressionsmodell nicht zu viele Prädiktoren enthalten. Mit einer Faktorenanalyse → vgl. Kap. 5.4.1 kön-

Abhängige Variable: Umweltsorgen der Befragten (Y)		
Unabhängige Variablen	**Beta-Werte**	**p**
Umweltbezogene Mediennutzung (X_1)	+0,13	< 0,01
Interesse an Umwelt-Informationen (X_2)	+0,15	< 0,01
Wahrnehmung von Umwelt als Problem (X_3)	+0,33	< 0,01
...	...	...
R^2	0,23	

| Abb. 5.9

Multiple Regressions-
analyse nach Schulz
(2003: 397)

nen wir jedoch Prädiktoren teilweise „zusammenfassen". Viertens darf keine *Multikollinearität* vorliegen, d. h. die Prädiktoren dürfen nicht untereinander korrelieren. Diese Gefahr steigt mit der Anzahl der Prädiktoren. Fünftens dürfen die *Residuen* (nicht erklärte Varianz) nicht untereinander korrelieren, müssen normal verteilt sein und eine homogene Varianz aufweisen (*keine Heteroskedastizität*) (vgl. Backhaus et al. 2000: 33ff.).

Definition

Die *Regressionsanalyse* untersucht den Einfluss einer oder mehrerer unabhängiger Variablen auf eine abhängige Variable. Der Anteil der durch die Prädiktoren erklärten Varianz der abhängigen Variablen heißt *Determinationskoeffizient* R^2. Den relativen Einfluss eines Prädiktors drückt der β-Wert aus.

Varianzanalyse | 5.3.3

Wie die Regressionsanalyse untersucht auch die Varianzanalyse (engl.: analysis of variance) Kausalbeziehungen, allerdings nicht im Sinne von Zusammenhangs-, sondern von *Unterschiedshypothesen*. Damit ist sie auch das geeignete Auswertungsverfahren bei Experimenten. Für das weitere Verständnis ist empfehlenswert, sich unsere Ausführungen zum Experiment zu vergegenwärtigen → vgl. Kap. 3.3. So wie jede Zusammenhangshypothese in eine Unterschiedshypothese überführt werden kann, sind auch Regressions- und Varianzanalyse in gewisser Hinsicht austauschbar – zumal beide auf dem Prinzip der Varianzzerlegung beruhen. Für die Varianzanalyse folgen wir Backhaus et al. (2000: 70ff.).

Einfaktorielle Mittelwertvergleiche

Wir beginnen wieder mit einem einfachen Beispiel. Es greift Überlegungen eines Experiments von Gregor Daschmann (2001: 175ff.) zum

Fallbeispieleffekt auf. Worum geht es bei diesem Effekt? Stark vereinfacht illustrieren Medienberichte viele Probleme anhand eines Fallbei-
spiels (z. B. eines konkreten Betroffenen) und erörtern sie selten abstrakt-
summarisch (z. B. anhand von Statistiken). Fallbeispiele sind gleichsam
die „Personifizierung" eines Problems. Mediale Fallbeispiele, so die Hypothese, haben stärkere Effekte auf die Realitätsvorstellungen und teilweise
auch auf die Urteile der Rezipienten als summarische Medienberichte.

Mittelwertvergleich mit t-Test

Um diese Hypothese zu prüfen, bekam eine Experimentalgruppe
einen Zeitungsartikel mit einem Fallbeispiel zum Thema vorgelegt, während die Kontrollgruppe den gleichen Artikel ohne Fallbeispiel las. Die
abhängige Variable war die persönliche Meinung der Probanden zu dem
im Zeitungsartikel behandelten Thema. Die Probanden sollten ihre Meinung auf einem Maßband von 0 (sehr negativ) bis 100 (sehr positiv) angeben. (vgl. Daschmann 2001: 182) Für die Experimentalgruppe ergab
sich der Mittelwert $\bar{x} = 53$ und für die Kontrollgruppe $\bar{x} = 39$. Den Mit-
telwertunterschied können wir mit dem *t-Test für zwei unabhängige Stichproben* auf Signifikanz prüfen. Geprüft wird die Nullhypothese, dass sich
beide „Stichproben" rein zufällig unterscheiden → vgl. auch Kap. 2.1. Unser
t-Test zeigt, dass H_0 zurückzuweisen ist und H_1 angenommen werden
kann. Trotz hoher Signifikanz ($p < 0{,}001$) ist die Mittelwert-Differenz von
14 Punkten aber angesichts einer 100-Punkte-Skala nicht besonders groß.
Auch die Erklärungskraft liegt nur bei $\eta^2 = 0{,}10$ → vgl. Abb. 5.10 unten.

Mittelwertvergleich mit F-Test

Ein t-Test ist nur für zwei Gruppen durchführbar. Bei mehr als zwei
Gruppen kommt der *F-Test* zur Anwendung. Wir könnten beispielsweise
drei Experimentalbedingungen vorsehen: Die erste Gruppe erhält einen
Artikel mit drei Fallbeispielen, die zweite einen Artikel mit zwei Fallbeispielen und die dritte einen Artikel mit nur einem Fallbeispiel. Wir prüfen
dann den Einfluss der Anzahl der Fallbeispiele. Entscheidend ist, dass der
F-Test letztlich nur prüft, ob sich die Gruppen insgesamt unterscheiden,
also ob der experimentell manipulierte Faktor „überhaupt wirkt". Dif-
ferenziertere Aussagen erlaubt dann erst ein *Post-hoc-Test*, der paarweise
t-Tests jeweils zwischen zwei Gruppen durchführt.

Mehrfaktorielle Varianzanalyse

Beim Experiment hatten wir nicht nur einfaktorielle, sondern auch
mehrfaktorielle Designs vorgestellt → vgl. Kap. 3.3.1. Auch Daschmann
(2001) hat nicht nur den Fallbeispielcharakter des Zeitungsartikels (Faktor X_1), sondern zusätzlich die Verfügbarkeit von Voreinstellungen (Faktor X_2) experimentell manipuliert. Man mag sich fragen, wie das gehen
soll. Voreinstellungen sind doch Merkmale der Befragten. Das ist richtig, aber man kann einen „Trick" anwenden: Da das Experiment nur mit
Mainzer Studierenden durchgeführt wurde, ließen sich die Voreinstel-

lungen über den Handlungsort variieren. In einer Version des Zeitungsartikels war der Handlungsort Mainz, in der anderen Version war es München. Die Probanden konnten bei dem Artikelthema also nur über Voreinstellungen zu „Mainzer Verhältnissen" verfügen. Probanden, die den
Artikel mit München als Handlungsort lasen, konnten dagegen über keine Voreinstellungen zu „Münchener Verhältnissen" verfügen.

Erwartet wurde, dass „der Fallbeispieleffekt sich verstärkt, wenn den
Rezipienten keine Voreinstellungen verfügbar sind" (Daschmann 2001:
189). Die Ergebnisse des 2×2-Designs zeigt → Abb. 5.10 für die persönlichen Meinungen der Probanden zum Thema. Wir haben die Darstellung des Autors aus didaktischen Gründen relativ stark abgewandelt. Wie
bereits beschrieben, zeigte sich ein hoch signifikanter Haupteffekt von
Faktor X_1. Dagegen spielten die Voreinstellungen, also Faktor X_2, keine
nennenswerte Rolle. Zudem bestätigte sich die Verstärkungsvermutung
nicht, d. h. es gab auch keinen signifikanten Interaktionseffekt.

Haupt- und
Interaktionseffekte

Abhängige Variable: Persönliche Meinung der Probanden (Y)		
Unabhängige Variablen	Signifikanz	η^2
Haupteffekt Faktor X_1 (Fallbeispiel / Summarische Darstellung)	p < 0,001	0,10
Haupteffekt Faktor X_2 (Voreinstellungen ja / nein)	n.s.	–
Interaktionseffekt $X_1 \cdot X_2$	n.s.	–

| **Abb. 5.10**

*Ergebnisse der zweifak-
toriellen Varianzana-
lyse von Daschmann
(2001: 189ff.) – modifi-
zierte Darstellung*

Die *Varianzzerlegung* ist bei der Varianzanalyse etwas anders zu lesen als
bei der Regressionsanalyse. Die Varianz der *abhängigen Variablen* wird aber
ebenfalls in einen Anteil erklärter und einen Anteil nicht erklärter Varianz zerlegt. Wenn sich die Mittelwerte von zwei oder mehr Ausprägungen eines Faktors unterscheiden, dann ist die Streuung zwischen diesen
Gruppen – also die *Zwischenvarianz* (engl.: between groups) – der Anteil
der durch diesen Faktor erklärten Varianz. Die Messwerte der Probanden
dürften aber auch innerhalb einer Gruppe um den Gruppenmittelwert
streuen. Diese *Binnenvarianz* (engl.: within groups) lässt sich zumindest
mit dem Faktor nicht erklären (vgl. Backhaus et al. 2000: 72ff.).

Bei *mehrfaktoriellen Designs* teilt sich die erklärte Varianz in die *Haupt-
und Interaktionseffekte* auf. Welchen Anteil der Gesamtvarianz jeder experimentelle Faktor erklärt, drückt die Maßzahl η^2 (lies „eta Quadrat") aus.
Sie darf nicht mit den β-Werten der Regressionsanalyse verwechselt werden. Während diese den relativen Einfluss des Prädiktors angeben, drückt
η^2 den relativen Erklärungsanteil aus. Darüber hinaus ist darauf hinzu-
weisen, dass bei der Bestimmung der Gesamtvarianz R^2 der Erklärungs-

Varianzzerlegung
sowie R^2 und η^2

anteil der Interaktionseffekte nicht berücksichtigt wird. Sowohl das Gesamtmodell als auch die Haupt- und Interaktionseffekte werden mit der F-Statistik auf *Signifikanz* geprüft (vgl. Backhaus et al. 2000: 97f.).

Varianz- und Regressionsanalyse

Varianz- und Regressionsanalyse haben etliche *Gemeinsamkeiten*: Erstens prüfen sie Kausalhypothesen, die Regressionsanalyse in Form von *Zusammenhangs-* und die Varianzanalyse in Form von *Unterschiedshypothesen*. Zweitens beruhen beide Verfahren auf dem Prinzip der Varianzzerlegung. Drittens verlangen sie metrisches Skalenniveau für die abhängige Variable. Allerdings gibt es auch *Unterschiede*: Erstens kann die Regressionsanalyse mehr unabhängige Variablen berücksichtigen. Zwar kann die Varianzanalyse zusätzlich Drittvariablen als Kovariaten aufnehmen, aber es werden selten mehr als drei (experimentelle) Einflussfaktoren nebst einiger Kovariaten in die Varianzgleichung aufgenommen. Zweitens kann die Regressionsanalyse über die β-Werte den relativen Einfluss der Prädiktoren angeben, während η^2 nur den relativen Erklärungsanteil an der Gesamtvarianz ausdrückt. Drittens kann die Varianzanalyse die Rolle von Interaktionseffekten prüfen. Bei der Regressionsanalyse wäre das eine Multikollinearität. Allerdings kann man auch bei der Regressionsanalyse Interaktionsterme bilden und diese dann statt der einzelnen Prädiktoren in die Regressionsgleichung aufnehmen. Viertens sind mit der Varianzanalyse meist eindeutige Kausalnachweise möglich. Das liegt jedoch im experimentellen Design begründet und nicht im Auswertungsverfahren selbst.

Definition

Die *Varianzanalyse* untersucht den Einfluss eines oder mehrerer, meist experimentell manipulierter Einflussfaktoren auf eine abhängige Variable. Dabei werden *Haupt-* und *Interaktionseffekte* geprüft. Den relativen Erklärungsanteil eines Faktors drückt η^2 aus, während R^2 den Anteil der insgesamt durch alle Faktoren erklärten Varianz angibt.

5.4 | Multivariate Verfahren der Datenexploration

Zuletzt geht es um zwei Verfahren, mit denen wir Strukturen in den Daten herausfinden, also *explorieren* können. Sie sind Explorationstechniken, aber man kann sie auch als Verfahren der Datenreduktion bezeichnen. Denn sie reduzieren – bei der *Clusteranalyse* – Fälle, also z. B. die Gesamtheit aller Befragten oder Fernsehbeiträge auf bestimmte Typen, oder sie verdichten – im Fall der *Faktorenanalyse* – Variablen z. B. von Befragten oder Fernsehbeiträgen zu übergeordneten Merkmalsbündeln. Den zentralen Unterschied zwischen Cluster- und Faktorenanalyse gibt → Abb. 5.11 am Beispiel einer Befragung schematisch wieder.

		Merkmalsbündel A (Faktor A)				Merkmalsbündel B (Faktor B)			
		Merk-mal 1	Merk-mal 2	Merk-mal 4	Merk-mal 5	...	Merk-mal 3	Merk-mal 7	Merk-mal 10	...
Typ A (Cluster A)	Befragter 1									
	Befragter 4									
	Befragter 11									
	...									
Typ B (Cluster B)	Befragter 2									
	Befragter 3									
	Befragter 5									
	...									

| **Abb. 5.11**

Schematische Darstellung von Cluster- und Faktorenanalyse am Beispiel einer Befragung mit zwei Faktoren und zwei Clustern

Faktorenanalyse | 5.4.1

Grundlogik und Beispiel

Auf die konfirmatorische Faktorenanalyse können wir hier nicht eingehen. In der Kommunikationswissenschaft dürfte ohnehin die *explorative Faktorenanalyse* häufiger zum Einsatz kommen, für die wir erneut vor allem Backhaus et al. (2000: 284ff.) folgen. Die explorative Faktorenanalyse dient der Dimensionsreduktion: Zahlreiche Merkmale bzw. Items werden auf wenige Merkmalsbündel bzw. Dimensionen verdichtet. Das entspricht einer *Hauptkomponentenanalyse*. Die damit gewonnenen Hauptkomponenten, also Dimensionen, werden *Faktoren* genannt. Sie dürfen nicht mit den Faktoren bei Experiment bzw. Varianzanalyse verwechselt werden.

Alle Variablen, die in die Faktorenanalyse eingehen, müssen *metrisch* skaliert sein. Zu einem Faktor werden dann jene Merkmale zusammengefasst, die untereinander hoch korrelieren. Man sagt auch, dass diese Merkmale auf den Faktor hochladen und spricht folglich von *Faktorenladungen*. Sie können Werte zwischen -1 und $+1$ annehmen. Die Faktoren können wir uns als „Schubladen" vorstellen. Welches Etikett auf die Schublade kommt, müssen wir selbst entscheiden. Denn die Faktorenanalyse bestimmt nur die Anzahl der Faktoren und die Ladungen der Items. Wie sie zu *interpretieren* sind, müssen wir selbst aufgrund der Faktorenladungen entscheiden.

Faktorenladungen und Faktoreninterpretation

Abb. 5.12

Ergebnis einer Faktorenanalyse nach Scherer et al. (2005: 225)

	Medizinisches Involvement (Faktor 1)	Ironisch-kritische Distanz (Faktor 2)	Serien-rezeption (Faktor 3)
Ich suche nach medizin. Fehlern der Schauspieler	+0,86	...	...
Ich nehme die Diagnosen der TV-Ärzte vorweg	+0,81	...	...
Ich vergleiche mit dem Alltag in meinem Krankenhaus	+0,79	...	...
Ich bin belustigt über medizinischen Unfug	...	+0,83	...
Ich bin wütend über Verunglimpfung	...	+0,79	...
Ich freue mich, bekannte Gesichter wiederzutreffen	...	−0,61	...
Ich interesse mich für das soziale Drumherum	...	...	+0.76
Ich genieße einfach die „heile Welt"	...	...	+0,70
Ich lasse mich berieseln, denke nicht	...	...	+0,57
Anteil an erklärter Varianz	**25 %**	**20 %**	**18 %**

Beispiel

Faktorenanalyse in der Mediennutzungsforschung

Helmut Scherer, Eva Baumann und Daniela Schlütz (2005) haben die Art der Rezeption von Krankenhausserien (Rezeptionsmodalitäten) durch Krankenhauspersonal untersucht. Die Nettostichprobe der schriftlichen Befragung umfasste 228 Befragte. In einem ersten Schritt haben die Autoren die Indikatoren für Rezeptionsmodalitäten einer Faktorenanalyse unterzogen. An diesem Beispiel lassen sich mehrere Aspekte erklären. In der linken Spalte von → Abb. 5.12 sehen wir die Indikatoraussagen, zu denen die Befragten jeweils ihre Zustimmung auf einer metrischen Skala abgeben sollten. In der zweiten bis vierten Spalte sehen wir die Faktorenladungen jedes Items für jeden Faktor. Um Missverständnissen vorzubeugen: Für jedes Item erhalten wir drei Faktorladungen, jeweils eine pro Faktor. Zur besseren Übersicht werden geringe Faktorladungen meist nicht angezeigt; wir haben dann „...." eingefügt. Das Item „Ich suche nach medizinischen Fehlern der Schauspieler" lädt sehr hoch auf den Faktor 1 (+0,86), aber kaum auf die Faktoren 2 und 3. Daher wird dieses Item in die erste „Schublade" gesteckt, also Faktor 1 zugeordnet. Hohe Ladungen auf Faktor 1 haben auch die Items „Ich nehme die Diagnosen der TV-Ärzte vorweg" und „Ich vergleiche mit dem Alltag in meinem Krankenhaus". Daher bot sich an, Faktor 1 mit „medizinisches Involvement" zu etikettieren. Bei Faktor 2 lädt das Item „Ich freue mich, bekannte Gesichter zu treffen" negativ (−0,61). Das negative Vorzeichen bedeutet stark vereinfacht, dass das Gegenteil dessen, was als Indikatoraussage formuliert ist, für die Interpretation des Faktors gilt – also „Ich freue mich nicht ...".

Zentrale Kriterien

In der letzten Zeile von → Abb. 5.12 sehen wir den *Anteil an erklärter Varianz*: Die ersten drei Items laden stark auf Faktor 1, weil sie hoch untereinander korrelieren: Wenn also einige Befragte einen hohen Wert beim ersten Item haben, ist das auch beim zweiten und dritten Item so. Bei den übrigen Variablen haben diese Befragten dann geringe Werte. Faktor 1 erklärt nun offensichtlich gerade einmal 25 % der Streuung aller Variablen. Faktor 2 erklärt 20 % und Faktor 3 weitere 18 %. Es bleiben also 37 % an Varianz, die sich nicht durch die drei Faktoren erklären lassen. Wir sehen also: Mit der Faktorenanalyse geht immer auch ein *Varianzverlust* einher.

Varianzaufklärung

Der *Eigenwert* ist die standardisierte Form der *erklärten Varianz*. Er gibt pro Faktor an, welcher Anteil der Gesamtvarianz in den Daten, also der Varianz aller Items, durch diesen Faktor erklärt wird. Der Eigenwert wird berechnet als „Summe der quadrierten Faktorladungen *eines* Faktors über alle Variablen" (Backhaus et al. 2000: 288; Herv.i.O.). In der Regel werden so viele Faktoren extrahiert, dass der Eigenwert jedes extrahierten, d. h. gebildeten Faktors größer als 1 ist. Warum gilt diese auch als *Kaiser-Kriterium* bekannte Festlegung? Bei der Faktorenanalyse werden alle Variablen vorab standardisiert und haben damit eine Varianz von $s^2 = 1$. Wenn nun ein Faktor über alle Variablen einen Eigenwert kleiner als 1 hätte, würde er nicht mehr Varianz erklären als eine einzelne standardisierte Variable, deren Varianz 1 ist. Salopp gesagt würde uns also jeder weitere Faktor mit einem Eigenwert unter 1 nichts bringen, d. h. die bis dahin extrahierten Faktoren genügen. Im Gegensatz zum Eigenwert gibt die *Kommunalität pro Item* an, welche Varianzaufklärung alle Faktoren zusammengenommen für diese Variable leisten. Sie wird berechnet als die „Summe der quadrierten Ladungen *aller Faktoren* im Hinblick auf *eine Variable*" (Backhaus et al. 2000: 288; Herv.i.O.).

Eigenwert, Kaiser-Kriterium und Kommunalität

Zur Faktorenlösung gelangen wir, indem wir die Faktoren rotieren. Angenommen es gibt zwei Faktoren, dann stehen diese beiden als Achsen eines zweidimensionalen Koordinatensystems senkrecht aufeinander (vgl. z.B. Tränkle 1985: 92ff.). Das Koordinatensystem wird so lange um den Achsenschnittpunkt rotiert, bis sich die optimale Lösung ergibt. Wird der rechte Winkel bei der Rotation beibehalten, spricht man von *Orthogonalrotation* (Varimax). Da nur in diesem Fall die Ladungen der Items auf einen Faktor unabhängig von den anderen Faktoren interpretierbar sind, ist die rechtwinklige Rotation meist der schiefwinkligen Rotation vorzuziehen.

Orthogonalrotation

Ein wichtiger Kennwert ist schließlich das *Kaiser-Meyer-Olkin-Kriterium* (KMO). Es ist ein Maß für die Stichprobeneignung (engl.: measurement of sample adequacy, MSA). Das KMO bzw. MSA kann Werte zwischen 0

Kaiser-Meyer-Olkin-Kriterium (KMO)

und 1 annehmen. Als wünschenswert gelten für die Gesamtheit der Items
Werte über 0,8 und pro Item in der Anti-Image-Korrelations-Matrix Werte
von mindestens 0,5.

Definition

Als exploratives Verfahren dient die *Faktorenanalyse* der Dimensionsreduktion, d.h. zahlreiche metrische Merkmale (*Items*) werden auf wenige
Merkmalsbündel, Hauptkomponenten bzw. Dimensionen (*Faktoren*) verdichtet. Die Anzahl der Faktoren wird oft mit Hilfe des Kaiser-Kriteriums
bestimmt.

5.4.2 | Clusteranalyse

Während die explorative Faktorenanalyse Merkmale zusammenfasst,
bündelt die Clusteranalyse Merkmalsträger → vgl. Abb. 5.11. Daher wird die
Clusteranalyse auch als Verfahren zur *Klassifizierung* bzw. *Typenbildung* bezeichnet: Das Ziel ist, Merkmalsträger bestimmten Gruppen, Klassen, Typen bzw. Clustern zuzuweisen. Die Vorgehensweise ist ähnlich wie bei
der qualitativen Typenbildung → vgl. Kap. 1.2.3 und Kap. 2.3, nur mit Hilfe statistischer Verfahren.

Grundlogik und Beispiel

Heterogenität und Homogenität   Den *Grundgedanken* der Clusteranalyse haben wir schematisch in → Abb. 5.13
illustriert. Einerseits sollen sich z. B. die Befragten, die zu verschiedenen
Gruppen (Cluster) gehören, möglichst deutlich in relevanten Merkmalen
unterscheiden. Das heißt *Heterogenität zwischen Clustern* bzw. Typen. Andererseits sollen sich die Befragten in einer Gruppe in den Merkmalen möglichst wenig unterscheiden. Das ist die *Homogenität innerhalb eines Clusters*
bzw. Typs.

Abb. 5.13 |

*Grundgedanke
der Clusteranalyse*

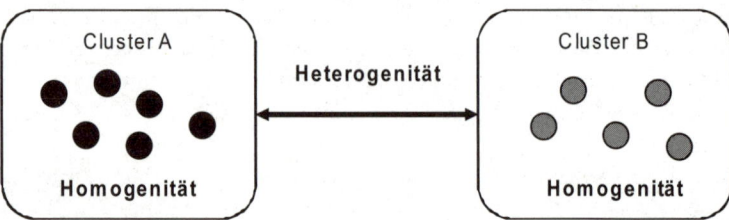

Typenbildung von TV-Beiträgen mittels Clusteranalyse

Jutta Milde und Georg Ruhrmann (2006) haben in ihrer inhaltsanalytischen Studie zu Wissenschaftsmagazinen im Fernsehen insgesamt 203 Beiträge aus den Jahren 1995 bis 2004 einer Clusteranalyse unterzogen (Ward-Verfahren, Quadrierte Euklidische Distanz). Dazu wurden zahlreiche relevante Merkmale der Beiträge als clusterbildende Merkmale berücksichtigt. Die Ergebnisse zeigt auszugsweise → Abb. 5.14. Die beste Lösung erbrachte drei Cluster, also drei Typen von Beiträgen, die empirisch in Wissenschaftsmagazinen im Fernsehen vorkommen können.

t-Werte	Persönlich relevant (Cluster 1)	Wissenschaftsorientiert (Cluster 2)	Ethisch kontrovers (Cluster 3)
Betroffene	+0,33	−0,34	+0,07
Wissenschaftler, Forscher	−0,61	+0,52	+0,62
Politiker, Ethiker, gesellschaftliche Gruppen	−0,20	−0,06	+1,77
...	...	...	...
Genanntes Risiko	−0,10	−0,10	+1,32
Genannter Nutzen	−0,40	+0,38	+0,14
...	...	...	...

| **Abb. 5.14**

t-Werte für die clusterbildenden Merkmale (Auszüge) bei Milde/Ruhrmann (2006: 448)

Für die Clusteranalyse folgen wir erneut Backhaus et al. (2000: 328ff.) Wie bei der Faktorenanalyse müssen wir auch bei der Clusteranalyse die Bezeichnungen für die Cluster selbst wählen. Anhaltspunkte dafür liefern aber *t-Werte*, die wir in → Abb. 5.14 pro Cluster und Merkmal sehen. Bei positiven (negativen) t-Werten sind die Variablen im Cluster überrepräsentiert (unterrepräsentiert) im Vergleich zu allen Fällen. Eine Aussage darüber, ob die Cluster intern homogen sind, erlauben *F-Werte*. Kleine F-Werte sprechen für hohe Homogenität im Vergleich zu allen Fällen. Ein F-Wert von 1 für das Cluster sollte nicht überschritten werden.

t-Werte und F-Werte

Als Ergebnis der Clusteranalyse kennen wir die Anzahl der Cluster und haben jeden Fall (z. B. Befragten) eindeutig einem Cluster zugeordnet. Beides zusammengenommen wird oft als *Clusterlösung* bezeichnet. Wie aber kommen wir überhaupt dorthin? Dazu sind zwei zentrale Festlegungen notwendig:

zwei zentrale Schritte zur Bildung von Clustern

• Wahl des Proximitätsmaßes und
• Wahl des Fusionsalgorithmus.

Proximitätsmaße

Die Begriffe Distanz und Ähnlichkeit sind äquivalent und gehen im Begriff der *Proximität (Nähe)* auf. Bei *Distanzmaßen* werden z. B. TV-Wissenschaftsbeiträge im Hinblick auf ihre Unterschiede betrachtet, bei Ähnlichkeitsmaßen in Bezug auf ihre Ähnlichkeit. Zunächst ist festzulegen, hinsichtlich welcher Merkmale die Fälle, also beispielsweise die TV-Wissenschaftsbeiträge, verglichen werden sollen. Diese Merkmale heißen *clusterbildende Variablen*. Die Clusteranalyse verlangt kein bestimmtes Skalenniveau. Allerdings kommen je nach Skalenniveau unterschiedliche Proximitätsmaße in Frage (vgl. im Folgenden Backhaus et al. 2000: 331ff.):

- *Proximitätsmaße für nominale Merkmale*: Wenn wir z. B. zwei Wissenschaftsbeiträge vergleichen, kann eine Ähnlichkeit darin bestehen, dass beide ein Merkmal aufweisen (Fall 1) oder beide es nicht besitzen (Fall 2). Eine Distanz kann zustande kommen, weil der erste Beitrag ein Merkmal hat, der zweite nicht (Fall 3) – oder umgekehrt (Fall 4). Die Proximitätsmaße unterscheiden sich danach, welchen dieser Fälle sie berücksichtigen. Die Wahl hängt aber auch davon ab, wie wichtig uns in theoretischer Hinsicht das (Nicht-)Vorhandensein von Merkmalen ist.

- *Proximitätsmaße für metrische Merkmale*: Das bekannteste Maß ist hier die Minkowski-Metrik, die auch L-Norm heißt. Im Kern bestimmt sie pro Merkmal die Differenz z. B. zwischen zwei Wissenschaftsbeiträgen und addiert dann die Differenzwerte für alle Merkmale. Je nach Wert für die Minkowski-Konstante r erhalten wir unterschiedliche Maße. Bei $r = 1$ liegt eine einfache Distanzberechnung vor (City-Block). Bei $r = 2$ werden Distanzen quadriert, was als *Quadrierte Euklidische Distanz* bekannt ist.

gemischte Skalenniveaus und Dichotomisierung

Bei *unterschiedlichen Skalenniveaus* können wir die Ausprägungen aller Merkmale in binäre Codes überführen. Diese *Dichotomisierung* ist bei nominalen Merkmalen ohnehin notwendig. Allerdings dürften dann viele Merkmale den Wert 0 aufweisen und Fälle teilweise nur deswegen zu einem Cluster zusammengefasst werden, weil sie das Nichtvorhandensein vieler Merkmale teilen. Empfehlenswert ist dann, nur Merkmale mit empirischem Gewicht heranzuziehen: So kann man z. B. festlegen, nur Variablen zu berücksichtigen, bei denen mindestens fünf bis zehn Prozent der Fälle den Wert 1 aufweisen.

Fusionsalgorithmen und Bestimmung der Cluster-Anzahl

Die Zusammenfassung zu Gruppen heißt Fusion. Das dazu geeignete Verfahren wird *Fusionsalgorithmus* genannt. Auch hier gibt es zahlreiche Alternativen. Wir greifen die hierarchischen Verfahren heraus (vgl. im Folgenden Backhaus et al. 2000: 348ff.):

- *Hierarchisch-agglomerative Algorithmen*: Hier bildet jeder Fall zu Beginn des Fusionsprozesses ein Cluster. So werden Fälle, die sich hinsichtlich relevanter Variablen ähneln, sukzessive zusammengefasst, bis sich die optimale Clusterlösung ergibt.
- *Hierarchisch-divisive Algorithmen*: Hier werden alle Fälle zunächst als ein Cluster aufgefasst, das sukzessive in kleinere Gruppen zerlegt wird, bis die optimale Clusterlösung vorliegt.

Bei den *hierarchisch-agglomerativen Verfahren* gibt es diverse weitere Varianten. Um sie besser verstehen zu können, gehen wir einmal davon aus, dass wir bereits Fälle mit der geringsten Distanz in relevanten Merkmalen paarweise zu vorläufigen Gruppen fusioniert haben. Diese vorläufigen Gruppen werden in weiteren Schritten zu größeren Gruppen gebündelt, bis wir am Ende die optimale Clusterlösung erhalten. Die hierarchisch-agglomerativen Verfahren unterscheiden sich nun darin, wie sie die vorläufigen Gruppen weiter fusionieren (vgl. Backhaus et al. 2000: 355ff.).

- So berücksichtigt z. B. das *Single-Linkage-Verfahren* die minimale Distanz zwischen einem Mitglied der einen Gruppe und einem Mitglied der anderen Gruppe. Fusioniert werden dann jene Gruppen mit der kleinsten Minimaldistanz. Einer vorläufigen Gruppe wird also gleichsam der „nächste Nachbar" (engl.: nearest neighbour) zugeschlagen. Das *Complete-Linkage-Verfahren* berücksichtigt die Maximaldistanz zwischen einem Mitglied der einen Gruppe und einem Mitglied der anderen Gruppe. Fusioniert werden dann jene Gruppen mit der kleinsten Maximaldistanz (entferntester Nachbar). Beim Single-Linkage-Verfahren erhalten wir am Ende tendenziell viele kleine, aber auch wenig große Cluster, beim Complete-Linkage-Verfahren dagegen sehr viele kleine Cluster. [*Single-Linkage- und Complete-Linkage-Verfahren*]

- Das *Ward-Verfahren* fordert metrisch skalierte Merkmale, weil es *Distanzmaße* einsetzt, die eine Subtraktion implizieren. Zudem sollten keine Ausreißer in den Daten vorhanden sein. Das Ward-Verfahren bildet etwa gleich große Gruppen, die zudem intern recht homogen sind. Denn es schlägt jene Fälle bzw. vorläufigen Gruppen einer anderen Gruppe zu, die deren *gruppeninterne Varianz (Fehlerquadratsumme)* möglichst wenig erhöhen – also gleichsam die Homogenität der vorläufig gebildeten Gruppe am wenigsten gefährden. Auch Milde/Ruhrmann (2006: 446) haben das Verfahren verwendet. Durch die in der Studie vorgeschalteten Faktorenanalysen mit Orthogonalrotation war zu- [*Ward-Verfahren*] dem sichergestellt, dass die Faktoren als clusterbildende Merkmale nicht korrelierten.

Fusionsprozess und Bestimmung der Clusteranzahl

Mittlerweile dürfte klar sein, dass die Fusion ein *iterativer Prozess* ist: Bei hierarchisch-agglomerativen Verfahren werden schrittweise Fälle zu vorläufigen Gruppen fusioniert, denen sukzessive neue Fälle bzw. vorläufige Gruppen zugeschlagen werden, bis am Ende alle Fälle ein Cluster bilden. Den Fusionsprozess kann man sich grafisch als *Dendrogramm* anzeigen lassen, was bei der computergestützten Clusteranalyse aber den Fusionsprozess oft erheblich verlangsamt. Oder man kann sich den Prozess in einer *Agglomerationstabelle* bzw. Zuordnungsübersicht darstellen lassen. Daran können wir auch die Anzahl der Cluster ablesen.

Eine fiktive Agglomerationstabelle für das Ward-Verfahren zeigt → Abb. 5.15. In der ersten Spalte sehen wir die Fusionierungsschritte, in der zweiten Spalte steht die Quadrierte Euklidische Distanz. Rechts daneben sehen wir deren Veränderung. Von der Fünf-Cluster-Lösung zur Vier-Cluster-Lösung erhöht sich die *Fehlerquadratsumme* kaum, d. h. wir können diesen weiteren Fusionsschritt noch zulassen, weil sich die interne Homogenität der Cluster nicht verschlechtert – gemäß der Logik des Ward-Verfahrens. Wenn wir weiter fusionieren, also eine Drei-Cluster-Lösung wählen, erhöht sich die Fehlerquadratsumme bereits um +8,3, besonders deutlich dann aber um +16,6 bei der Zwei-Cluster-Lösung. Beim letzten Fusionsschritt, der ein Cluster mit allen Fällen beinhaltet, steigt sie grundsätzlich deutlich an. Ob wir schon den Anstieg um +8,3 oder erst den Anstieg von +16,6 als bedeutsam werten, liegt mitunter in unserem *eigenen Ermessen*. Oft sind die „Sprünge" nämlich nicht so eindeutig wie in diesem fiktiven Beispiel. Während wir uns also bei der Faktorenanalyse meist auf das Kaiser-Kriterium verlassen können, fehlt uns bei

---

Abb. 5.15 |

Fiktive Agglomerationstabelle für 100 Iterationsschritte

Fusionsschritt (Ward-Verfahren)	Fehlerquadratsumme (gerundet)	Veränderung der Fehlerquadratsumme
1	0,7	
2	1,5	
...	...	
96 (5 Cluster)	18,6	↓ +1,1
97 (4 Cluster)	19,8	↓ +8,3
98 (3 Cluster)	28,1	↓ +16,6
99 (2 Cluster)	44,7	↓ +22,6
100 (1 Cluster)	67,3	

der Clusteranalyse ein vergleichbares *Kriterium zur Bestimmung der Clusteranzahl*.

Die Clusteranalyse ist wie die Faktorenanalyse lediglich ein *exploratives* Verfahren. Man sollte sich davor hüten, die durch eine Clusteranalyse gewonnenen Gruppen oder Typen als Abbild kommunikationswissenschaftlicher oder sozialer Tatsachen zu bewerten. Tatsächlich gewinnen wir bei der Clusteranalyse nur *empirische Durchschnittstypen*. Das kann für manche theoretische Fragestellung wenig Sinn machen. Das folgende Beispiel macht deutlich, dass wir über den Einsatz einer Clusteranalyse davor hinreichend nachdenken sollten.

Durchschnittstypen statt Idealtypen

Beispiel

Einsatz der Clusteranalyse bei Journalistenumfragen

Wir führen eine Umfrage unter Journalisten durch, um Typen journalistischer Berufsauffassung (Informationsvermittler, Kritiker an Missständen usw.) zu ermitteln. Dazu sollen die Journalisten einen typischen Arbeitsalltag in einem „Tagebuch" notieren. Die Journalisten werden dann einer Clusteranalyse unterzogen. Damit erhalten wir aber keine Idealtypen im Sinne von Max Weber (1984). Denn Idealtypen kommen in der Realität fast nie vor. Kaum ein Journalist wird z. B. ein Informationsvermittler in „Reinform" sein. Idealtypen dienen vielmehr dazu, die empirische Realität einzuordnen. So kann man sagen, welchem Idealtyp des Journalisten ein konkreter Befragter am nächsten kommt oder ob er Merkmale mehrerer Idealtypen auf sich vereint. Was erhalten wir dann mit der Clusteranalyse? Wir erhalten empirische Durchschnittstypen wie etwa „der Informationsvermittler, der bei Skandalen auch zum Kritiker werden kann". Sinnvoller wäre also, Indikatoren für jeden Idealtyp zu entwickeln und die Journalisten zu bitten, pro Indikator auf einer metrischen Skala anzugeben, wie sehr der Indikator auf sie selbst zutrifft. Anschließend würden wir die Indikatoren den vorab festgelegten Typen zuweisen und könnten dann jedem Journalisten pro Idealtyp einen Wert zuweisen. Denkbar ist, dass dann ein Journalist des „Spiegels" z. B. bei „Informationsvermittler" einen mittleren Wert und bei „Kritiker an Missständen" einen hohen Wert aufweisen würde.

Definition

Als exploratives Verfahren dient die *Clusteranalyse* dazu, Einheiten (z. B. Befragte) zu klassifizieren, d. h. sie zu Gruppen (Clustern) zusammenzufassen. Dabei sollten sich die endgültigen Cluster in relevanten Merkmalen möglichst stark voneinander unterscheiden (Heterogenität zwischen den Clustern), die Mitglieder eines Clusters dagegen möglichst wenig voneinander unterscheiden (Homogenität innerhalb der Cluster). Die beiden zentralen Schritte sind die Wahl des Proximitätsmaßes und die Wahl des Fusionsalgorithmus.

Beispiel

Clusteranalysen in der Mediennutzungsforschung

Ein empfehlenswertes Beispiel für den methodisch reflektierten Einsatz sowohl der Faktoren- als auch der Clusteranalyse bietet die Arbeit von Alexander Haas (2007) zu Medien-Menüs. Dort werden auch mehrere bei der Anwendung von Faktoren- und Clusteranalysen im Rahmen von Sekundäranalysen auftretende Probleme und denkbare Lösungen diskutiert.

Übungsaufgaben

Aufgabe 5.1
Welche der folgenden Aussagen ist/sind richtig?
a) Meridian, Modus und arithmetisches Mittel sind Maße der zentralen Tendenz.
b) Die Assoziation zwischen nominal skalierten Merkmalen kann mit dem Phi-Koeffizienten oder Cramers V ausgedrückt werden.
c) Je höher der Wert (Betrag) des Rangkorrelationskoeffizienten, desto weniger unterscheiden sich die Rangplätze zweier Rangreihen.

Aufgabe 5.2
Erläutern Sie die Grundprinzipien der Regressions- und der Varianzanalyse.

Aufgabe 5.3
Worin unterscheiden sich die Faktoren- und die Clusteranalyse und worin ähneln sie sich?

Epilog

Abschließend erlauben wir uns einige Bemerkungen zu ausgewählten „Irrtümern" im Umgang mit kommunikationswissenschaftlicher Forschung. Wir formulieren dabei bewusst überspitzt, um unser jeweiliges Argument zu verdeutlichen.

„Nur das Ergebnis zählt"

Gerade in der angewandten Kommunikationsforschung besteht ein starkes Interesse an verwertbaren Ergebnissen. Jedes Ergebnis hängt aber auch vom methodischen Zugang ab. Alle methodischen Entscheidungen sind daher mindestens ebenso wichtig, wenn nicht sogar wichtiger. Denn bei der Entwicklung des Designs und des Untersuchungsinstruments können wir auch auf ein relevantes methodisches Problem stoßen (vgl. z. B. Scheufele/Haas 2008).

„Wir üben nur Kritik an den Entscheidungen anderer Forscher"

Im Sinne der Intersubjektivität sind alle Schritte des Begründungszusammenhangs umfassend zu dokumentieren, um sie für andere Forscher nachvollziehbar zu machen. Nur so kann es methodische Kritik geben. Sie betrifft aber nicht nur die Entscheidungen anderer Forscher. Wir sollten auch unsere eigenen Entscheidungen konsequent selbst hinterfragen.

„Es darf keine Fehler geben"

Natürlich wollen wir keine Fehler machen, aber auch empirische Forschung ist nicht frei davon. Das können Tippfehler in Prozentangaben sein, aber auch suggestive Frageformulierungen oder nicht trennscharfe Kategorien. Zudem kann es vorkommen, dass wir angesichts der Ergebnisse erkennen, dass unsere Untersuchung ganz anders hätte aufgezogen werden müssen. Entscheidend ist letztlich, dass wir aus Fehlern lernen und z. B. das nächste Mal einen anderen Fusionsalgorithmus für eine Clusteranalyse verwenden oder die nächste Panelumfrage besser planen.

„Je komplexer das statistische Verfahren, desto besser die Studie"

Mitunter gewinnt man den Eindruck, dass es manche Studien auch deswegen in eine Fachzeitschrift schaffen, weil sie ein komplexes statistisches Verfahren einsetzen. Und auch Studierende, die ihre Abschlussarbeit schreiben, glauben teilweise, mit statistischen Verfahren „punkten" zu können bzw. zu müssen. Stattdessen kommt es in beiden Fällen auf die argumentative Stringenz, die überzeugende Verknüpfung von theoretischen Überlegungen und methodischen Entscheidungen und den angemessenen Einsatz statistischer Verfahren an. Ansonsten entsteht der Eindruck, es würde mit methodischen und statistischen „Kanonen" auf theoretische „Spatzen" geschossen.

„Je geringer der Aufwand, umso besser"

Zweifellos ist der theoretische und empirische Ertrag einer Untersuchung an ihrem methodischen Aufwand zu bemessen. Allerdings lässt sich der Aufwand zum einen bei der Projektplanung nicht immer abschätzen. Zum anderen lässt sich der Ertrag nicht garantieren. Wie schon erwähnt, kann auch eine methodische Erkenntnis – sei es als Problem oder als Lösung – einen Ertrag darstellen, der teilweise die Ergebnisse in den Schatten stellt.

„Signifikanz ist alles"

Ein signifikantes Ergebnis ist ein überzufälliges Ergebnis – nicht weniger, aber auch nicht mehr. Signifikanz kann von diversen Aspekten abhängen. Dazu gehören beispielsweise das gewählte Design, der Stichprobenumfang oder die Varianz in den Daten. Wenn die Befunde nur knapp das Signifikanzniveau verfehlen (z. B. $p = 0{,}07$), aber in die vermutete Richtung gehen, ist das ein Ergebnis, mit dem wir leben können. Stutzig sollten jedenfalls Formulierungen wie „das Ergebnis haben wir nicht signifikant bekommen" machen.

Lösungen zu den Übungsaufgaben

Aufgabe 1.1

Aus Theorien werden Hypothesen abgeleitet, die sich empirisch überprüfen lassen. Dabei lassen sich Hypothesen nur falsifizieren, niemals verifizieren. Wenn eine Hypothese durch die empirischen Befunde unserer Studie widerlegt wird, gilt sie als falsifiziert. Wenn die empirischen Befunde für die Hypothese sprechen, gilt sie als vorläufig bestätigt. Erst bei wiederholter Bestätigung bezeichnen wir die Hypothese als bewährt. Bei Falsifikation werden wir die Hypothese modifizieren und diese veränderte Hypothese empirisch überprüfen. Mit diesem falsifikatorischen Vorgehen (Versuch und Irrtum) werden wir zwar nie die „absolute Wahrheit" finden, uns dieser aber annähern.

Aufgabe 1.2

a) Ordinales Skalenniveau, weil die Antwortenvorgaben zwar eine Rangfolge repräsentieren, die Abstände dazwischen aber nicht gleich groß sind.

b) Metrisches Skalenniveau, weil die Befragten hier direkt ihre Fernsehnutzung in Stunden und Minuten angeben.

c) Nominales Skalenniveau, weil die Themen bei verschiedenen Zeitungsartikeln nur gleich oder unterschiedlich sein können, aber die Themen keine Rangfolge ergeben.

Aufgabe 1.3

Aussage a) ist richtig.

Aussage b) ist falsch, weil sich Validität auf das Erhebungs- bzw. Messinstrument und nicht auf das Design bezieht.

Aussage c) ist falsch, weil Werturteile zwar als Inhalt wissenschaftlicher Aussagen im Begründungszusammenhang nichts verloren haben. Wir können aber über Werturteile forschen, d.h. sie können der Gegenstand unserer Studie sein. Zudem sind wissenschaftstheoretische Normen als Grundlage für unser Vorgehen im Begründungszusammenhang zulässig.

Aufgabe 2.1

Bei Zufallsstichproben hat jedes Element der Grundgesamtheit die gleiche und von null verschiedene Chance, in das Sample zu kommen. Zumindest muss diese Chance angebbar sein.

Aufgabe 2.2

Beim Randomisieren werden die Versuchspersonen nach dem Zufallsprinzip auf die Experimental- und die Kontrollgruppe verteilt. Dadurch wird der Einfluss von Drittvariablen zwar nicht beseitigt, aber konstant gehalten. Denn durch die zufällige Aufteilung der Probanden auf beide Gruppen muss z. B. der Anteil von Männern bzw. Frauen in beiden Gruppen vergleichbar sein. Wenn das Randomisieren gelungen ist, können wir die Unterschiede zwischen beiden Gruppen bei einem relevanten Merkmal eindeutig auf den experimentellen Stimulus zurückführen.

Aufgabe 2.3

Aussage a) ist richtig.

Aussage b) ist falsch, weil das ADM-Mastersample zwar ein dreistufiges Verfahren darstellt, aber keine willkürlichen Auswahlschritte enthält.

Aussage c) ist falsch, weil eine quotierte Stichprobe höchstens im Hinblick auf die quotierten Merkmale „repräsentativ" ist.

Aufgabe 3.1

Erstens muss zwischen der vermuteten Ursache X und der vermuteten Wirkung Y ein erkennbarer Zusammenhang, d. h. eine signifikante und hohe Korrelation bestehen. Da eine Ursache der Wirkung zeitlich vorausgeht, muss zweitens eine Veränderung bei X vor einer Veränderung bei Y eintreten. Drittens müssen Drittvariablen Z ausgeschlossen werden oder ihr Einfluss auf den Zusammenhang zwischen X und Y muss zumindest kontrolliert werden.

Aufgabe 3.2

Nach der Kontrolldimension können wir zwischen experimentellen und nicht experimentellen Designs unterscheiden. Die Zeitdimension zielt auf die Unterscheidung zwischen Quer- und Längsschnittdesign. Die Erhebungsdimension verweist auf die Unterscheidung zwischen Primärerhebung und Sekundäranalyse.

Aufgabe 3.3

Aussage a) ist falsch, weil es sich in beiden Fällen um zweifaktorielle Designs handelt. Beim 2×2-Design werden beide Faktoren auf zwei Stufen variiert. Beim 3×3-Design werden beide Faktoren auf drei Stufen manipuliert.

Aussage b) ist richtig. Allerdings erlaubt das Trenddesign nur Aussagen über Veränderungen im Aggregat (Nettoveränderung), während das Paneldesign auch Aussagen über individuelle Veränderungen (interne Fluktuation) erlaubt.

Aussage c) ist falsch, weil sich Kumulation und Konsonanz als zentrale Wirkungsfaktoren der Massenmedien im Experiment kaum angemessen modellieren lassen. Eine gewisse Annäherung bieten höchstens sequentielle Experimente, die den Stimulus mehrfach darbieten.

Aufgabe 4.1

Aussage a) ist falsch, weil sie nur auf eine Variante der Filterfrage zutrifft – nämlich auf die Auskopplung.

Aussage b) ist falsch, weil sowohl geschlossene als auch offene Fragen Vor- und Nachteile haben. Bei offenen Fragen können sich die Befragten frei äußern, während geschlossene Fragen die Antwortmöglichkeiten beschränken. Zudem werden offene Fragen den kognitiven oder sprachlichen Fähigkeiten der Befragten besser gerecht. Umgekehrt ist der spätere Aufwand der Auswertung bei offenen Fragen höher als bei geschlossenen Fragen. Schließlich können sich Befragte durch offene Fragen überfordert fühlen.

Aussage c) ist richtig.

Aufgabe 4.2

Befragungen lassen sich erstens nach dem Standardisierungsgrad in voll- und wenig standardisierte Varianten klassifizieren. Zweitens ist nach der Anzahl der Befragten zwischen Einzel- und Gruppeninterviews zu unterscheiden. Drittens kann man nach dem Befragungsverfahren bzw. -modus mündlich-persönliche und mündlich-telefonische Interviews sowie schriftlich-postalische Befragungen, schriftliche Befragungen per Austeilen und Onlinebefragungen unterscheiden.

Aufgabe 4.3

Aussage a) ist falsch, weil die Kategoriendefinition zusätzlich Problem- und Zweifelsfälle erläutern sowie Indikatoren und Beispiele geben muss.

Aussage b) ist richtig.

Aussage c) ist in dieser Formulierung weder falsch noch richtig. Denn die Inhaltsanalyse ist insofern eine nicht reaktive Methode, als sich das Untersuchungsmaterial selbst nicht verändert. Sie ist aber insofern eine reaktive Methode, weil die Codierer Interpretationsleistungen vollbringen müssen, die prinzipiell unterschiedlich ausfallen können.

Aufgabe 4.4

Der diagnostische Ansatz markiert die erste Inferenz auf den Kommunikator (z. B. individuellen Einstellungen von Journalisten, redaktionelle Linie von Zeitungen). Der prognostische Ansatz repräsentiert die zweite Schlussfolgerung auf die Rezipienten (z. B. Agenda-Setting-Ansatz). Die dritte Inferenz verweist auf historische, politische oder soziale Situationen (z. B. politische Kultur).

Aufgabe 4.5

Aussage a) ist falsch, weil apparative Beobachtungen zwar nicht mit den durch menschliche Beobachter verursachten Problemen zu kämpfen haben. Sie haben aber ihrerseits Nachteile, die vor allem die Validität und die Interpretation der Ergebnisse betreffen. Zudem kann es auch zu technischen Störungen oder zu Bedienungsfehlern kommen.

Aussage b) ist falsch. Zwar können Beobachtungsobjekt und Beobachtungsfall identisch sein oder als hierarchisch gestaffelte Analyse- bzw. Codiereinheiten verstanden werden. Das Beobachtungsfeld markiert dagegen die Untersuchungseinheit, also den Untersuchungszeitraum, den räumlichen Geltungsbereich, den Gegenstandsbereich und die Beobachtungssituation. Damit sind das Beobachtungsobjekt und der Beobachtungsfall noch nicht festgelegt.

Aussage c) ist richtig.

Aufgabe 4.6

Beobachtungen kann man im Hinblick auf den Beobachter nach der Forscherperspektive, der Reflexivität und dem Partizipationsgrad der Beobachteten klassifizieren. Daneben können wir nach der Transparenz und Natürlichkeit der Beobachtungssituation differenzieren. Was die Datenerhebung betrifft, lassen sich Beobachtungen nach dem Grad der Standardisierung, dem Grad der Vermittlung des beobachteten Verhaltens und dem Grad der Automatisierung klassifizieren.

Aufgabe 5.1

Aussage a) ist falsch, weil es Median statt Meridian heißen muss.

Aussage b) ist richtig.

Aussage c) ist richtig.

Aufgabe 5.2

Die Regressionsanalyse untersucht den Einfluss einer oder mehrerer unabhängiger Variablen auf eine abhängige Variable. Der Anteil der abhängigen Variablen, der durch alle Prädiktoren erklärt werden kann, heißt Determinationskoeffizient R^2. Den relativen Einfluss eines Prädiktors drückt der β-Wert aus.

Die Varianzanalyse untersucht den Einfluss eines oder mehrerer, meist experimentell manipulierter Einflussfaktoren auf eine abhängige Variable. Dabei werden Haupt- und Interaktionseffekte geprüft. Den relativen Erklärungsanteil eines Faktors drückt η^2 aus, während R^2 den Anteil der insgesamt durch alle Faktoren erklärten Varianz angibt.

Beide Verfahren beruhen auf dem Prinzip der Varianzzerlegung.

Aufgabe 5.3

Die Faktoren- und die Clusteranalyse sind gleichermaßen explorative Verfahren, mit denen wir Strukturen in den Daten herausfinden können. Beide sind datenreduzierende Verfahren. Während aber die Faktorenanalyse dazu dient, metrische Merkmale (Items) auf wenige Hauptkomponenten bzw. Dimensionen (Faktoren) zu verdichten, versucht die Clusteranalyse, Einheiten (z. B. Befragte) zu klassifizieren, also zu Gruppen (Clustern) zusammenzufassen.

Literatur

Albert, Hans (1991): Traktat über die kritische Vernunft. 5., verbesserte und erweiterte Auflage. Tübingen: J. C. B. Mohr (UTB).

Altmeppen, Klaus-Dieter (1999): Redaktionen als Koordinationszentren. Beobachtungen journalistischen Handelns. Opladen: Westdeutscher Verlag.

Aufenanger, Stefan (1994): Strukturanalytische Rezeptionsforschung: Familienwelt und Medienwelt von Kindern. In: Hiegemann, Susanne/Swoboda, Wolfgang H. (Hrsg.): Handbuch der Medienpädagogik. Theorieansätze – Traditionen – Praxisfelder – Forschungsperspektiven. Opladen: Leske & Budrich. S. 403–412.

Austin, John L. (2002): Zur Theorie der Sprechakte (How to do things with words). Übersetzung von Eike von Savigny. 2. Auflage. Stuttgart: Reclam.

Backhaus, Klaus/Erichson, Bernd/Plinke, Wulff/Weiber, Rolf (2000): Multivariate Analysemethoden. Eine anwendungsorientierte Einführung. 9., überarbeitete und erweiterte Auflage. Berlin u. a.: Springer.

Balog, Andreas (2001): Neue Entwicklungen in der soziologischen Theorie, Stuttgart: Lucius & Lucius (UTB).

Bandura, Albert (2000): Die Sozial-Kognitive Theorie der Massenkommunikation. In: Schorr, Angela (Hrsg.): Publikums- und Wirkungsforschung. Ein Reader. Wiesbaden: Westdeutscher Verlag. S. 153–180.

Bandura, Albert/Ross, Dorothea/Ross, Sheila A. (1963): Imitation of film – mediated aggressive models. In: Journal of Abnormal and Social Psychology 66, Heft 1, S. 3–11.

Behrens, Roger (2002): Kritische Theorie. Hamburg: Europäische Verlagsanstalt.

Behrens, Kurt/Löffler, Ute (1999): Aufbau des ADM-Stichproben-Systems. In: ADM/AG.MA (Hrsg.): Stichprobenverfahren in der Umfrageforschung. Opladen: Leske & Budrich. S. 69–91.

Benninghaus, Hans (2007): Deskriptive Statistik. Eine Einführung für Sozialwissenschaftler. 11. Auflage. Wiesbaden: VS Verlag für Sozialwissenschaften.

Berelson, Bernand (1952): Content Analysis in communications research. Glencoe, Ill: The Free Press.

Bilandzic, Helena/Trapp, Bettina (2000): Die Methode des lauten Denkens: Grundlagen des Verfahrens und die Anwendung bei der Untersuchung selektiver Fernsehnutzung bei Jugendlichen. In: Ingrid/Schorb, Bernd (Hrsg.): Qualitative Kinder- und Jugendmedienforschung. Theorie und Methoden: ein Arbeitsbuch. München: Kopäd. S. 183–209.

Bollen, Kenneth A./Phillips, David P. (1982): Imitative suicides: A national study of the effects of television news. In: American Sociological Review 47, Heft 6, S. 802–809.

Bonfadelli, Heinz (1999): Medienwirkungsforschung 1: Grundlagen und theoretische Perspektiven. Konstanz: UVK.

Bortz, Jürgen/Döring, Nicola (1995): Forschungsmethoden und Evaluation. 2., vollständig überarbeitete und aktualisierte Auflage. Berlin u. a.: Springer.

Brosius, Hans-Bernd/Esser, Frank (1995): Eskalation durch Berichterstattung. Massenmedien und fremdenfeindliche Gewalt. Opladen: Westdeutscher Verlag.

Brosius, Hans-Bernd/Koschel, Friederike/Haas, Alexander (2008): Methoden der empirischen Kommunikationsforschung. Eine Einführung. 4., überarbeitete und erweiterte Auflage. Wiesbaden: VS Verlag für Sozialwissenschaften.

Campbell, Donald T./Stanley, Julian C. (1963): Experimental and quasi-experimental designs for research. Chicago: Rand McNally.

Charlton, Michael (1993): Methoden der Erforschung von Medienaneignungsprozessen. In: Holly, Werner/Püschel, Ulrich (Hrsg.) Medienrezeption als Aneignung. Methoden und Perspektiven qualitativer Medienforschung. Opladen: Westdeutscher Verlag. S. 11–26.

Cronbach, Lee J. (1951): Coefficient alpha and the internal structure of tests. In: Psychometrika 16, S. 297–334.

Daschmann, Gregor (2001): Der Einfluss von Fallbeispielen auf Leserurteile. Experimentelle Untersuchungen zur Medienwirkung. Konstanz: UVK.

Diaz-Bone, Rainer (2006): Statistik für Soziologen. Konstanz: UVK (UTB basics).

Diekmann, Andreas (2003): Empirische Sozialforschung. Grundlagen, Methoden, Anwendungen. 10. Auflage. Reinbek bei Hamburg: Rowohlt.

Eilders, Christiane/Neidhardt, Friedhelm/Pfetsch, Barbara (2004): Die Stimme der Medien. Pressekommentare und politische Öffentlichkeit in der Bundesrepublik. Wiesbaden: Westdeutscher Verlag.

Emmer, Martin/Kuhlmann, Christoph/Vowe, Gerhard/Wolling, Jens (2002): Der 11. September – Informationsverarbeitung, Medienwahl, Anschlusskommunikation. Ergebnisse einer Repräsentativbefragung zu einem Ereignis mit extremem Nachrichtenwert. In: Media Perspektiven, Heft 4, S. 166–177.

Engelhardt, Alexander von (1999): Werbewirkungsmessung. Hintergründe, Methoden, Möglichkeiten und Grenzen. München: P. Fischer.

Engelmann, Ines (2009): Frames und Positionen zur EU-Osterweiterung. In: Publizistik, Heft 1 (im Druck).

Esser, Hartmut/Klenovits, Klaus/Zehnpfennig, Helmut (1977): Wissenschaftstheorie 1. Grundlagen und Analytische Wissenschaftstheorie. Stuttgart: B. G. Teubner.

Fahr, Andreas (2006): „Fernsehen fühlen". Ein Ansatz zur Messung von Rezeptionsemotionen. In: Wirth, Werner/Schramm, Holger/Gehrau, Volker: Unterhaltung durch Medien. Theorie und Messung. Köln: Herbert von Halem. S. 204–226.

Friedrichs, Jürgen (1990): Methoden empirischer Sozialforschung. 14. Auflage. Opladen: Westdeutscher Verlag.

Friedrichs, Jürgen/Lüdtke, Hartmut (1971): Teilnehmende Beobachtung. Zur Grundlegung einer sozialwissenschaftlichen Methode empirischer Feldforschung. Weinheim: Beltz.

Früh, Werner (1989): Semantische Struktur- und Inhaltsanalyse (SSI). Eine Methode zur Analyse von Textinhalten und Textstrukturen und ihre Anwendung in der Rezeptionsanalyse. In: Kaase, Max/Schulz, Winfried (Hrsg.): Massenkommunikation. Theorien, Methode, Befunde (Sonderheft 30 der Kölner Zeitschrift für Soziologie und Sozialpsychologie). Opladen: Westdeutscher Verlag. S. 490–507.

Früh, Werner (1998): Inhaltsanalyse. Theorie und Praxis. 4. Auflage. Konstanz: UVK.

Früh, Werner (2001): Gewaltpotentiale des Fernsehangebots. Programmangebot und zielgruppenspezifische Interpretation. Wiesbaden: Westdeutscher Verlag.

Früh, Werner/Hasebrink, Uwe/Krotz, Friedrich/Kuhlmann, Christoph/Stiehler, Hans-Jörg (1999): Ostdeutschland im Fernsehen. München: KoPäd.

Gehrau, Volker (2002): Die Beobachtung in der Kommunikationswissenschaft. Konstanz: UVK (UTB).

Gerbner, George/Gross, Larry/Morgan, Michael/Signorielli, Nancy (1994): Growing up with television: The cultivation perspective. In: Bryant, Jennings/Zillmann, Dolf (Hrsg.): Media effects. Advances in theory and research. Hillsdale (NJ): Lawrence Erlbaum. S. 17–41.

Glaser, Barney G./Strauss, Anselm L. (1967): The discovery of grounded theory: Strategies for qualitative research. New York: Aldine de Gruyter.

Haas, Alexander (2007): Medien-Menüs. Der Zusammenhang zwischen Mediennutzung, SINUS-Milieus und Soziodemographie. München: Reinhard Fischer.

Haas, Sabine/Trump, Thilo/Gerhards, Maria/Klingler, Walter (2007): Web 2.0: Nutzung und Nutzertypen. In: Media Perspektiven, Heft 4, S. 215–222.

Hempel, Carl Gustav/Oppenheim, Paul (1948): Studies in the logic of explanation. In: Philosophy of Science 15, S. 135–175.

Hovland, Carl I./Janis, Irving L./Kelley, Harold H. (1953): Communication and persuasion. Psychological studies of opinion change. New Haven (CT), London: Yale University Press.

Iyengar, Shanto/Kinder, Donald R. (1987): News that matters: Television and American opinion. Chicago: University of Chicago Press.

Jäckel, Michael/Wollscheid, Sabine (2004): Medienbudgets im Vergleich. Eine Gegenüberstellung der Langzeitstudie Massenkommunikation und der Zeitbudgeterhebung des Statistischen Bundesamtes. In: Medien & Kommunikationswissenschaft 52, Heft 3, S. 355–376.

Kaplan, Abraham (1964): The conduct of inquiry: Methodology for behavioral science. San Francisco (CA): Chandler.

Katz, Elihu/Blumler, Jay G./Gurevitch, Michael (1974): Utilization of mass communication by the individual. In: Blumler, Jay G./Katz, Elihu (Hrsg.): The uses of mass communications. Current perspectives on gratifications research. Beverly Hills: Sage. S. 19–32.

Kelle, Udo/Kluge, Susann (1999): Vom Einzelfall zum Typus. Fallvergleich und Fallkontrastierung in der qualitativen Sozialforschung. Opladen: Leske & Budrich.

Kepplinger, Hans Mathias (1989): Künstliche Horizonte. Folgen, Darstellung und Akzeptanz von Technik in der Bundesrepublik. Frankfurt am Main/New York: Campus.

Kepplinger, Hans Mathias (1993): Erkenntnistheorie und Forschungspraxis des Konstruktivismus. In: Bentele, Günter/Rühl, Manfred (Hrsg.): Theorien öffentlicher Kommunikation. Problemfelder, Positionen, Perspektiven (Schriftenreihe der DGPuK; Bd. 19). München: Ölschläger. S. 118–125.

Kepplinger, Hans Mathias/Martin, Verena (1986): Die Funktion der Massenmedien in der Alltagskommunikation. Publizistik 31, Heft 1–2, S.118–128.

Kepplinger, Hans Mathias/Brosius, Hans-Bernd/Dahlem, Stefan (1994): Wie das Fernsehen Wahlen beeinflusst. Theoretisches Modell und empirische Analysen. München: Reinhard Fischer.

Kepplinger, Hans Mathias/Maurer, Marcus (2005): Abschied vom rationalen Wähler. Warum Wahlen im Fernsehen entschieden werden. Freiburg/München: Alber.

Kerlinger, Fred N. (1986): Foundations of behavioral research. 3. Auflage. Fort Worth u. a.: Holt, Rinehart and Winston.

Köcher, Renate (1985): Spürhund und Missionar. Eine vergleichende Untersuchung über Berufsethik und Aufgabenverständnis britischer und deutscher Journalisten. Dissertation. München: Ludwig-Maximilians-Universität München.

Kohring, Matthias (2004): Vertrauen in Journalismus. Theorie und Empirie. Konstanz: UBK.

Krippendorff, Klaus (1978): Reliability of binary attribute data. In: Biometrics 34, S. 142–144.

Kromrey, Helmut (2002): Empirische Sozialforschung. Modelle und Methoden der standardisierten Datenerhebung und Datenauswertung. 10., vollständig überarbeitete Auflage. Opladen: Leske & Budrich (UTB).

Krzeminski, Michael (1987): Thematisierung im Hörfunk. Eine empirische Untersuchung der Redaktionsarbeit für die aktuelle Berichterstattung in den Hörfunkprogrammen des WDR. Frankfurt am Main/Bern: Lang.

Lamnek, Siegfried (1995a): Qualitative Sozialforschung. Band 1: Methodologie. 3. korrigierte Auflage. Weinheim: Psychologie Verlags Union.

Lamnek, Siegfried (1995b): Qualitative Sozialforschung. Band 2: Methoden und Techniken. 3. korrigierte Auflage. Weinheim: Psychologie Verlags Union.

Lauf, Edmund (2002): Freiheit für die Daten! Sekundäranalysen und Datenbestände in der deutschen Medien- und Kommunikationswissenschaft. In: Medien & Kommunikationswissenschaft 50, Heft 2, S. 247–260.

Lazarsfeld, Paul F. (1955): Interpretation of statistical relations as a research operation. In: Lazarsfeld, Paul F./Rosenberg, Morris (Hrsg.): The language of social research. New York: Free Press. S. 115–125.

Lazarsfeld, Paul F./Berelson, Bernhard R./Gaudet, Hazel (1944): The people's choice. How the voter makes up his mind in an presidental campaign. New York, London: Duell, Sloan and Pearce.

Löffelholz, Martin (2000) (Hrsg.): Theorien des Journalismus. Ein diskursives Handbuch. Opladen: Westdeutscher Verlag.

Mangold, Roland (1998): Emotionale Wirkungsaspekte während der Fernsehrezeption. In: Klingler, Walter/Roters, Gunnar (Hrsg.): Frauenforschung in Deutschland. Themen – Akteure – Methoden. Baden-Baden: Nomos. S. 641–660.

Mangold, Roland/Unz, Dagmar/Winterhoff-Spurk, Peter (2001): Zur Erklärung emotionaler Medienwirkungen: Leistungsfähigkeit, empirische Überprüfung und Fortentwicklung theoretischer Ansätze. In: Rössler, Patrick/Hasebrink, Uwe/Jäckel, Michael (Hrsg.): Theoretische Perspektiven der Rezeptionsforschung. München: Reinhard Fischer. S. 163–180.

Marcinkowski, Frank (2006): Wissenschaftstheorie. In: Bentele, Günter/Brosius, Hans-Bernd/Jarren, Otfried (Hrsg.): Lexikon Kommunikations- und Medienwissenschaft. Wiesbaden: VS Verlag für Sozialwissenschaften. S. 314–315.

Matthes, Jörg (2007): Framing-Effekte. Zum Einfluss der Politikberichterstattung auf die Einstellungen der Rezipienten. München: R. Fischer.

Maurer, Marcus (2003): Politikverdrossenheit durch Medienberichte, Konstanz: UVK.

Maurer, Marcus/Reinemann, Carsten (2003): Schröder gegen Stoiber – Nutzung, Wahrnehmung und Wirkung der TV-Duelle. Wiesbaden: Westdeutscher Verlag.

Maurer, Torsten (2005): Fernsehnachrichten und Nachrichtenqualität. Eine Längsschnittstudie zur Nachrichtenentwicklung in Deutschland. München: R. Fischer.

Mayring, Philipp (2000): Qualitative Inhaltsanalyse. Grundlagen und Techniken. 7. Auflage. Weinheim: Beltz.

McCombs, Maxwell E./Shaw, Donald L. (1972): The agenda-setting function of mass media. In: Public Opinion Quarterly 36, S. 176–187.

Merten, Klaus (1995): Inhaltsanalyse. Einführung in Theorie, Methode und Praxis. 2. verbesserte Auflage. Opladen: Westdeutscher Verlag.

Meyen, Michael/Schweiger, Wolfgang (2008): „Sattsam bekannte Uniformität"? Eine Inhaltsanalyse der DDR-Tageszeitungen „Neues Deutschland" und „Junge Welt" (1960 bis 1989). In: Medien & Kommunikationswissenschaft 56, Heft 1, S. 82–100.

Mikos, Lothar/Wegener, Claudia (Hrsg.) (2005): Qualitative Medienforschung: Ein Handbuch. Konstanz: UVK (UTB).

Milde, Jutta/Ruhrmann, Georg (2006): Molekulare Medizin in deutschen TV-Wissenschaftsmagazinen. Ergebnisse von Journalisteninterviews und Inhaltsanalyse. In: Medien & Kommunikationswissenschaft 54, Heft 3, S. 430–456.

Möhring, Wiebke/Schlütz, Daniela (2003): Die Befragung in der Medien- und Kommunikationswissenschaft: Eine praxisorientierte Einführung. Wiesbaden: Westdeutscher Verlag.

Müller, Dieter K. (2000): Fernsehforschung ab 2000. Methodische Kontinuität. In: Media Perspektiven, Heft 1, S. 2–7.

Noelle-Neumann, Elisabeth (1973): Kumulation, Konsonanz und Öffentlichkeitseffekt. Ein neuer Ansatz zur Analyse der Wirkung der Massenmedien. In: Publizistik 18, Heft 1, S. 26–55.

Noelle-Neumann, Elisabeth (1989): Öffentliche Meinung, Die Entdeckung der Schweigespirale. Frankfurt am Main/Berlin: Ullstein.

Noelle-Neumann, Elisabeth/Petersen, Thomas (2000): Alle, nicht jeder. Einführung in die Methoden der Demoskopie. 3. Auflage. Berlin u. a.: Springer.

Opp, Karl-Dieter (2002): Methodologie der Sozialwissenschaften. Einführung in Probleme ihrer Theoriebildung und praktischen Anwendung. 5., überarbeitete Auflage. Wiesbaden: Westdeutscher Verlag.

Osgood, Charles E./Suci, George J./Tannenbaum, Percy H. (1957): The measurement of meaning. Urbana (Ill.): University of Illinois Press.

Patterson, Thomas E. (1993): Out of order. New York: Alfred A. Knopf.

Peiser, Wolfram (1996): Die Fernsehgeneration. Eine empirische Untersuchung ihrer Mediennutzung und Medienbewertung. Opladen: Westdeutscher Verlag.

Pfetsch, Barbara (2003): Politische Kommunikationskultur. Politische Sprecher und Journalisten in der Bundesrepublik und den USA im Vergleich. Wiesbaden: Westdeutscher Verlag.

Popper, Karl R. (1996): Alles Leben ist Problemlösen. Über Erkenntnis, Geschichte und Politik. München: Piper.

Popper, Karl R. (1989): Logik der Forschung. 9., verbesserte Auflage. Tübingen: J. C. B. Mohr.

Popper, Karl (1969): Die Logik der Sozialwissenschaften. In: Adorno, Theodor W./Albert, Hans/Dahrendorf, Ralf/Habermas, Jürgen/Pilot, Harald/Popper, Karl (Hrsg.): Der Positivismusstreit in der deutschen Soziologie. Neuwied, Berlin: Luchterhand. S. 103–123.

Prim, Rolf/Tilmann, Heribert (1989): Grundlagen einer kritisch-rationalen Sozialwissenschaft. Studienbuch zur Wissenschaftstheorie. 6., durchgesehene Auflage. Quelle & Meyer: Heidelberg, Wiesbaden (UTB).

Quandt, Thorsten (2005): Journalisten im Netz. Eine Untersuchung journalistischen Handelns in Online-Redaktionen. Wiesbaden: VS Verlag für Sozialwissenschaften.

Reichenbach, Hans (1938): Experience and prediction. An analysis of the foundation and the structure of knowledge. Chicago: University of Chicago Press.

Reips, Ulf-Dietrich (2002): Standards for Internet-based experimenting. In: Experimental Psychology 49, Heft 4, S. 243–256.

Reitze, Helmut/Ridder, Christa-Maria (2006): Massenkommunikation VII. Eine Langzeitstudie zur Mediennutzung und Medienbewertung 1964–2005. Baden-Baden: Nomos

Rössler, Patrick (1997): Agenda-Setting. Theoretische Annahmen und empirische Evidenzen einer Medienwirkungshypothese. Opladen: Westdeutscher Verlag.

Rössler, Patrick (2005): Inhaltsanalyse. UVK (UTB basics).

Rolke, Lothar (1995): Kennziffern für erfolgreiche Medienarbeit – Zum Messen und Bewerten von PR-Wirkungen. In: Baems, Barbara (Hrsg.): PR-Erfolgskontrolle. Messen und Bewerten in der Öffentlichkeitsarbeit. Verfahren, Strategien, Beispiele. Frankfurt am Main: IMK. S. 173–197.

Rosenstiel, Lutz von/Neumann, Peter (2002): Marktpsychologie. Ein Handbuch für Studium und Praxis. Darmstadt: Primus.

Rosenthal, Robert/Fode, Kermit L. (1963): The effect of experimenter bias on the performance of the albino rat. In: Behavioral Science 8, Heft 3, S. 183–189.

Rosenthal, Robert/Jacobson, Lenore (1966): Teachers' expectancies: Determinants of pupils' IQ gains. In: Psychological Reports 19, Heft 1, S. 115–118.

Saxer, Ulrich (2007): Politik als Unterhaltung. Zum Wandel politischer Öffentlichkeit in der Mediengesellschaft. Konstanz: UVK.

Schemer, Christian/Matthes, Jörg/Wirth, Werner (2007): Werbewirkung ohne Erinnerungseffekte? Eine experimentelle Studie zum Mere-Exposure-Effekt bei Product Placements. In: Zeitschrift für Medienpsychologie 19, Heft 1, S. 2–13.

Schenk, Michael (2002): Medienwirkungsforschung, 2. Auflage. Tübingen: J. C. B. Mohr.

Scherer, Helmut/Baumann, Eva/Schlütz, Daniela (2005): Wenn zwei das Gleiche fernsehen, tun sie noch lange nicht dasselbe. Eine Analyse von Rezeptionsmodalitäten am Beispiel der Nutzung von Krankenhausserien durch Krankenhauspersonal. In: Gehrau, Volker/Bilandzic, Helena/Woelke, Jens (Hrsg.): Rezeptionsstrategien und Rezeptionsmodalitäten. München: R. Fischer. S. 219–234.

Scheufele, Bertram (2003): Frames – Framing – Framing-Effekte: Theoretische und methodische Grundlegung des Framing-Ansatzes sowie empirische Befunde zur Nachrichtenproduktion. Wiesbaden: Westdeutscher Verlag.

Scheufele, Bertram (2004): Zeitreihenanalytische Kausallogik. In: Wirth, Werner/Lauf, Edmund/Fahr, Andreas (Hrsg.): Forschungslogik und -design in der Kommunikationswissenschaft. 1. Band: Einführung, Problematisierungen und Aspekte der Methodenlogik aus kommunikationswissenschaftlicher Perspektive. Köln: Herbert von Halem. S. 245–263.

Scheufele, Bertram (2005): Sexueller Missbrauch – Mediendarstellung und Medienwirkung. Wiesbaden: VS Verlag für Sozialwissenschaften.

Scheufele, Bertram (2006): Theorien mittlerer Reichweite. In: Bentele, Günter/Brosius, Hans-Bernd/Jarren, Otfried (Hrsg.): Lexikon Kommunikations- und Medienwissenschaft. Wiesbaden: VS Verlag für Sozialwissenschaften. S. 286–287.

Scheufele, Bertram (2008): Die These der Negativitätsumkehrung. Ein Experiment zur Wirkung von Negativität medialer Politiker und Problemdarstellungen. In: Publizistik 53, Heft 1, S. 48–64.

Scheufele, Bertram (2009): Synopse und Kritik qualitativer (Text-)Analyseverfahren. In: Daschmann, Gregor/Fahr, Andreas/Scholl, Armin (Hrsg.): Zählen oder Verstehen? Zur aktuellen Diskussion um die Verwendung quantitativer und qualitativer Methoden in der empirischen Kommunikationsforschung. Köln: Herbert von Halem (im Druck).

Scheufele, Bertram/Gasteiger, Caroline (2007): Berichterstattung, Emotionen und politische Legitimierung. Eine experimentelle Untersuchung zum Einfluss der Politikberichterstattung auf die Legitimierung politischer Entscheidungen am Beispiel von Bundeswehreinsätzen. In: Medien & Kommunikationswissenschaft 55, Heft 4, S. 534–554.

Scheufele, Bertram/Haas, Alexander (2008): Medien und Aktien. Theoretische und empirische Modellierung der Rolle der Berichterstattung für das Börsengeschehen. Wiesbaden: VS Verlag für Sozialwissenschaften.

Schmidt, Siegfried J. (1998): Die Zähmung des Blicks: Konstruktivismus – Empirie – Wissenschaft. Frankfurt am Main: Suhrkamp.

Schnell, Rainer/Hill, Paul B./Esser, Elke (1999): Methoden der empirischen Sozialforschung. 6., völlig überarbeitete und erweiterte Auflage. München, Wien: R. Oldenbourg.

Scholl, Armin (2003): Die Befragung: Sozialwissenschaftliche Methode und kommunikationswissenschaftliche Anwendung. Konstanz: UVK (UTB).

Schulz, Winfried (1970): Kausalität und Experiment in den Sozialwissenschaften. Mainz: von Hase & Koehler.

Schulz, Winfried (1976): Die Konstruktion von Realität in den Nachrichtenmedien. Analyse der aktuellen Berichterstattung. Freiburg, München: Alber.

Schulz, Winfried (2003): Mediennutzung und Umweltbewusstsein: Dependenz- und Priming-Effekte. Eine Mehrebenen-Analyse im europäischen Vergleich. In: Publizistik 48, Heft 4, S. 387–413.

Schweiger, Wolfgang (2001): Nutzung informationsorientierter Hypermedien. Theoretische Überlegungen zu Selektions- und Rezeptionsprozessen und empirischer Gehalt. In: Rössler, Patrick/Kubisch, Susanne/Gehrau, Volker (Hrsg.): Empirische Perspektiven der Rezeptionsforschung. München: R. Fischer. S. 49–73.

Solomon, Richard L. (1949): An extension of control group design. In: Psychological Bulletin 46, Heft 2, S. 137–150.

Staab, Joachim Friedrich (1990): Nachrichtenwert-Theorie. Formale Struktur und empirischer Gehalt. Freiburg/München: Alber.

Steinke, Ines (2000): Gütekriterien qualitativer Forschung. In: Flick, Uwe/Kardoff, Ernst von/Steinke, Ines (Hrsg.): Qualitative Sozialforschung. Ein Handbuch. Reinbek bei Hamburg: Rowohlt. S. 319–331.

Stöber, Joachim (1999): Die Soziale-Erwünschtheits-Skala-17 (SES-17): Entwicklung und erste Befunde zu Reliabilität und Validität. In: Diagnostica 45, S. 173–177.

Strauss, Anselm L. (1994): Grundlagen qualitativer Sozialforschung. Datenanalyse und Theoriebildung in der empirischen soziologischen Forschung. München: Fink (UTB).

Tränkle, Ulrich (1985): Statistische Methoden in der Psychologie. Darmstadt: Wissenschaftliche Buchgesellschaft.

Trepte, Sabine (2006): Die Messung des Unterhaltungserlebens. In: Wirth, Werner/Schramm, Holger/Gehrau, Volker: Unterhaltung durch Medien. Theorie und Messung. Köln: Herbert von Halem.

Vowe, Gerhard/Beck, Klaus (1995): Multimedia in der Sicht der Medien. Argumentationsmuster und Charakteristika der Berichterstattung in den Publikumsmedien der Bundesrepublik Deutschland 1992–1994. Verlauf und Ergebnisse einer qualitativen Inhaltsanalyse. Gutachten für das Büro für Technikfolgen-Abschätzung beim Deutschen Bundestag (TAB). Berlin.

Weber, Max (1984): Soziologische Grundbegriffe. Sonderausgabe aus: Wirtschaft und Gesellschaft. 6. Auflage. Tübingen: J. C. B. Mohr (UTB).

Wegener, Claudia (2008): Medien, Aneignung und Identität: „Stars" im Alltag jugendlicher Fans. Wiesbaden: VS Verlag für Sozialwissenschaften.

Weischenberg, Siegfried/Löffelholz, Martin/Scholl, Armin (1994): Merkmale und Einstellungen von Journalisten. In: Media Perspektiven, Heft 4, S. 154–167.

Weischenberg, Siegfried/Malik, Maja/Scholl, Armin (2006): Die Souffleure der Mediengesellschaft. Report über die Journalisten in Deutschland. Konstanz: UVK.

Weiß, Hans-Jürgen (1989): Öffentliche Streitfragen und massenmediale Argumentationsstrukturen. In: Kaase, Max/Schulz, Winfried (Hrsg.): Massenkommunikation. Theorien, Methode, Befunde (Sonderheft 30 der Kölner Zeitschrift für Soziologie und Sozialpsychologie). Opladen: Westdeutscher Verlag. S. 473–489.

Wirth, Werner (2001): Der Codierprozeß als gelenkte Rezeption. Bausteine für eine Theorie des Codierens. In: Wirth, Werner/Lauf, Edmund (Hrsg.): Inhaltsanalyse. Perspektiven, Probleme, Potentiale. Köln: Herbert von Halem. S. 157–182.

Wirth, Werner/Lauf, Edmund (2001): Inhaltsanalyse. Perspektiven, Probleme, Potentiale. Köln: Herbert von Halem.

Wirth, Werner/Schramm, Holger (2007): Emotionen, Metaemotionen und Regulationsstrategien bei der Medienrezeption. Ein integratives Modell. In: Wirth, Werner/Stiehler, Hans-Jörg/Wünsch, Carsten (Hrsg.): Dynamisch-transaktional denken: Theorie und Empirie der Kommunikationswissenschaft. Köln: Herbert von Halem. S. 153–184.

Wodak, Ruth/Nowak, Peter/Pelikan, Johanna/Gruber, Helmut/de Cillia, Rudolf/Mitten, Richard (1990): „Wir sind alle unschuldige Täter". Diskursanalytische Studien zum Nachkriegsantisemitismus. Frankfurt am Main: Suhrkamp.

Wolling, Jens (1999): Politikverdrossenheit durch Massenmedien? Der Einfluss der Medien auf die Einstellungen der Bürger zur Politik. Opladen, Wiesbaden: Westdeutscher Verlag.

Index

Weiterlesen bei UTB

Weiterlesen bei UTB

Andreas Hepp
Transkulturelle Kommunikation
2006, 342 Seiten, broschiert
UTB 2746
ISBN 978-3-8252-2746-3

Bernd Klammer
Empirische Sozialforschung
Eine Einführung für Kommunikations-
wissenschaftler und Journalisten
2005, 346 Seiten, broschiert
UTB 2642
ISBN 978-3-8252-2642-8

Helmut Küchenhoff et al.
**Statistik für Kommunikations-
wissenschaftler**
2., überarbeitete Auflage
2006, 384 Seiten, broschiert
UTB 2832
ISBN 978-3-8252-2832-3

Jan Lies (Hg.)
Public Relations
Ein Handbuch
2008, 634 Seiten
200 s/w Abb., gebunden
ISBN 978-3-8252-8408-4

Oliver Marchart
Cultural Studies
2008, ca. 300 Seiten, broschiert
UTB 2883
ISBN 978-3-8252-2883-5

Klaus Meier
Journalistik
2007, 276 Seiten, broschiert
UTB 2958
ISBN 978-3-8252-2958-0

Michael Meyen
Mediennutzung
Mediaforschung, Medienfunktionen,
Nutzungsmuster
2004, 302 Seiten, broschiert
UTB 2621
ISBN 978-3-8252-2621-3

Lothar Mikos
Film- und Fernsehanalyse
2., überarbeitete Auflage 2008
396 Seiten, broschiert
UTB 2415
ISBN 978-3-8252-2415-8

Klicken + Blättern

Leseprobe und Inhaltsverzeichnis unter
www.uvk.de

Erhältlich auch in Ihrer Buchhandlung.

Weiterlesen bei UTB

Lothar Mikos, Claudia Wegener (Hg.)
Qualitative Medienforschung
Ein Handbuch
2005, 616 Seiten, gebunden im Großformat
UTB 8314
ISBN 978-3-8252-8314-8

Sabina Misoch
Online-Kommunikation
2006, 220 Seiten, broschiert
UTB 2835
ISBN 978-3-8252-2835-4

Marion G. Müller
**Grundlagen der visuellen
Kommunikation**
Theorieansätze und Analysemethoden
2003, 304 Seiten, broschiert
UTB 2414
ISBN 978-3-8252-2414-1

Irene Neverla, Elke Grittmann,
Monika Pater (Hg.)
Grundlagentexte zur Journalistik
2002, 776 Seiten, broschiert
UTB 2356
ISBN 978-3-8252-2356-4

Daniel Perrin
Medienlinguistik
Inklusive CD-ROM
2006, 240 Seiten, broschiert
UTB 2503
ISBN 978-3-8252-2503-2

Stephan Porombka
Kritiken schreiben
Ein Trainingsbuch
2006, 270 Seiten, broschiert
UTB 2776
ISBN 978-3-8252-2776-0

Manuel Puppis
Einführung in die Medienpolitik
2007, 366 Seiten, broschiert
UTB 2881
ISBN 978-3-8252-2881-1

Heinz Pürer, Johannes Raabe
Presse in Deutschland
3., völlig überarbeitete u.
erweiterte Auflage 2007
656 Seiten, gebunden im Großformat
UTB 8334
ISBN 978-3-8252-8334-6

Klicken + Blättern

Leseprobe und Inhaltsverzeichnis unter

www.uvk.de

Erhältlich auch in Ihrer Buchhandlung.